Eine Prise Meersalz

NANNI BURBA
MIT OLIVER DOMZALSKI

Eine Prise Meersalz

MEIN TRAUM VOM RESTAURANT
AUF MALLORCA

BOOKS

Die wahre Lebenskunst besteht darin,
im Alltäglichen das Wunderbare zu sehen.

Pearl S. Buck

Inhaltsverzeichnis

Vorwort

Dies ist die Geschichte einer Auswanderung – die zu einer Achterbahnfahrt wurde.

Als mein Mann Harald und ich 2006 recht spontan entschieden, Deutschland zu verlassen und auf Mallorca neu anzufangen, waren wir ziemlich weit unten. Es folgte eine manchmal schier unglaubliche Abfolge von Höhen und Tiefen.

Mittlerweile blicken wir auf über vierzig Jahre Gastronomie zurück und haben uns im zauberhaften Städtchen Santanyí im Südosten Mallorcas mit dem Restaurant Pablo einen Lebenstraum erfüllt. Vom Weg zur Verwirklichung dieses Traumes will ich in diesem Buch erzählen.

Bei allem Verrückten, was uns im Leben passiert ist: Als ich dieses Buch mit dem Verlag verabredete, waren wir der Meinung, es würde von Anfang bis Ende eine heitere, unbeschwerte Stimmung mediterraner Leichtigkeit vermitteln. Denn so war unser Leben auf Mallorca ... bis 2019: manchmal dramatisch, mit einigen Rückschlägen – aber letztlich immer von der Sonne des Mittelmeers geküsst.

Und dann, Anfang 2020, kippte die Schnauze des Achterbahnwagens plötzlich steil nach unten. Und seitdem rasen wir bergab – und niemand weiß, wo die Fahrt endet und ob die Bremsen funktionieren. Davon erzählt aber erst das letzte Kapitel.

Es war seltsam, unsere Geschichte aufzuschreiben – weil sie ganz überwiegend in Zeiten spielt, in denen »Corona« für uns noch eine mexikanische Biermarke war. Es fühlte sich merkwürdig an, Szenen zu schildern, in denen Menschen dicht gedrängt in unserem Café sitzen und ausgelassen feiern. Von Zeiten zu erzählen, in denen die Insel voller Touristen war. Unseren Jahreslauf zu schildern, der von März bis November bedeutete: »Willkommen im Pablo! Was darf ich Ihnen bringen?« Momentan dürfen wir niemandem etwas bringen. Das Virus hat etwas dagegen.

Ich hoffe sehr, dass sich dieses Buch nicht eines Tages als idyllischer Rückblick auf die goldene Ära Mallorcas erweist, die durch Corona unwiderruflich beendet worden ist. Aber ich bin zuversichtlich. Die Lebenskraft der Insel ist unverwüstlich. Das zeigt sich gerade jetzt, wo es so grün ist wie niemals sonst im Jahr.

Viva Mallorca!

Und nun viel Vergnügen mit diesem Buch – und keine Sorge: Den Spaß am Leben hat Corona uns nicht nehmen können. Sie werden schon sehen.

Nanni Burba, im März 2021

Prolog: Wir nehmen Mallorca im Sturm

Ein Tuten ertönt, es gibt einen kleinen Ruck – und unsere Fähre sticht in See.

In drei Stunden werden wir in Palma anlegen, und unser Abenteuer auf Mallorca wird tatsächlich beginnen. Ohne Rückfahrticket in unser altes Leben.

Ich muss mich immer wieder kneifen, damit ich es glaube. Wir wandern gerade aus – und es fühlt sich toll an.

Es ist August 2006. Deutschland hat das Sommermärchen hinter sich – aber unser Märchen fängt gerade erst an.

Neben mir atmet Harald noch immer schwer. »Für so einen Sprint durch die Augustsonne bin ich echt zu alt«, schnauft er.

»Du bist mein Held!« Ich versorge ihn mit der verdienten Portion Bewunderung. »Ich hätte nicht gedacht, dass du es noch schaffst.«

»Musste ich ja. Die hätten sonst ohne uns abgelegt, und die teuren Expresstickets wären futsch gewesen …«

»Ja. Wir waren echt das letzte Auto, das drauf kam. Die sind ja superpünktlich. So hab ich mir die Spanier gar nicht vorgestellt.«

Der nett aussehende Mann, der neben uns auf der gut gepolsterten Bank im verglasten Aufenthaltsraum sitzt, murmelt halblaut: »Sind ja auch Katalanen, keine Spanier. Wichtiger Unterschied!«

Ich beuge mich vor und spreche ihn über Haralds immer noch heftig pumpenden Bauch hinweg an: »Sie sind auch aus Deutschland? Fahren Sie öfter mit dieser Expressfähre?«

»Ja, regelmäßig. Drei Stunden statt sechs machen schon was aus, finde ich. Aber beim ersten Mal wusste ich auch nicht, dass die Buchungsbestätigung nicht reicht und ich mir noch das Ticket holen muss, beim Fährbüro. War allerdings damals nicht so knapp wie bei Ihnen heute.«

Dann grinst er Harald an: »Respekt. Sie waren echt schnell. Und das bei 34 Grad.«

Harald grinst zurück, wenn auch etwas schief, und fragt: »Stimmt es, dass man hier nicht an Deck kann?«

»Ja, ist so. Leider. Das Ding ist eher ein Flugzeug als eine klassische Autofähre.«

Ich seufze. Unsere Ahnungslosigkeit ist mir ein wenig peinlich, aber der Mann ist zum Glück freundlich. »Na toll. Wir haben uns echt zu wenig informiert vorher. Uns war auch nicht klar, dass die Hunde unten bleiben müssen.«

Die beiden liegen jetzt im Auto auf den Sofapolstern, auf denen wir in den nächsten Wochen schlafen werden, bis der Umzugscontainer mit dem Ehebett und den Matratzen ankommt. Immerhin gab es keine Probleme bei der Einreise und bei der Auffahrt auf die Fähre. Die beiden vierbeinigen Auswanderer sind vorschriftsmäßig geimpft, gechippt und mit Hundepässen ausgestattet.

»Komm«, sagt Harald und legt mir die Hand auf den Unterarm. »Es war trotzdem richtig, dass wir uns die Fähre geleistet haben. Drei Stunden auf See sind genug für die Hunde – und für uns. Und es fühlt sich ein bisschen wie Luxus an: übers sommerliche Mittelmeer in unser neues Leben. Die Sitze hier sind doch superbequem, oder? Und deshalb mach ich jetzt auch die Augen zu. Ich bin echt todmüde. Ich hab letzte Nacht kaum geschlafen in unserem Kofferraumhotel.«

Die letzten Worte höre ich kaum noch, weil auch meine Lider plötzlich tonnenschwer sind. Ich lächle dem netten Nachbarn noch mal kurz zu, murmle: »Dann bis Palma ...«, und bin weg.

Es kommt mir vor, als hätte ich kaum geschlafen, da erwache ich von einem stechenden Geruch.

Als ich die Augen öffne, wird schnell klar, woher er kommt: Mitten im August tobt auf dem Mittelmeer ein heftiger Sturm. Das Schiff schwankt und rollt – und einem Großteil der Passagiere ist übel geworden.

Ich schaue zur Uhr – wir sind gerade mal eine Stunde unterwegs. In einer Mischung aus Ekel und Angst klammere ich mich an Haralds Arm fest, sodass auch er erwacht.

»Sind wir schon da?«

»Leider nicht«, antworte ich mühsam. Um dann hervorzustoßen: »Mir ist schlecht. Wo gibt es hier Kotztüten?«

Leider stellt sich heraus, dass die teure Fähre keine an Bord hat – im Hochsommer rechnet offenbar niemand mit so etwas. Und an die Reling kommt man ja nicht ... Das Ergebnis sieht und riecht man überall. Und auch uns trifft es zwangsläufig. Aus Verzweiflung hole ich den Kulturbeutel raus, den ich immer in meiner kleinen Reisetasche habe, räume ihn leer und ...

In einer kurzen Pause, als der Magen gerade nicht rumort, fasst Harald mich plötzlich am Oberarm. »Nanni, die Hunde! Verdammt!«

Ich versuche, mich zu erheben – aber Harald hält mich fest. »Vergiss es. Man darf während der Fahrt nicht in den Laderaum. Sturm hin oder her.«

»Aber die beiden armen Tiere kotzen uns doch jetzt sicher alles voll da unten. Es ist so heiß und eng im Auto! Und dann das Geschwanke ...« Ich muss erneut würgen.

Harald steht der kalte Schweiß auf der Stirn. Wegen der Übelkeit? Das vielleicht auch. Aber vor allem weil ihm gerade eine Frage einfällt: »Wenn die jetzt alles vollmachen – worauf sollen wir dann heute Nacht schlafen?«

Unsere Auswanderung fängt wirklich toll an.

Na ja: Eigentlich begann die Geschichte unserer Auswanderung ein halbes Jahr vorher ...

Das Fass läuft über

»Was ist denn mit den Hunden los?« Schlaftrunken richte ich mich auf. Neben mir brummt Harald im Halbschlaf irgendetwas Unverständliches.

Es ist stockdunkel und kalt, und ich habe das Gefühl, aus reinem Blei zu bestehen. Habe ich überhaupt schon richtig geschlafen? Auf jeden Fall nicht annähernd genug.

Neben mir atmet Harald schon wieder tief und gleichmäßig. Die Versuchung, mich ebenfalls wieder in die Kissen sinken zu lassen, ist übermächtig. Es war mal wieder einer dieser langen Winterabende im Lokal, und ich fühle mich wie gerädert. Aber dass die Hunde so unruhig sind, lässt meine Alarmglocken schrillen. Ganz hinten in meinem Kopf und sehr unangenehm: Sind die schon seit Langem gefürchteten Einbrecher da? Wir wohnen direkt über dem Restaurant und haben uns schon oft vorgestellt, was wäre, wenn dort jemand einstiege. Nun ja, ganz ehrlich: *Ich* habe es mir vorgestellt. Mein Mann schiebt so was ja gern weg, wie die meisten seiner Geschlechtsgenossen. Lieber nicht an Unangenehmes denken, dann passiert es schon nicht, ist sein Motto. Auf gut Deutsch: Decke übern Kopf ziehen und sich tot stellen.

Und genau das tut mein Liebster jetzt auch, als ich ihn erneut anspreche und dazu an ihm rüttle: »Harald! Einbrecher!«

Er schnaubt genervt und murmelt: »Ist sicher nur Vollmond. Oder der Nachbar geht wieder mitten in der Nacht Gassi.« Und zieht sich tatsächlich die Decke über den Kopf.

Aber eine Sekunde später fährt auch er hoch. Aura, unsere Hovawart-Hündin, bellt nun so energisch und alarmiert, dass auch dem verschlafensten Gastwirt klar werden muss: Hier stimmt was nicht!

Harald greift sich den Baseballschläger, der für solche Situationen bereitliegt (Ha! Er hat also doch darüber nachgedacht!), und wir schleichen die Treppe hinunter.

Die Hunde stehen vor der Brandschutztür, die die Treppe zu unserer Wohnung vom Lokal trennt, und bellen wie wild. Wir horchen mit klopfendem Herzen an der Tür – nichts. Aber dafür bemerken wir etwas anderes: Es riecht. Und zwar nach Rauch. Panisch öffnen wir die Tür – und stehen in dichtem Qualm.

Und was macht Nanni, die gerade vor vier Monaten ihre dritte Brandschutzübung absolviert hat? Sie stürzt schreiend zum Fenster und reißt es auf. Als ich bemerke, wie blöd das war, und mir der Satz des Brandschutz-Fuzzis »Feuer liebt Frischluft« wieder einfällt, ist es schon zu spät: Aus dem Schwelen und Kokeln wird ein munteres Feuerchen.

Zum Glück hat Harald geistesgegenwärtig den Feuerlöscher geholt und die Stelle gelöscht, wo die Flammen den Gasflaschen am nächsten kamen, die hinter dem Tresen stehen. Offenbar war Glut aus dem Kamin gefallen und hatte die Teppiche davor entzündet.

Als die Feuerwehr da ist, haben wir die Lage schon weitgehend im Griff. Aber das gilt ganz sicher nur für die akute Bedrohung durch das Feuer. Ansonsten hat die Misere uns im Griff, und zwar fester denn je.

Am nächsten Tag in diesem Januar 2006 sitzen wir völlig übermüdet und verzweifelt vor zwei Pötten mit lauwarmem Kaffee. Draußen wird es schon wieder dunkel. Unsere ganze Wohnung stinkt nach Qualm – die Klamotten, die Bücher, das Bettzeug, unsere Haare und sogar die Hunde. Einfach alles. Aber das ist bei Weitem nicht das Schlimmste. Beide Räume des Liliom sind unbenutzbar – um das festzustellen, brauchen wir gar nicht auf den Gutachter der Versicherung zu warten. Also Umsatz ade. Und dabei brauchen wir jeden einzelnen Tag, um wirtschaftlich zu überleben.

Geheult habe ich schon den ganzen Tag. Und zwischendurch telefoniert und dabei weitergeheult. Mit unseren beiden Töchtern, mit meinen Eltern, mit Freunden, mit der Versicherung. Und mit der Bank. Das war das Schlimmste. Denn wir waren schon vor dem Feuer nicht besonders gut aufeinander zu sprechen.

Aber jetzt durchfährt mich plötzlich ein Energiestoß. Der Kaffee kann es nicht sein, der schmeckt nur bitter und eklig. Aber mit einem Mal richte ich mich auf, schaue meinem Mann in die Augen und sage sehr laut und deutlich: »Harald, das war ein Zeichen! Wir müssen hier weg!«

Ich sehe, wie mein Mann sich mühsam aus seiner Lethargie tastet wie aus einem dunklen Tunnel. Ganz hinten in seinen Augen entdecke ich ein schwaches Leuchten. Er schaut mich an und fragt unsicher: »Du meinst ... weg? So richtig?« Ich nicke. Und muss schon wieder heulen.

»Wirklich ausgerechnet Mallorca?! Könnt ihr überhaupt Spanisch? Und wovon wollt ihr da leben?« Meine beste Freundin feuert ihre Fragen ab wie aus einem Maschinengewehr. Der Brand ist einige Tage her, und unsere Küche, in der wir bei der ersten Flasche Wein sitzen, stinkt noch immer nach Rauch, wie Claudia mir bestätigt hat. Ich atme tief durch und denke, dass es heute kaum bei einer Flasche bleiben wird.

Meine Freundin ist aufgewühlt. Sie hat sichtlich zu kauen am Schock der Neuigkeit. Auswanderung! Und während ich sie anschaue und nach Worten suche, die die Nachricht leichter verdaulich machen, wird mir erstmals so richtig klar, dass ein Neuanfang nicht ohne eine Menge schmerzlicher Abschiede zu haben ist. Man lässt so vieles zurück: Erinnerungen und Orte – und vor allem Menschen.

Claudia muss reden, und ich nehme mich erst mal zurück. Zum Glück ist sie nicht so nah am Wasser gebaut wie ich am Tag nach dem Brand, sonst wäre der Flüssigkeitsbedarf heute noch größer: Wein gegen das Weinen. Claudia ist aber eher der hemdsärmelige Typ. Sie will das Wie und Wann und Warum so genau wie möglich verstehen. Das ist ihre Art der Verarbeitung.

Das Problem ist, dass ich auf viele Fragen auch noch keine Antwort habe. Ganz im Gegenteil: Im Stillen hatte ich mir wohl Claudias Hilfe beim Ordnen meiner Gedanken erhofft, als ich sie heute spontan einlud. Ich hatte sie mit einem unwiderstehlichen Satz gelockt: »Es gibt heftige Neuigkeiten!« Hat natürlich funktioniert. Und jetzt sitzt sie hier, zupft hektisch an ihrem Pullover herum und sucht immer wieder meinen Blick. So als hoffe sie, darin den erlösenden Schalk zu entdecken, der ihr sagt: »War alles nur ein Scherz.«

Aber ich meine es ernst. Das beginnt sie jetzt nach und nach zu verstehen.

Die Gemüsesuppe steht unberührt vor ihr und wird kalt, während sie weiterfragt: »Ist das ein Spontanentschluss? Eine Kurzschlussentscheidung?«

Das kann man nun wirklich nicht sagen. Und wie aufs Stichwort kommt Harald rein. Er hatte Verständnis für den Bedarf nach einem Frauengespräch, aber nachdem er gerade mit einem befreundeten Handwerker das ausgeräucherte Liliom begutachtet hat, braucht er jetzt auch ein Glas Wein.

Ich schaue ihn fragend an, aber sein Blick sagt deutlich: Besprechen wir später, zu zweit. Und so kann ich mich, als er sich ins Wohnzimmer zurückgezogen hat, wieder Claudias Frage zuwenden.

»Harald denkt schon viel länger darüber nach als ich. Solange die Kinder noch im Haus lebten, war das ja nur Rumgespinne. Aber du kennst den Satz des größten Rockers, den unsere Stadt hervorgebracht hat, oder?«

Klar kennt Claudia Udo Lindenbergs Antwort auf die Frage, welche die schönste Straße in seiner Geburtsstadt Gronau sei: die, die da herausführe! Das haben ihm die Lokalpresse und die versammelten Provinzgrößen natürlich sehr übel genommen.

»Aber«, sage ich, »ich habe immer genau verstanden, was er meint. Schließlich wohne ich jetzt schon seit ... oh Gott! ... seit fast fünfzig Jahren in diesem Nest.«

Claudia seufzt. Ihrem Gesichtsausdruck ist zu entnehmen, dass auch sie manchmal leidet unter der Enge dieser Kleinstadt direkt an der holländischen Grenze. Doch ihr Platz ist und bleibt hier.

Nach einem kurzen Moment der Resignation und der Stille beugt sie sich wieder vor und fragt weiter: »Meint ihr wirklich, dass ihr euch dort jemals zu Hause fühlen könnt? Und was ist mit deinen Eltern, Nanni? Und meint ihr wirklich, dass man auf einer Insel, die alle nur mit Urlaub und Freizeit verbinden, eine vernünftige Arbeitseinstellung hinkriegt? Und was ist mit eurer Altersversorgung? Und wenn ihr mal krank werdet?« Claudia hat sich jetzt richtig in Rage geredet. Ihr Gesicht ist gerötet, und sie gestikuliert so heftig, dass ich sicherheitshalber ihr Glas aus der Wedelzone nehme. Dann aber sackt sie plötzlich regelrecht in sich zusammen. Mit dünner Stimme meint sie: »Ach, Nanni, ich will doch einfach nur nicht, dass du weggehst.«

Nun kommen uns doch beiden die Tränen. Und während wir uns in den Armen liegen, denke ich: Klar ist sie einfach nur traurig. Aber ihre Fragen waren leider trotzdem voll auf die Zwölf.

Rölleken

»Ist nun mal so. Sie hatten keine zwei Einzelzimmer mehr. Komm, ist doch schön, mal wieder in einem Bett. Ist sicher ein gutes Omen.« Harald versucht, gute Stimmung zu machen. Er weiß, dass mir eine extreme Nacht bevorsteht.

Wir sind gerade gelandet und mit dem Mietwagen – Kategorie »Kleinwagen« – kurz in unser Billighotel an der Playa de Palma gefahren, um die Koffer abzuwerfen. In unserem Doppelzimmer. Dabei nehmen wir seit vielen Jahren zwei Einzelzimmer, weil Harald nachts ein mittelgroßes Sägewerk betreibt. Er kann ja nichts für sein Schnarchen – aber ich kann auch nichts dafür, dass es mich in den Wahnsinn treibt. Immerhin haben wir das Zimmer noch wechseln können – zuerst wollten sie uns im Erdgeschoss einquartieren. Da, wo die ganze Nacht das Partyvolk am Fenster vorbeitorkelt und herumgrölt. Wobei ich immer sage: »Lasst sie doch ballern. Muss ja niemand mitmachen.«

Nun haben wir ein Zimmer im 3. Stock. Mit Balkon. Falls Harald den heute Nacht nicht absägt.

Ich versuche, mir meine schlechte Laune nicht anmerken zu lassen, und verschwinde unter die Dusche. Wie im Juli zu erwarten, ist es unfassbar heiß. Aber wenn wir uns von der Sommerhitze abhalten ließen, eine Bleibe für unser neues Leben auf Mallorca zu suchen, hätten wir uns definitiv das falsche Auswanderungsziel ausgesucht. Dann hätte es eher Island sein müssen.

Zum Glück aber lieben wir beide die Sonne, den Sommer und das Meer. Im Münsterland sind alle drei leider Mangelware.

Ich ziehe mir das Luftigste an, was sich unter meinen Businessklamotten findet. Für unsere Treffen mit Maklern und Vermietern will ich seriös aussehen. Die mögliche Frage nach Sicherheiten macht mich schon nervös genug, da will ich mich nicht auch noch underdressed fühlen.

Harald ist da unbekümmerter: helle, leichte Sommerhose, kurzärmliges Hemd und Slipper. Immerhin trägt er keine Sandalen. Wir wollen schließlich nicht mit der Sorte von Kurzzeittouristen verwechselt werden, die mit nacktem Oberkörper in Restaurants oder gar in Kirchen spazieren und diese schöne Insel »Malle« nennen. Für uns ist und bleibt der Name unserer neuen Heimat »Mallorca«.

Ich steuere unseren Mietwagen durch die Mittagshitze in den Südosten der Insel. Dass wir dort wohnen wollen, haben wir schon entschieden. Weil wir uns gleich bei unserem ersten Mallorca-Urlaub in das Städtchen Santanyí verliebt haben.

Auf der Autobahn MA-19 frage ich Harald, ob er noch wisse, wann wir das erste Mal auf der Insel waren.

»Ich weiß nur noch, dass wir die totalen Spätstarter waren. Alle, die wir kennen, haben Mallorca schon lange vor uns entdeckt. Wieso waren wir eigentlich so lange Mallorca-Muffel?«

Ich grüble. »Na ja, wegen der Hunde war Fliegen nicht so das Ideale. Und meine Eltern haben ja keine Urlaubsreisen mit uns Kindern gemacht. Höchstens mal Ausflüge. Einen Tag ins Sauerland. Oder mal an die Nordsee. Kennst ja die Westfalen. Abenteuer ist nicht so ihr Ding. Meine Eltern wollten sich lieber um ihren Garten und die Geranien kümmern. Palmen hab ich das erste Mal nach meinem Abi gesehen, während der Interrail-Tour, in Portugal.«

Harald stöhnt: »Scheißhitze! Und das schon morgens!« Die Sonne knallt direkt von vorn aufs Auto.

Mein Mann wischt sich mit einem Taschentuch den Schweiß von der Stirn. Mit der anderen Hand hält er die ganze Zeit

seine Hosentasche umklammert. Denn darin steckt DAS RÖL-
LEKEN. Auf Hochdeutsch: ein Bündel Geldscheine. Auf Mallorca bevorzugt man Bargeld – was dem Finanzamt ganz sicher
nicht gefällt. Das Rölleken enthält unsere gesamten Erspar-
nisse. Sonderlich viel ist nicht mehr übrig, obwohl das Haus
in Gronau bereits zwangsversteigert worden ist. Die Bank hat
leider alles abgegriffen ... Was wir noch haben, muss reichen
für die Maklerprovision, die Kaution, die ersten Mieten und für
unseren Lebensunterhalt, bis wir Arbeit gefunden haben.

Vielleicht schwitzt Harald also auch, weil er für das Rölleken
und damit für unsere Zukunft verantwortlich ist.

»Wir sind ja nur mit Wohnwagen verreist, als ich klein war«,
erinnert er sich. »Da war Mallorca auch nicht das ideale Ziel.
Ich glaube, wir waren erst 2002 das erste Mal hier. Mit über
vierzig. Musst du dir mal vorstellen!«

Ich weiß es natürlich besser: »2003 war es sogar erst. Vor
drei Jahren. Da hast du doch deinen Segelschein gemacht –
und am Tag vor deiner Prüfung hat Natalie sich den Arm ge-
brochen, deswegen weiß ich das Jahr noch. Kurz vor ihren letzten Abi-Prüfungen war das. Und als du deinen Schein hattest,
hat dein Segellehrer – wie hieß der noch mal? Karsten, oder? –
uns angeboten, von Mallorca aus auf einem Boot mitzufahren,
auf dem er Leute auf ihre Mittelmeerprüfung vorbereitete.«

Harald nickt versonnen: »Da sind wir beide das erste Mal
in unserem Leben geflogen. Und haben den ersten Segeltörn
unseres Lebens gemacht!«

»Und wir haben unser künftiges Zuhause kennengelernt«,
füge ich hinzu. »Das hat damals zwar keiner von uns gesagt.
Aber ich glaube, wir wussten es beide schon. Die Jüngste machte ihr Abi, die Situation im Liliom war schwierig, wir hatten
irgendwie genug von Gronau ...«

Harald grinst: »Und dann muss uns erst fast die Bude abbrennen, bis du es kapierst ...«

Ich boxe ihn in die Seite. Aber dann gehen wieder beide Hände ans Steuer, denn wir müssen runter von der Autobahn und ein Haus besichtigen. El Palmer heißt der Ort.

Eine halbe Stunde später sitzen wir wieder im Auto. Reichlich ernüchtert. El Palmer ist kein Ort, sondern eine Ansammlung von verstreuten Fincas. Das erste Haus war ziemlich heruntergekommen, und die nächsten Nachbarn wären Hunderte Meter weit weg gewesen. Außerdem standen nur ein paar fast verdorrte Pflanzen herum. Das hat uns so abgetörnt, dass wir die anderen beiden Häuser in El Palmer gar nicht mehr anschauten.

Jetzt haben wir nur noch einen Schuss frei – das Haus in Es Llombards.

»Komischer Name, oder? Hoffentlich sieht es da nicht genauso aus«, unke ich.

Harald seufzt: »Ja, in Santanyí selbst wäre es natürlich am tollsten gewesen, aber das wäre ...« – »... unbezahlbar gewesen. Ich weiß, Schatz. Apropos: Ist das Rölleken noch da?«

Unsere Gedanken kreisen seit Monaten fast nur um Geld. Die Finanzen sind schon seit Jahren ein schwieriges Thema, aber jetzt kommen sie mir vor wie eines dieser Flugzeuge aus einem Actionfilm, das scheinbar unaufhaltsam der Erde entgegentrudelt, weil der Pilot bewusstlos ist. Man ahnt zwar, dass der Superheld im letzten Moment aufwachen und die Kiste knapp vor dem Crash wieder hochziehen wird, aber sicher sein kann man eben nicht.

»Komm, lass uns mal optimistisch sein. Wo ist das genau? Was sagt das Navi?«

Ich folge Haralds Anweisungen, und wir erreichen schnell Es Llombards. Immerhin scheint es ein richtiger Ort zu sein.

Keine idyllische Altstadt zwar, aber eine Bar, ein Restaurant, eine Bäckerei, eine Kirche und ein Sportplatz. Hier wohnen offenbar Menschen. Und zwar Einheimische.

Als wir in die Straße einbiegen, die die Maklerin uns genannt hat, sind wir sehr nervös. Wir haben kein weiteres Ass im Ärmel. Und wenn wir ehrlich sind, nicht mal eine Piksieben. Wenn das hier nicht passt, müssen wir unseren Umzug verschieben.

Vor dem Grundstück steht eine strahlende Frau, die uns sehr freundlich begrüßt. Radebrechend stellen wir uns auf Englisch vor. Unser Spanisch ist praktisch nicht existent, und noch viel weniger können wir eine der beiden Sprachen, die im Alltag auf Mallorca gesprochen werden: Mallorquín und Catalán. Was das angeht, sind wir leider genau die Sorte Auswanderer, die man manchmal im Fernsehen sieht ...

Und dann kommt der Schock. Das Haus ist modern, aber kühl, steril und ohne jeden Charme. Wir brauchen nur wenige Minuten, und ich weiß: Hier werde ich nicht glücklich.

Ich bedeute der Maklerin »Bitte fünf Minuten« und ziehe Harald ein Stück weg. Ich sehe ihm an, dass er sich notfalls arrangieren würde – und er sieht mir an, dass alles in mir NEIN! schreit.

»Aber was heißt das dann?«, fragt er direkt heraus. »Dann haben wir nichts.«

Sein deprimierter Blick erzählt mir überdeutlich, welcher Film gerade in seinem Kopf abläuft: Wir verschieben die Auswanderung, dann kommt der Winter, dann müssen wir uns in Gronau einen Job suchen und eine Wohnung, und dann ist der Moment verpufft, in dem wir unser Leben noch mal neu hätten beginnen können. Sehe ich da sogar ein verdächtiges Glitzern in seinen Augen?

Ich bin hin- und hergerissen und weiß, was von den nächsten Minuten abhängt. Verzweifelt drehe ich mich wieder in

Richtung des Hauses und suche in diesem Kasten nach Ansatzpunkten, um ein Zuhause daraus zu machen. Aber mein Blick rutscht immer wieder ab am glatten, weiß verputzten Beton.

Die Maklerin scheint zu spüren, dass es hier gerade um eine Lebensentscheidung geht. Sie kommt auf uns zu und redet in einem Sprachengemisch auf uns ein. Ich verstehe »*otra casa*« und »*my road*«. Offenbar will sie uns zu sich nach Hause einladen, damit wir uns sammeln und in Ruhe überlegen können.

Wie die begossenen Pudel trotten wir hinter ihr her zu den Autos und fahren ein paar Minuten durch den kleinen Ort. Sie macht vor einem Haus halt, das nicht so wirkt, als sei es ihres. Denn sie ist elegant und sieht nach Geld aus, nicht nur wegen des BMW, den sie fährt. Und das Haus, vor dem wir stehen, ist eher eine Art Villa Kunterbunt. Und vor allem ist es offenbar unbewohnt.

Der Bürgersteig vor der Haustür ist mit Grün zugewuchert, und die Fenster sind staubig. Nach mehreren Anläufen verstehen wir: Auch dieses Haus ist zu vermieten. Und die Maklerin wohnt in derselben Straße. Deshalb »*my road*«.

Als wir zuerst das Haus und dann den Garten dahinter betreten, spüre ich, wie Harald ganz kurz meine Hand nimmt und zudrückt. Ich weiß, was das bedeutet, nämlich: »Das ist es!«

Ich bin ganz sicher: Die meisten hätten sofort kehrtgemacht beim Anblick dieser alten Bude. Die abblätternde Farbe an den Wänden, die aus der Zeit gefallenen, teilweise zerbrochenen Fliesen in Bad und Küche, die an der Wetterseite arg ramponierten Fensterrahmen … alles nicht sehr einladend. Aber wir sehen sofort das Potenzial. Wir haben beide ein Faible für Altes und verwandeln Schmuddelcharme gern in echten Charme. Und das Wesentliche stimmt: Die Elektrik ist neu, die weiße Fassade ist frisch getüncht, und die Miete liegt im Rahmen dessen, was wir uns überlegt haben. Es gibt einen *Porche*, also einen Wintergarten, den man öffnen kann zum Patio hin; das ist ein gepflasterter Innenhof beziehungsweise eine Terrasse. Und dahinter ist ein kleiner Garten – für die Hunde absolut perfekt.

Die Lage am Rand von Es Llombards ist ruhig und eher dörflich. Und: Die Maklerin stellt keinerlei Fragen, wie man sie aus Deutschland kennt: woher wir kommen, was wir machen, was wir verdienen, welche Sicherheiten wir haben und so weiter. Auch »Schufa« scheint hier ein Fremdwort zu sein, was uns ziemlich erleichtert. Man weiß ja nie, was die so melden.

Ich muss mich gar nicht mehr absprechen mit Harald. Ich sehe ihm an, dass er schon plant, woran er als Erstes basteln wird nach unserem Einzug. Wir sind uns ohne Worte einig.

Ich wende mich der Maklerin zu, strahle sie an und sage immer abwechselnd »*Sí!*« und »*Gracias!*« und wieder »*Sí!*« und »*Gracias!*« und immer so weiter. Bis sie lauthals zu lachen beginnt und den Hausbesitzer anruft.

Die Verabredung für den nächsten Tag ist schnell gemacht, dann soll der Vertrag unterschrieben werden. Mietbeginn: 15. August 2006. In vier Wochen. Wir können es selbst kaum glauben.

Später, als wir uns von der Maklerin verabschiedet haben, fallen wir uns in die Arme. In mir tobt eine verrückte Mischung aus Erleichterung, ungläubiger Freude und Angst vor dem Kommenden. Wir haben beide wacklige Beine und müssen uns aneinander festhalten.

Während wir zurück nach Palma fahren, reden wir wenig. Jeder hängt seinen Gedanken nach. Und wir sind müde. Die Sonne brennt erbarmungslos vom Himmel. Es ist erst unsere zweite Sommer-Erfahrung mit der Insel. Nach unserer Premiere 2003 waren wir ein paarmal während der Karnevalstage hier, weil dann im Restaurant in Gronau nicht so viel los war. Wer feiern wollte, fuhr dafür nach Köln oder Düsseldorf, alle anderen vergruben sich zu Hause oder verreisten. Und nun werden wir also den Mittelmeersommer jedes Jahr erleben, und zwar monatelang!

Allmählich dämmert uns, was wir Tolles vorhaben. Aber auch, welches Wagnis wir eingehen. Ich denke wieder an Claudias Maschinengewehr-Fragen. Fast keine davon ist bisher beantwortet.

In Palma kaufen wir uns ein Weißbrot, etwas Käse, die typische *Sobrasada*-Rohwurst sowie Oliven. Und gönnen uns eine Flasche Wein für unser Abendessen im Hotelzimmer. Einen Restaurantbesuch können sich die ehemaligen Restaurantbesitzer leider nicht leisten.

Während des Essens – draußen wird es allmählich dunkel, aber leider kühlt es kaum ab – beginnen wir zu planen: Was kommt in welches Zimmer? Was wollen wir am Haus verändern? Was müssen wir anschaffen? Was können wir aus Gronau mitbringen? Die Planung endet aber irgendwann in hilflosem Gekicher, weil wir weder Fotos noch Pläne haben und uns völlig unterschiedlich an das Haus erinnern. Harald meint, ich hätte bereits mehrere nicht existente Zimmer frei erfunden und verplant ... Wir nehmen uns vor, am folgenden Tag Fotos zu machen und die Zimmer zumindest grob auszumessen. Einen Zollstock hat mein schlauer Mann nämlich immer dabei.

Irgendwann ist es Schlafenszeit – wir sind ja frühmorgens mit dem ersten Flieger aus Düsseldorf gekommen und entsprechend früh aufgestanden. Bevor wir das Licht ausmachen, steht Harald unschlüssig vor dem Bett, mit dem Rölleken in der Hand. Schließlich stopft er es unter sein Kopfkissen. Sicher ist sicher. Ich bekomme das aber nur halb mit.

»Ich weiß jetzt, warum die Wände hier aussehen wie ›Pommes rot-weiß‹«, sage ich genervt und füge mit einem gezielten Schlag eine weitere Ketchup-Spur hinzu. »Hier sind jede Menge Mücken!«

Harald zuckt mit den Schultern und tut dann, was mich seit Langem vor Neid fast platzen lässt: Er dreht sich um und schläft ein. Währenddessen liege ich – todmüde und hellwach – neben ihm und denke nach. Über das Haus und das Geld und unsere Zukunft und den Mietvertrag. Außerdem höre ich dem fiesen Sirren der Mücken zu, die sich sehr über das deutsche Nachtmahl zu freuen scheinen. Und in das Sirren mischen sich irgendwann unüberhörbar Haralds typische, kurze Atemaussetzer – die Vorboten des Schnarchens. Ich nicke zwar ab und zu kurz ein, schrecke aber immer wieder hoch. Und beginne, ihn anzutippen und wachzurütteln, damit er sich dreht. Aber er knurrt nur und schnappt dann weiter nach Atem. Das Schlimmste ist das Warten auf das nächste Schnapp- und Schnarchgeräusch. Weil ich genau weiß, dass es kommt.

Irgendwann schüttle ich ihn völlig entnervt und sage laut: »Das Geschnarche muss aufhören! Jetzt!« Woraufhin er wütend aufsteht, wortlos seine Matratze und sein Bettzeug auf den Balkon schmeißt und sich dort wieder hinpackt …

Aufmerksame Leserinnen fangen jetzt sicher schon an zu zählen: Einundzwanzig, zweiundzwanzig, dreiundzwanzig …

»Nanni! Das Rölleken! Ist es bei dir im Bett?!?«

Ich fahre hoch, mache das Licht an und suche mein Bett ab. Nichts!

Wir suchen das ganze Zimmer ab. Nichts. Wir suchen Haralds Bettzeug und den ganzen Balkon ab. Nichts.

Harald nähert sich bereits der Panik. Wenn das geschieht, werde ich zum Ausgleich immer ganz ruhig. »Verlier jetzt bitte nicht die Nerven!«, flehe ich und suche noch mal systematisch alles ab. In den Bettbezügen, in den Klamotten, in den Taschen, in den Schränken und Nachttischchen. Sogar in der Kloschüssel schaue ich nach. Nichts!

Offenbar ist das Rölleken vom Balkon gefallen. Liegt es im Pool? Hängt es in einer Palme? Oder freut sich längst ein Ballermann-Heimkehrer über den unverhofften Lottogewinn?

Harald macht sich schon bereit runterzulaufen und zu suchen. Er würde das notfalls auch splitternackt tun. Ich schaue auf die Uhr: 2.13.

»Harald, ich suche noch einmal alles ab. Komm bitte mal mit der Nachttischlampe auf den Balkon.« Und dann muss ich einen Freudenschrei unterdrücken, der das ganze Viertel geweckt hätte: Denn am äußersten Rand des Balkons liegt das Rölleken.

Es wirkt wie eine Szene aus einem Film. Einen Zentimeter weiter, und es wäre runtergefallen. Wir hätten auch beim Suchen und Herumtasten im Halbdunkel leicht dagegenstoßen und es runterwerfen können.

Zum zweiten Mal heute stehen wir mit weichen Knien da und halten einander fest. Und das Rölleken. An Schlaf ist nicht mehr zu denken. Den Rest der Nacht sitzen wir völlig durch den Wind auf dem Bett und reden wirres Zeug.

Irgendwann dreht sich Harald zu mir und schaut mir in die Augen. Mit zitternder Stimme sagt er: »Ist dir klar, dass ...« Ich schneide ihm das Wort ab, weil ich es nicht hören will. »Ja, das ist mir absolut klar.«

Wäre das Rölleken weg gewesen, hätten wir die Auswanderung vergessen können.

Kartons und Container

»Natürlich ist das eine Schrottkarre!« Offenbar hat Harald die Blicke, mit denen ich den staubig-dunkelblauen Kombi begutachte, den er eben vom Gebrauchtwagenhändler geholt hat, in den falschen Hals bekommen.

Die Nerven liegen gerade ziemlich blank. Er ist erkennbar angefasst und legt nach: »Was erwartest du? Oder hast du irgendwo noch Geld versteckt?«

Oh nein, das habe ich leider nicht. Schön wär's. »Entschuldige, Schatz. Ich wollte dich doch nicht kritisieren. Ich glaube, die Phase jetzt ist für uns beide nicht gerade leicht. Aber stell mich bitte nicht als verwöhntes Weibchen hin, okay?«

Harald hat sich schon wieder im Griff. »Schon gut. Das Auto soll uns und die Hunde heil nach Mallorca bringen und da noch ein paar Wochen halten, bis wir Arbeit haben und ein neues anzahlen können. Mehr nicht. Und mehr war für die Kohle eben nicht drin. 200.000 Kilometer hat er runter. Aber er läuft und läuft und läuft … Drück die Daumen, dass die Kupplung bis dahin hält; die ist reichlich ausgelutscht. Aber die Bremsen sind immerhin neu gemacht.«

Ich lege innerlich einen Hebel um und sage: »Gut gemacht, mein Held. Du hast sicher das Beste aus dem bisschen Geld gemacht. Bist eben ein Zauberer.«

Harald grinst, als ich ihn bei seinem Hobby packe, und ist wieder versöhnt. »Sag mal, hat sich der Typ inzwischen gemeldet, wegen der Küchensachen?«

Ich atme tief durch. »Ja, hat er. Er könnte morgen kommen. Aber er will noch mal verhandeln.«

»Was?! Seit wann funktioniert eBay so? Das sind doch erstklassige Geräte! Damit kann er ein Dreisternerestaurant betreiben!«

»Na ja, das meiste übernimmt ja unser Nachfolger. Aber ich bin auch sauer. Hilft aber nichts – die Sachen müssen weg. Wir müssen das Haus Ende nächster Woche räumen.«

Beim Gedanken an den Termin der Hausübergabe wird mir schwummerig. In unserer Wohnung ist inzwischen ein ganzes Zimmer mit Kartons prall gefüllt. Weit mehr als in den Umzugscontainer passen, den wir uns leisten können. 2.500 Euro kostet uns allein dieser Transport. Und wir sind immer noch unschlüssig, was wir auf Mallorca brauchen werden und was nicht.

Nur eins steht fest: Da wir nicht nur dem Münsterland, sondern auch der Gastronomie den Rücken kehren, brauchen wir kein professionelles Equipment. Der Mann, der das Haus ersteigert hat und das Restaurant weiterführen will, nimmt die großen Geräte wie Herd, Spülmaschine und Kühlung. Und ein Kneipenbesitzer aus Holland hat bei eBay unsere Töpfe und Pfannen, die tollen Messer, die Kochgeräte aus Edelstahl und Holz und die Profischneidebretter ersteigert. Dabei waren Letztere ein Weihnachtsgeschenk unserer Töchter. Schnell weg mit dem Gedanken – meine Unterlippe zittert schon wieder.

Was wir mitnehmen, sind fast alle Möbel. Nachdem wir unser neues Haus ausgemessen haben, wissen wir, dass wir beinahe alles brauchen können. Und dafür, uns neu einzurichten, fehlt uns schlichtweg das Geld. Aber wir hängen auch an vielen Sachen.

Wir hatten schon immer einen Blick und ein Händchen für alte Dinge und verborgene Schätze. Für unsere Kneipe haben wir viel aus Sachen hergestellt, die andere als »Trödel« weggegeben haben. Meine Mutter hat mich ganz traditionell erzogen: Ich sollte in der Küche helfen, meine drei Brüder fast nie. Aber ich hasse Sachen wie Abwaschen, Töpfereinigen und Abtrocknen bis heute. Vielleicht bin ich deswegen in die Gastronomie gegangen: weil ich da Leute dafür bezahle, mir das abzunehmen. Am glücklichsten war ich jedenfalls immer bei meinem Vater in der Werkstatt.

Und genau zu diesem Vater zieht es mich jetzt. Dieses über achtzigjährige Wunder an Hilfsbereitschaft werkelt nämlich gerade oben in unserer Wohnung. Er packt Geschirr in Zeitungspapier und füllt weiter Karton um Karton.

»Den angestoßenen Krug hier auch? Wirklich?«, fragt er kopfschüttelnd.

Ich hocke mich neben ihn: »Du weißt doch, Papa: Alles, was wir da brauchen könnten, müssen wir mitnehmen. Ich würde auch zu gern nur mit zwei Koffern auswandern und mich vor Ort neu einrichten. Das wäre ein echter Neuanfang. Aber wir haben nun mal kein Geld.«

Ich sehe, wie es in ihm arbeitet. Und dann ringt er sich durch, die Frage zu stellen, die ihm seit Wochen auf den Lippen brennt – seit wir von der drohenden Zwangsversteigerung des Hauses und unserem Entschluss zur Auswanderung erzählt haben: »Habt ihr wirklich überhaupt kein Einkommen dort? Gibt es keine Sozialversicherung oder so was?«

Ich bin beinahe erleichtert, dass er endlich fragt. Mein Vater ist die Diskretion selbst.

Zerknirscht beichte ich ihm, wie die Sache gelaufen ist. »Es hatte mit meinem Stolz zu tun, Papa. Vor einem Monat war ich beim Arbeitsamt, um zu fragen, wie das mit der Auszahlung des Arbeitslosengeldes funktioniert, wenn man in

Spanien wohnt. Ich war ja formal immer angestellt bei Harald und habe immer brav eingezahlt. Mir gegenüber saß so ein mürrischer Typ. Der klassische Beamte. Oh, entschuldige, Papa – du warst ja auch Beamter! Aber eben ein vorbildlicher. Ein Polizist, wie er im Buche steht. Na, dieser Sesselpupser da jedenfalls ... ich konnte ihm förmlich ansehen, dass er einfach nur keinen Bock hatte, sich mit meiner Frage zu beschäftigen. War ja was Neues. Bloß nichts Neues! Könnte ja neugierig machen. Jedenfalls meinte er extrem genervt: ›Hach, das weiß ich jetzt auch nicht, ob das geht.‹ Vielleicht war er auch einfach nur neidisch? Dabei hab ich extra ›Spanien‹ gesagt und nicht ›Mallorca‹. Jedenfalls hat er mich direkt auf die Palme gebracht. Wenn man sein Leben lang darauf angewiesen war, Eigenverantwortung und Initiative zu entwickeln, um seinen Lebensunterhalt zu verdienen, dann kommen einem solche Paragrafenreiter gerade recht. Vor allem in einer so angespannten Situation wie jetzt. Verstehst du das, Papa?«

Mit all seiner Liebe und der Weisheit seiner achtzig Lebensjahre schaut er mich nur an und nickt aufmunternd.

Ich habe mich richtig schön in Rage geredet und sprudle weiter: »Danach musste ich zur Sachbearbeiterin. Die wollte mich offenbar aus der Statistik rausbekommen und hat mir ein Praktikum in der Gastronomie vorgeschlagen. Ein Praktikum! Nach dreißig Jahren als Gastwirtin! Und sag jetzt nicht, sie habe ja nicht wissen können, wie qualifiziert ich bin. Die Frau ist Stammkundin im Liliom! Erst vor einem halben Jahr war sie mit ihrer ganzen Abteilung hier: Weihnachtsfeier. Und dann schlägt die mir ein *Praktikum* vor.«

Mir kommen erneut Tränen der Wut, wenn ich an diese Behandlung denke. Mit erstickter Stimme beende ich meinen Bericht: »Aus Frust bin ich da einfach nicht wieder hingegangen.

Ich habe auf das Arbeitslosengeld verzichtet. So, Papa, jetzt darfst du mich für bekloppt erklären.«

Mein Vater schmunzelt und schaut zu Harald: »Das ist meine Nanni! Eine stolze Frau. Und stur wie ein Esel kann sie sein! Konnte sie schon immer. Wäre ich dein Steuerberater, liebe Tochter, dann würde ich dich jetzt tatsächlich für bescheuert erklären. Aber als dein Vater sage ich: richtig so! Bevor du dich mit Bürokraten rumärgerst, schau lieber nach vorn, und bau dir was Neues auf. Der Anfang auf Mallorca wird sicher schwer – aber wenn es jemand schafft, dann du und dein Harald.«

Ich sage nichts, sondern umarme ihn nur. Sehr lange und sehr fest. Dass ich ihn zurücklassen muss, ist eine der härtesten Folgen unserer Entscheidung. Und dass er so vorbehaltlos zu mir steht und mich unterstützt, macht es nicht unbedingt leichter.

»So, Papa, für heute ist Feierabend für dich. Ich mach hier noch weiter. Und ab übermorgen machen wir ja die Krankheitsvertretung im Portofino und verdienen noch ein bisschen Geld. Und denk an die Abschiedsfeier im Liliom nächsten Samstag.«

»Muss ich da auch was zu essen mitbringen?«

»Quatsch, Papa! Du doch nicht! Das machen die anderen sicher für dich mit.«

»Au ja! Auf Claudias Quiche freu ich mich jetzt schon.«

An der Tür halte ich ihn kurz fest und sage verlegen: »Grüß Mama. Wie geht es ihr?«

»Ach ...« Papa seufzt. »Sie versteht euch weiterhin nicht. Sie fühlt sich verlassen und verraten. Ich kann reden, so viel ich will. Ich sage ihr immer wieder, dass es dein Leben ist und dass du doch glücklich sein sollst. Aber sie macht total dicht.«

»Oh Papa! Das ist nicht leicht für dich, oder?«

Statt zu antworten, dreht er sich weg. Bei Männern dieser Generation ein untrügliches Zeichen. Ein Indianer weint nicht. Nicht vor anderen jedenfalls.

Vier Wochen später steht mein Vater am Straßenrand und winkt. Ganz aufrecht steht er da. Meine Mutter hingegen wirkt geradezu verstört. Sie hat wohl bis zuletzt gehofft, wir würden es nicht so ernst meinen und es uns noch anders überlegen.

Es schmerzt mich, sie so zu sehen – und zu spüren, dass die Verbindung zwischen uns einen Knacks bekommen hat, von dem ich nicht weiß, wann und wie er geheilt werden soll.

Nach einem tränen- und alkoholreichen Abschiedsabend mit den besten Freunden und zu wenig Schlaf verlassen wir Gronau nun endgültig. In der Woche davor war ich noch mal bei der Meldestelle, um die Adresse meiner Eltern als Wohnsitz einzutragen. Wir hatten uns nämlich schon abgemeldet – schließlich meinen wir das mir der Auswanderung ernst –, nur um festzustellen, dass damit auch die Kindergeldzahlung für unsere studierenden Töchter enden würde. Aber darauf wollten wir dann doch nicht verzichten – schließlich haben wir unser Leben lang in Deutschland Steuern bezahlt.

Jetzt liegen die Hunde auf unseren Sofapolstern im Heck, und wir fahren tatsächlich los. Vor uns liegen 1.500 Kilometer. In zwei Tagen fährt die Fähre ab Barcelona. Übernachten werden wir im Heck unseres Autos. Bewacht von den draußen angeleinten Hunden.

Und zweieinhalb Tage später – nach einer extrem ungemütlichen Kofferraum-Nacht in den verregneten Pyrenäen, also mit den Hunden zwischen uns, und nach dem plötzlichen Sturm auf hoher See – nähert sich unsere Fähre jetzt tatsächlich dem Hafen von Palma.

Das Meer hat sich wieder beruhigt, aber wegen des Sturmes hat sie sechs Stunden gebraucht statt drei. Der Aufenthaltsraum für die Passagiere riecht wie die Toilette einer Kölner Kneipe im Karneval. Und sieht auch fast so aus.

Als wir endlich zum Auto können, sind wir auf das Schlimmste gefasst. Aber unsere Hunde haben die sechs Stunden bestens überstanden und das Auto samt Sofapolstern verschont. Das nehmen wir mal als gutes Omen. Mallorca hat uns zwar stürmisch begrüßt – aber die Insel meint es vielleicht doch gut mit uns.

Es war richtig! (Sagt die Yuccapalme)

Claudia kriegt sich gar nicht mehr ein: »Das glaub ich jetzt nicht, dass die blüht! Ist das wirklich die alte aus Gronau?« Ungläubig starrt sie auf unsere Yuccapalme, aus der sich meterhoch eine üppige weiße Traube aus kleinen Blüten erhebt. Dann geht sie hin und betrachtet die Pracht aus der Nähe.

»Ich hab so was noch nie gesehen. Sieht aus wie lauter kleine Maiglöckchen. Total süß. Aber ...«, sie geht ein Stück zurück, »... die riecht ganz schön intensiv. Gut, dass die im Zimmer nie blüht.«

Als Claudia gestern spätabends ankam, war es schon dunkel, und so sieht sie unser kleines Reich jetzt zum ersten Mal.

Wir sitzen bei weit geöffneten Fenstern am Tisch und genießen ein gemütliches Sonntagsfrühstück mit duftenden Croissants und frisch gepresstem Orangensaft mit schön viel Fruchtfleisch.

»Traumhaft, so ein Wintergarten«, seufzt sie.

Ich muss kichern. »Weißt du, wie das mallorquinische Wort dafür klingt?«

»Keine Ahnung. Wieso? Ist es was Unanständiges?«

»Nee, eher was zum Angeben. Es schreibt sich P O R C H E, aber gesprochen klingt es fast wie ›Porsche‹. Und zu Rollläden sagen sie ›Persiana‹. Wir haben schon ein paarmal unsere Familien angerufen und erzählt, dass wir gerade mit offenem Persianer im Porsche sitzen ...«

Ich bin so glücklich, dass meine beste Freundin uns besucht. Obwohl wir uns fast ein Jahr lang nicht gesehen haben, sind wir sofort wieder so vertraut miteinander, als hätten wir uns erst letzte Woche getroffen. Wir sind nur am Quatschen und Rumalbern. Das hat mir so gefehlt.

Claudia starrt noch einmal kopfschüttelnd auf die Blüte. »Ich hab letztes Jahr beim Packen ja nichts gesagt, aber dass ihr den kostbaren Platz im Container für eine olle Zimmerpflanze verschwendet habt, konnte ich überhaupt nicht fassen.« Sie lacht vergnügt und nippt an ihrem *Café con leche*. »Das ist ja ein richtiges botanisches Wunder.«

»Ja, vor allem wenn du weißt, was wir den Pflanzen hier anfangs angetan haben ...«, sage ich.

Claudia guckt fragend. »Habt ihr nicht genügend gegossen oder was?«

»Doch, schon – aber das war genau das Problem. Wir haben am Anfang ganz naiv das Wasser aus der Leitung genommen. Bis der Nachbar uns völlig entgeistert ansprach. Er hatte ein paar verkümmerte Pflanzen bei uns gesehen und zufällig beobachtet, wie wir Lillis und Auras Trinknapf mit dem Leitungswasser füllten. ›*No! Noooo!*‹, rief er über den Zaun, weißt du noch, Harald?«

Harald nickt. Man sieht ihm an, wie peinlich ihm unsere Ahnungslosigkeit heute ist.

»Er hat uns dann erklärt, dass wir nur das Wasser aus der Zisterne nehmen dürfen. Das ist im Winter Regenwasser; im Sommer kommt regelmäßig ein Tankwagen und füllt die Zisterne mit Brunnenwasser. Das geht ganz schön ins Geld.«

»Aber was ist denn mit dem Leitungswasser los? Was trinkt ihr? Und womit kocht ihr?«

Man merkt, dass Claudia – wie wir ja auch – den hohen Standard aus Deutschland gewohnt ist. Aber auf einer vom Tourismus überfluteten Mittelmeerinsel, wo es im Sommer monatelang keinen Tropfen regnet, kann man diese Maßstäbe nicht anlegen.

»Wir müssen immer Mineralwasser kaufen. Und leider immer in Einwegflaschen aus Plastik. Ein Pfandsystem kennen sie hier nicht. Das Leitungswasser enthält viel zu viel Salz; außerdem ist es extrem gechlort«, erklärt Harald.

Und ich ergänze: »Das Chlor hast du wahrscheinlich beim Duschen gerochen, oder?«

Claudia nickt vorsichtig. Ich sehe ihr an, dass sie Scheu hatte, es von sich aus anzusprechen, obwohl ihr ein paar praktische Fragen auf den Nägeln brennen. Als wir vorhin vom Bäcker zurückkamen, habe ich gesehen, wie ihr Blick an unserer Hauswand hochging. Und jetzt fragt sie unsicher: »Hattet ihr nicht erzählt, dass die Fassade frisch verputzt war, als ihr das Haus gemietet habt?«

Ich zucke mit den Schultern. »Ja, das mussten wir auch lernen, dass so etwas hier nicht lange hält. Wir sind eben auf einer Insel im Meer. Das heißt, dass ständig ein leichter Wind geht – und der bringt Feuchtigkeit und Salz mit. Das macht kein Putz lange mit. Siehst du hier an praktisch allen Häusern.«

»Oft nehmen sie zum Bauen auch den Sand vom Strand«, erklärt Harald. »Der ist natürlich auch salzhaltig, und das Salz wächst dann in Kristallform aus den Hausfassaden raus. Ich hab ja heute frei. Nachher, wenn Nanni arbeiten geht, zeig ich dir mal ein paar solcher Häuser. Sieht echt kurios aus.«

»Arbeiten« – das Stichwort ist gefallen. Ich kann förmlich dabei zusehen, wie Claudia in den »Ernst des Lebens«-Modus schaltet. Sie setzt sich gerade hin, legt kurz die Stirn in Falten und sieht uns beide einen Moment prüfend an, bevor sie fragt: »Wie sieht es denn aus mit Arbeit und Lebensunterhalt? Also mit Geld?«

Ich kann meiner besten Freundin auch in diesem Punkt nichts vormachen. Sie ist Steuerberaterin von Beruf (nicht unsere) und hat unsere finanzielle Misere in Gronau hautnah mitbekommen und uns oft gute Tipps gegeben. Trotzdem beginne ich mit dem Mutmach-Text: »Das Gute ist: Wenn man hier einen Job sucht, dann findet man auch einen. In der Saison jedenfalls. Wir hatten noch nie das Gefühl, dass wir plötzlich mittellos dastehen würden und als geschlagene Verlierer nach Deutschland zurückmüssten. Aber ...«

Harald übernimmt: »Eigentlich hatten wir uns geschworen, nie wieder in der Gastronomie zu arbeiten, nach dem ganzen Mist in den letzten Jahren. Doch das sind nun mal die häufigsten Jobs hier. Bis wir das Richtige gefunden haben, müssen wir wohl oder übel nehmen, was sich anbietet. Übergangsweise. Wir hatten ja praktisch keine Rücklagen. Und im Winter ist beim Geldverdienen Flaute auf der Insel.«

»Also seid ihr wieder in der Gastronomie?«, fragt Claudia.

»Ich ja. Teilweise zumindest.« Ich taste mich voran. »Bei meiner Erfahrung in der Branche sind das dann auch keine schlecht bezahlten Aushilfsstellen. Aber unser Plan, eine Ferienhausverwaltung aufzumachen, steht weiterhin. Parallel zu unseren Jobs suchen wir nach dem richtigen Einstieg. Mein Gefühl ist: Irgendwann, hoffentlich sehr bald, wird sich was ergeben.«

»Wir sind öfters in einer tollen Kneipe in Santanyí, im Sa Cova, und haben da direkt viele Leute kennengelernt. Das sind echte Überlebenskünstler. Ist eine ansteckende und motivierende Atmosphäre da. Und irgendwann ergibt sich aus so einer Bekanntschaft auch mal was Berufliches. Das scheint hier oft so zu laufen«, flicht Harald ein.

Doch Claudia bleibt skeptisch: »Und was genau machst du jetzt?«, fragt sie mich.

»Heute kellnere ich in einem Lokal in Santanyí. Und morgen helfe ich in der Boutique einer Freundin aus. Außerdem hab ich auch einen ...«, ich zögere kurz, »... einen Putzjob.«

Claudia schaut einen Moment richtiggehend geschockt und fast verächtlich, die Stimmung droht zu kippen.

Aber Harald fängt sie lächelnd auf: »Du weißt doch, Claudia: die alte Tellerwäscher-Geschichte. Mit solchen Jobs fängt jede Erfolgsstory an.«

Claudia spürt, dass sie etwas zu weit gegangen ist, und kriegt die Kurve. »Respekt! Ihr seid euch für nichts zu schade, wenn es um euren Traum geht. Und ich hab ja schon vor anderthalb Jahren gesagt: Wenn es jemand schafft, dann ihr beide. Dabei bleibe ich.«

Ich atme erleichtert durch und traue mich, noch etwas zu meinem Putzjob zu sagen: »Ich putze einen Tag in der Woche auf einer Finca hier in der Nähe, die ein Architekt aus Dresden für ein Jahr gepachtet hat. Er ist zum Glück sehr, sehr nett. Und großzügig. Er kennt unsere Situation und hat mir schon in Aussicht gestellt, dass ich einiges geschenkt bekomme, wenn sein Jahr hier vorbei ist. Wir bekommen demnächst zwei Fahrräder von ihm. Und Handtücher. Und Geschirr und Gläser. Sogar den übrig bleibenden Wein will er mir schenken. Er ist so ein großzügiger Mensch!«

Claudia nickt. Ihr Gesichtsausdruck ist unentschieden – irgendwo zwischen »Oh Gott, du Arme, hältst dich mit Gelegenheitsjobs über Wasser und bist auf geschenkte Handtücher angewiesen!« und »Das Richtige wird schon noch kommen«.

Dann wendet sie sich mit gespielter Strenge Harald zu: »Und was machst du?«

»Ich war gerade einen Monat lang bei einer Immobilienfirma. Und studiere jetzt mal wieder täglich die Jobangebote. Stell dir vor, es gibt gleich zwei deutschsprachige Zeitungen auf Mallorca, beide erscheinen wöchentlich. Da steht einiges Interessantes drin.«

Ich seufze: »Aber die Situation im Winter ist schon hart für die Leute hier. Ich hatte letzten Herbst, nach unserer Auswanderung, direkt einen Kellnerjob in einem Lokal in Cala Santanyí. Aber Anfang November wurde mir dann, wie allen Saisonkräften, gekündigt. Im Winter muss man von den Ersparnissen leben. Man sollte also in der Saison doppelt so viel verdienen, wie man eigentlich braucht. Als Wintervorrat. Wie bei den Eichhörnchen. Aber jetzt ist ja Sommer. Es wird sich sicher noch was ergeben dieses Jahr. Ich spüre das.«

Claudia fächelt sich Luft zu. »Apropos Sommer: ganz schön heiß hier.«

Harald und ich schauen uns an und prusten dann los. »Das nennst du heiß? Es ist gerade mal zehn Uhr. Und wir haben erst Anfang Juli. Heiß wird es nachmittags. Und im August. Was wir jetzt haben, ist ein frischer Morgen.«

Claudias Augen werden kugelrund. »Und wie kommt ihr damit klar? Ich bin jetzt schon schweißgebadet.«

»Na ja«, antworte ich, nachdem ich den letzten Bissen Brioche mit Aprikosenmarmelade runtergeschluckt habe, »den August kennen wir ja bisher selbst fast nur vom Hörensagen. Als wir letztes Jahr hier ankamen, waren zwar anfangs noch spätabends über dreißig Grad, da kann man dann echt nicht gut schlafen, aber bald danach begannen schon die ersten Regenfälle des Herbstes, und es war nicht mehr so heiß. Und hier im Haus ist es meistens angenehm kühl. Der leichte Seewind kühlt ja auch ein bisschen. Im Winter dagegen …« Ich wechsle einen Blick mit Harald, weil ich weiß, dass er die negativen Seiten unseres neuen Lebens nicht so gern anspricht. So als würden sie unsere Entscheidung grundsätzlich infrage stellen. Aber er zuckt nur mit den Achseln, was ich als »Erzähl ruhig! Wir sind doch Freunde« interpretiere.

»Claudia, du kannst dir nicht vorstellen, wie kalt das Haus im Winter ist! Ich habe noch nie in meinem Leben so gefroren wie letzte Ostern. Das muss man sich mal vorstellen! Man lebt auf Mallorca – und das größte Problem ist Kälte. Feuchte Kälte.«

Claudia schaut verunsichert – sie weiß nicht, ob sie gerade mal wieder Opfer einer unserer Ironieanfälle geworden ist. Aber Harald bestätigt mich, und die Eindringlichkeit, mit der er das Frösteln im Spätwinter beschreibt, macht klar, dass es hier nicht um einen Scherz geht. »Die Gasöfen, die wir hier haben, schaffen es nicht, das Haus warm zu bekommen. Die Wände fühlen sich immer kalt an. Aber das Schlimmste ist die Feuchtigkeit.«

»Und die Gasöfen stinken dazu noch«, ergänze ich.

Harald schiebt nach: »Ich glaube, dass die meisten Mallorquiner im Winter frieren. Die Häuser mit ihren Steinfußböden sind vor allem darauf ausgerichtet, dass man die Sommerhitze übersteht. Und sie sind nicht sehr gut gedämmt. Den Winter betrachten sie wohl einfach als Schicksal. Oder sie verreisen dann nach Asien oder Südafrika – wenn sie es sich leisten können. Richtig schlimm ist es ja auch nur einige Wochen.«

Claudia schaut mitleidig: »Stell ich mir ungemütlich vor, Weihnachten so zu verbringen. Da lob ich mir unsere gemütlichen westfälischen Häuser, wo man bei plus ein Grad und waagerechtem Regen schön eingemummelt beim Adventskaffee sitzt und ...«

»Oh, nein, das hast du falsch verstanden«, unterbreche ich sie. »Um Weihnachten herum ist es traumhaft hier. Anders als von Februar bis April ist das Mittelmeer dann noch recht warm, und das Klima ist ein Traum. Die Mallorquiner nennen diese Zeit den ›kleinen Sommer‹. Der geht so bis Mitte Januar. Du kannst dir gar nicht vorstellen, was dann hier alles blüht.

Der Klee, die Gänseblümchen, die ersten Mandelblüten kommen ... Das ist wie bei uns ... also bei euch in Deutschland im April und Mai. Die Natur explodiert geradezu, bei sommerlichen Temperaturen. Mitte Januar zwanzig Grad in der Sonne, und wir gehen im T-Shirt mit den Hunden spazieren. Herrlich! Statt eines Weihnachtsbaums haben wir uns eine Agavenblüte nach Hause geholt und geschmückt. Agaven gehen ja kaputt, nachdem sie einmal geblüht haben. Harald hat die blühende Pflanze wie bei einer Prozession durch ganz Es Llombards nach Hause getragen – ein Anblick für die Götter. Und anders als jetzt ist es dann extrem grün überall, weil es genügend regnet. Am zweiten Weihnachtstag haben wir bei strahlendem Wetter einen Spaziergang am leeren Strand gemacht. Und den Heiligabend-Schock verdaut.«

Claudia schaut fragend. »Welchen Schock?«

Ich erhöhe die Spannung ein wenig: »Harald-Schatz, für die Geschichte bräuchten wir eigentlich einen Schnaps. Aber es ist Vormittag, und ich muss ja heute noch arbeiten, also muss ein zweiter Kaffee reichen. Machst du?«

Harald erhebt sich und brummt: »Ich kenn die Geschichte ja bestens ...« Er scheint nicht allzu böse zu sein, dass er sie nicht noch mal in allen Details zu hören bekommt.

Ich wende mich wieder Claudia zu: »Unser erstes Weihnachten in der neuen Heimat sollte so richtig schön traditionell sein. Natalie und ihr Freund waren hier, und ich hatte einen schönen deutschen Rinderbraten im Ofen. Vorher waren wir in Palma zum Einkaufen und haben die total entspannte, gemütliche Atmosphäre da genossen. Es gab nur ganz wenig Lichterschmuck, keine Tannenbäume und vor allem keine Konsumorgie. Geschenke machen die Spanier sich nämlich erst zu Dreikönig. Es wirkte alles völlig ungestresst und ruhig.

Ein Traum, wenn man den Trubel kennt, der sonst in Palma herrscht. Jedenfalls saßen wir nachmittags bei einem Weinchen hier am Tisch, als Natalie plötzlich schnupperte. ›Mama, kann es sein, dass mit dem Braten was nicht stimmt? Es riecht gerade sehr merkwürdig.‹ Dann hab ich es auch gerochen. Aber es roch nicht verbrannt, sondern eindeutig nach Sch...«

Claudia verzieht das Gesicht: »Oh Gott! Und? Was war mit dem Fleisch?«

Harald balanciert drei gefüllte Kaffeebecher auf einem Tablett herein und serviert sie uns formvollendet. Er lässt sich in seinen Korbsessel fallen und sagt trocken: »Mit dem Fleisch war alles in Ordnung.«

Ich schaue auf Claudias Teller und frage: »Bist du fertig mit Essen? Wird ein bisschen unappetitlich jetzt.«

Claudia wedelt meine Rücksicht mit einer Geste weg: »Los! Erzähl endlich!«

»Normalerweise«, beginne ich, »geht man als Deutscher ja davon aus, dass ein Haus, in das man einzieht, an die Kanalisation angeschlossen ist. Beziehungsweise denkt man über so was gar nicht nach.«

»Wir jedenfalls nicht«, wirft Harald grimmig ein.

Ich fahre fort: »Als Natalies Freund dann mal auf die Idee kam, im Bad nachzuschauen, kam ihm alles schon entgegen. Aus dem Klo raus.«

Claudia schaut mich tapfer an, obwohl sie sich gerade zu Tode ekelt. Ich kenne sie ja.

»Wir also zum Nachbarn – am Heiligabend nachmittags! Unser Klo sei verstopft, wo wir ganz schnell einen Klempner herbekämen?! Und er so: ›Verstopfung? Ich schätze eher, dass die Grube voll ist.‹ Und wir: ›Welche Grube denn?‹ Das war unsere Maximalblamage bisher auf der Insel. Es stellte sich heraus, dass unser Haus – wie alle hier – einen ›*Pozo negro*‹ hat, also eine Sickergrube. Die Maklerin hatte das nicht erwähnt, weil es für sie genauso selbstverständlich war wie für uns die Kanalisation. Was sie aber (angeblich) nicht wusste: Der Vermieter hatte uns das Haus mit dreiviertel voller Grube vermietet, statt sie, wie üblich, leeren zu lassen. Und nun war sie eben voll und lief über.«

Claudia ist völlig entgeistert: »Wie haltet ihr so etwas nur aus? Ich wäre stante pede nach Deutschland zurückgeflogen nach so einer Bescherung.«

»Bescherung ist gut!« Harald lacht auf. »War ja schließlich Weihnachten.«

Ich erzähle weiter: »Der Nachbar war sehr nett. Er rief Carlos an, den Grubenentleerer. Und der sagte zu, gleich am nächsten Tag – am ersten Weihnachtstag! – zu kommen. Versuch das mal in Deutschland. Bis dahin durften wir beim Nachbarn aufs Klo. Aber auf den Braten hatte dann niemand mehr Lust, nachdem wir das Bad wieder sauber hatten …«

Harald schüttelt sich bei der Erinnerung und kappt meinen Bericht über die unappetitlichen Details: »Am nächsten Morgen um acht war Carlos dann da und erlöste uns.«

Claudia denkt gleich wieder ans Praktische: »Ist so was eigentlich teuer?«

Harald nickt. »Normalerweise hundert Euro. An dem Feiertag kostete es Zuschlag. Aber nachdem wir mit der Maklerin gesprochen hatten, kam die Nachricht, dass wir die gesamte Rechnung an den Vermieter schicken durften. Weil er verpennt hatte, die Grube vor unserem Einzug leeren zu lassen. Aber ich kann dir sagen: Von jetzt an schreibe ich an jedem Neujahrstag in ROT und GROSSBUCHSTABEN in den neuen Kalender: ›GRUBE LEEREN.‹ Immer im November. Rechtzeitig vor

Weihnachten. Damit uns das nie wieder passiert. So – haben wir auch noch schönere Themen?«

Claudia nickt: »Eure Straße heißt doch Calle de la Estación, oder? Ein bisschen Spanisch kann ich ja. Aber wo soll denn hier ein Bahnhof sein?«

Ich muss schmunzeln: »Das hier ist Mallorca, Schätzchen, nicht Spanien. Deshalb heißt die Straße Carrer de s'Estació. Frag mich nicht, wieso die alles ein bisschen anders machen, aber es ist eben Mallorquín – nicht nur ein Dialekt, sondern eine eigene Sprache, auf die die Inselbewohner stolz sind.«

Harald nickt Claudia anerkennend zu: »Du hast dir sofort eine Frage gestellt, die uns erst nach Monaten in den Sinn kam: Wieso heißt das Ding hier ›Bahnhofstraße‹? Der Nachbar kennt sich zum Glück nicht nur mit Gruben, sondern auch mit der Geschichte der Insel aus. Er hat mir erzählt, dass es bis Mitte der Sechziger tatsächlich eine Bahnlinie von Palma nach Santanyí gab. Seit dem Ersten Weltkrieg ungefähr. Und dann passierte das Gleiche wie in Deutschland: Straße statt Schiene. Beide Strecken zu uns in den Südosten sind leider längst stillgelegt. Wir sind vorhin wahrscheinlich vom Flughafen ziemlich genau auf der alten Bahntrasse hierhergefahren. Heute ist das die MA-19. Bahnlinien gibt es noch von … warte … ich könnte schnell einen Plan holen …«

Ich räuspere mich und signalisiere Harald, dass sein Vortrag gerade etwas ausufert. Denn ich sehe Claudia an, dass sie es so genau gar nicht wissen wollte. Ihr geht schon seit einer Weile die nächste Frage durch den Kopf, sie löchert uns jetzt richtiggehend.

Aber sie löst die Situation einigermaßen charmant: »Ist schon gut, Harald. Meine Eisenbahnneugier hast du bereits perfekt gestillt. Danke!« Um sich dann direkt an mich zu wenden: »Ich will mir unbedingt was von diesem typisch mallorquinischen Stoff mitnehmen. Ich brauche neue Sofakissen.«

»Du meinst *Llengües?* Diesen gemusterten, meistens mit Blau und Weiß?«

»Ja, genau! Der ist so schön! Wie heißt der? *Llengües?*« Claudia grübelt und scrollt ihre Spanischkenntnisse durch, die besser sind als unsere. »Sprachenstoff?«

»Fast richtig. Zungenstoff.«

Claudia nickt: »Stimmt. Für ›Zunge‹ und ›Sprache‹ benutzen die romanischen Sprachen ja dasselbe Wort.«

»Schon in der Bibel heißt es: ›Sie redeten in Zungen‹, wenn Fremdsprachen gemeint sind. Warte mal, ich hole eben meine Vortragsunterlagen zu dem Thema«, wirft da Harald ein.

Ich liebe seinen Humor. Und amüsiere mich, weil Claudia kurz die Gesichtszüge entgleisen, bevor sie kapiert, dass Harald einen Scherz auf seine eigenen Kosten gemacht hat.

Sie grübelt weiter: »Aber wieso Zungen? Die Muster sehen doch gar nicht wie Zungen aus …«

Ich bin stolz, nun mit meinem Geheimwissen auftrumpfen zu können. »Das hat mir eine Bekannte erklärt, die schon länger hier lebt: Früher wurde der Stoff vor allem für Vorhänge verwendet. Und bei geöffneten Fenstern und Wind wehten die öfters fröhlich in der Gegend umher. Das sah dann für die Leute so aus, als strecke das Haus einem die Zunge raus. Deshalb Zungenstoff.«

Claudia schaut mich unsicher an: Wird sie schon wieder auf die Schippe genommen?

Ich zucke mit den Achseln. »So hat man es mir erklärt. Keine Ahnung, ob das stimmt. Aber wie heißt der italienische Spruch, den du immer anbringst?«

Claudia grinst. »*Se non è vero, è ben trovato:* Wenn es nicht wahr ist, ist es gut erfunden. Okay, damit kann ich leben.«

Dann hebt sie den Kopf: »Was ist das eigentlich für ein Geräusch? Dieses Klatschen?«

Ich schaue auf die Uhr. »Oh, Mist! Ich muss mich ja fertig machen! Wenn die anfangen, Padel-Tennis zu spielen, ist es schon zwölf durch. Harald erklärt dir, was das ist. Vielleicht könnt ihr ja auch ein bisschen zuschauen gehen, wenn ich arbeite.«

Während ich nach oben gehe, um zu duschen und mich für die Schicht umzuziehen, höre ich noch, wie Harald beginnt, diese aus Südamerika kommende und in Deutschland sehr unbekannte Mischung aus Tennis und Squash zu erklären. Hier auf Mallorca ist der Sport, wie in ganz Spanien, superpopulär, und es gibt Plätze sowohl bei uns in Es Llombards als auch in Santanyí.

Als ich wieder runterkomme, steht Claudia versonnen im Garten und blickt auf die blühende Yuccapalme: »Die ist jetzt da, wo sie hingehört.«

Und dann schaut sie mich mit einem Blick voller Liebe an: »Und ihr auch!«

Arme Reiche

»Nanni, ihr habt den Job! Glückwunsch! Könnt ihr morgen anfangen?«

Beate ruft schon einen Tag nach unserem Treffen mit Madame P. an. Ich bin wie vom Donner gerührt. Es hat tatsächlich geklappt! Aber wieso nur springe ich jetzt nicht laut juchzend durchs Haus, knuddle die Hunde ab und kreische Harald die Ohren voll vor Freude? Eigentlich wäre das meine Art, und es ist ja auch eine Art Lottogewinn. Aber irgendetwas hält mich zurück. Mein Bauch wehrt sich gegen vorbehaltlose Euphorie und unbeschwerte Freude. Was der nur immer hat ...

Zeitsprung zurück. Vier Tage zuvor: ein Donnerstag. Harald war mit den Hunden draußen und hat vom Kiosk die beiden deutschen Zeitungen mitgebracht. Er kommt mit der *Mallorca Zeitung* in der Hand an den Frühstückstisch und zeigt auf eine kleine, recht unscheinbare Stellenanzeige. »Schau mal, hier: ›Hausmeisterehepaar für Son Vida gesucht.‹ Hast du 'ne Ahnung, was Son Vida ist?«

Ich habe das auch noch nie gehört, meine aber: »Hausmeisterehepaar – das klingt doch irgendwie nach dem, was wir suchen. Also als Einstieg. Wenn wir mal eine Hausverwaltung haben wollen, sind doch Erfahrungen als Hausmeister nicht schlecht. Und wir haben beide handwerklich was drauf, einen Haushalt führen können wir auch ... Ruf doch da mal an!«

Wir rechnen uns beide keine großen Chancen aus, weil wir keinerlei Erfahrungen in dem Bereich haben und uns auch noch nicht so gut auskennen auf der Insel, was zum Beispiel Handwerker angeht. Aber versuchen kann man es ja mal.

Harald nickt: »›Auch Absagen sind Erfahrungen‹, sagte mein erster Chef immer.«

Wegen des besseren Empfangs und vor allem weil er es hasst, wenn ich beim Telefonieren dazwischenquatsche, geht er zum Telefonieren in den Garten – und als er wieder reinkommt, sagt er strahlend: »Vielleicht haben wir am Sonntag um vierzehn Uhr ein Vorstellungsgespräch!«

Ich reiße überrascht die Augen auf und frage dann: »Gibt's noch mehr Text, oder war's das schon?«

Harald geht gelassen über meine Frotzelei hinweg – er weiß ja, dass er genau die Menge an Wörtern einspart, die ich zu viel rede. Zusammen bilden wir ein perfektes Team. »Die Frau, die dran war, heißt Beate. Sehr nett. Sie ist wohl die Bauleiterin eines Neubaus. Eine Villa für eine offenbar sehr reiche Deutsche. Son Vida liegt oberhalb von Palma, da wohnen die Superreichen, hat sie mir erklärt. Die Millionärin ist am Wochenende auf Mallorca, um Dinge zu regeln, da passt es gut, wenn wir vorbeikommen. Aber vorher will Beate uns mal kurz kennenlernen. Am besten heute noch.«

Ich merke, dass ich langsam nervös werde. Für mich war Haralds Anruf dort eher ein Jux – aber jetzt scheint es doch konkreter zu werden. »Äh, okay, ja. Ich kann heute ab siebzehn Uhr. Wieso will die uns denn ... und wo denn? Und was zieht man da an?«

Harald schmunzelt: »Du siehst doch immer gut aus, Schatz. Ich denke, dass sie wissen will, ob wir Hippies sind. Oder Entführer. Oder Terroristen. Das Treffen heute wäre in einem Café in Palma. Sagen wir achtzehn Uhr?«

Als wir abends wieder in unserem Patio sitzen, versuchen wir, unsere Gedanken zu sortieren. »Den Termin am Sonntag hat sie bestätigt, oder?«

»Ja, ganz am Schluss«, meint Harald und grinst. »Offenbar hat sie nicht durchschaut, was für kriminelle Chaoten wir sind.«

»Na ja, viel gefragt hat sie ja auch nicht. Eher erzählt. Hattest du das Gefühl, dass sie ihre Chefin mag?«

Harald sieht mich entgeistert an: »Woher soll ich denn das wissen?«

»Na, man hat doch oft so ein Gefühl ...«

»Nee, nicht ›man‹. Höchstens frau.« Er seufzt und leidet mal wieder schwer an seinen emotionalen Defiziten als Mann.

»Also, mir schien, dass sie sich nicht sehr wohlfühlt in ihrem Job. Na ja, egal. Was hat sie noch mal über die Millionärin erzählt?«

Harald rekapituliert: »Witwe eines Industriellen, Anfang 50, lebt die meiste Zeit des Jahres in Köln, Monte Carlo oder Florida, hat einen erwachsenen Sohn aus einer früheren Ehe. Haus ist fast fertig und wird gerade eingerichtet. Und unser Gehalt wäre in Ordnung. Nicht üppig, aber dafür ganzjährig. Inklusive Urlaubs- und Weihnachtsgeld.«

»Zu Monte Carlo hat Beate doch erzählt, dass da ihre Jacht liegt und das ganze Jahr ein Kapitän nebst Steward bereitsteht. Da hatte ich das Gefühl, dass sie das ziemlich pervers findet. Bei allem Bemühen um Loyalität.«

»Was du immer alles interpretierst ...«

»Und wie geht das jetzt am Sonntag? Klang gar nicht so einfach, da hinzukommen.«

»Das ganze Wohnviertel ist wohl mit einer Schranke gesichert. Wir sollen von da aus anrufen, dann holt Beate uns ab.«

Ich nehme einen Schluck Weißwein und seufze: »Ich würde jetzt ja zu gern Claudia anrufen! Oder meinen Papa! Oder Natalie und Marlene!« Harald zieht die Luft durch die Nase, und ich komme seinem Einwand zuvor: »Jaaa, ich weiß doch! ›Strengste Diskretion!‹ Das hat sie ungefähr zehn Mal gesagt, oder?«

»Genau. Und den Namen der reichen Dame kennen wir auch noch nicht. Madame Phantome ...«

»Au ja, so nennen wir sie jetzt: Madame P.!«

Das Vorstellungsgespräch führt uns dann in eine Welt, die wir nicht kannten und uns bisher nicht mal haben vorstellen können. Son Vida ist so etwas wie das Beverly Hills der Balearen. Im Zentrum liegt das Luxushotel Arabella Sheraton, und rund um den riesigen Golfplatz stehen die alten und neuen Luxusvillen. Unter anderem, so erzählt Madame P. betont beiläufig, hätten hier die Besitzer bekannter Marken wie Swarovski und Coppenrath & Wiese ihre Domizile, aber auch politische Größen wie der ehemalige spanische Ministerpräsident Suárez. Der Golfplatz ist vor allem fürs Prestige wichtig – als angemessene Kulisse. Spielen tut kaum jemand der Anwohner. Und was heißt überhaupt Anwohner? Die meisten sind höchstens zwei bis drei Wochen im Jahr da. Den Rest des Jahres stehen ihre Riesenhäuser leer, und das Personal wartet auf sie und mäht den Rasen.

Am Sonntagabend sitzen wir dann beide wie erschlagen in unserem Haus – es kommt uns plötzlich absurd klein vor. Aber zugleich urgemütlich. »Gefiel dir dieser Palast eigentlich? So rein optisch, meine ich? Von außen sieht es ja aus wie das Weiße Haus.« Harald schaut mich neugierig an.

Ich schüttle mich: »Nee, überhaupt nicht! Oder ist das jetzt Neid? Das Esszimmer war so düster eingerichtet wie bei *Dinner for one.* Und auch die Bibliothek sah aus wie aus einem Edgar-Wallace-Film. Wie kann man an einem sonnenüberfluteten Ort wie diesem nur so schwere, dunkle Möbel hinstellen, als wäre es der Westerwald?«

Harald kratzt sich am Kopf: »Ich glaube, wenn wir den Job wirklich bekommen, kaufen wir uns zwei Tretroller. Die Hauptterrasse ist ja so groß wie eine Kirche. Und auf dem Weg von der Küche zum Esstisch wird das Essen kalt.«

»Ja, die Dimensionen sind echt einschüchternd. Aber welches Essen soll denn kalt werden? Sie hat zwar gefragt, ob wir Frühstück machen und kochen können. Aber sie hat doch gesagt, dass sie abends in der Regel essen geht. Und dass sie sowieso nur selten hier sein wird. Na, das muss ja nicht das Schlechteste sein ... Und hast du die Bäder gezählt? Ich komme auf 15. Wofür nur?!?«

Harald zuckt mit den Achseln: »Ganz einfach: Weil sie's kann.«

»Ich hab mich zwischendurch dabei erwischt, im Kopf zu überschlagen, was ihr Outfit gekostet hat. Also nur das, was sie heute anhatte. Ohne Schmuck. Aber bei tausend Euro hab ich aufgehört zu rechnen. Sonst wäre mir schwindlig geworden. Manolo Blahnik, Gucci, Yves St. Laurent ... Hauptsache teuer. Geschmack ist zweitrangig.«

Und ich grüble weiter: »Ist dir eigentlich aufgefallen, dass die uns nicht die Hand gegeben hat? Weder zur Begrüßung noch zum Abschied? Und sie hat uns kein einziges Mal in die Augen gesehen. Ich meine, sie war nicht direkt unfreundlich – aber sie wirkte auf mich, als wolle sie am liebsten immer zehn Meter von uns entfernt sein. Als hätten wir eine ansteckende Krankheit.« Mich überläuft es kalt, als ich an diese Distanziertheit denke.

Harald nickt: »Haben wir doch. Die Krankheit heißt Armut. In Madames Augen sind wir bettelarm. Der Anblick unseres Autos und unserer Klamotten war für die doch geradezu eine

Beleidigung. Ich könnte wetten, sie kommt selbst aus kleinen Verhältnissen – und nichts macht ihr mehr Angst als der Gedanke, wieder in so ein Leben zurückzufallen, wie wir es haben.«

Ich nicke. »Klar, hat Beate doch erzählt, oder? Sie war die Sekretärin ihres verstorbenen Mannes, bevor sie ihn seiner ersten Frau ausgespannt hat. Der Klassiker.« Ich gebe Harald einen Kuss und sage: »Dabei täte ihr das so gut, ein normales, glückliches Leben wie unseres.«

Harald küsst mich zurück. »Auch wenn wir den Job nicht kriegen: Das Gespräch heute hat uns gezeigt, was wir aneinander haben, nicht? Und wie gut wir es haben.«

Ich nicke. »Bist du eigentlich aus dem Sohn schlau geworden? Hat der uns überhaupt bemerkt?«

»Also auf mich wirkte der schwer gestört. Beate hat ja erzählt, er sei Künstler. Wenn du mich fragst: wenig Genie und sehr viel Wahnsinn.«

Ich muss kichern. Und klatsche dann in die Hände: »Los, komm, wir gehen schlafen. Morgen früh muss ich putzen. Und wir kriegen die Stelle sowieso nicht. Dann finden wir eben was anderes.«

Und nun sitze ich hier vor einem Riesenberg Schächtelchen und Tütchen und kann das alles überhaupt nicht fassen. Wir haben den Job und sollten sofort loslegen, weil Madame noch da war und uns »instruieren« wollte, wie sie das nannte.

Unangenehmerweise war ihr allererster Auftrag an uns, während ihrer Abwesenheit die ecuadorianischen Gärtner zu überwachen, die mit der Gestaltung des Außengeländes beschäftigt sind, und die polnischen Bauarbeiter, die letzte Arbeiten am Haus verrichten. Wir sollen dokumentieren, welche Fortschritte sie machen und ob sie sich unbezahlte

Pausen genehmigen. Dabei gibt Madame ganz sicher, ohne mit der Wimper zu zucken, mehr für ein Abendessen aus, als die Leute im Jahr verdienen.

Wir haben ihr das Verlangte zähneknirschend zugesagt – allerdings hinter dem Rücken der Besitzerin umgehend Beate über diesen Spionageauftrag informiert. Und wir werden sicher stets nur Positives über die Arbeiter berichten.

Und nun – Madame und Sohn sind heute früh abgeflogen, nachdem Harald sie im hauseigenen BMW Coupé zum Flughafen chauffiert hat – sollen wir die Sachen auspacken, die in Paketen und Kartons herumstehen oder nach und nach eintrudeln werden. Die Einrichtung wurde nämlich ausschließlich in Deutschland gekauft und per Luftfracht hergeschickt – den Läden auf Mallorca traute Madame offenbar kein Angebot zu, das ihren Ansprüchen genügte.

Harald kommt zu mir. Er ist so blass, als hätte er gerade ein Gespenst gesehen. »Was ist los? Ist dir nicht gut?«, frage ich besorgt.

»Doch, doch, ich bin okay«, murmelt er. »Aber ...« In der Hand hält er ein Stück Papier, das er jedoch vor meinen Blicken abschirmt. »Ich hab eben eine Kaschmirmatratze ausgepackt. Da hing noch das Preisschild dran. Schätz mal. 90 mal 1,80 ist sie groß. Standardgröße also.«

Ich bin überfordert. »Keine Ahnung. Sag schon.« Statt einer Antwort dreht er das Schildchen in seiner Hand um. Ich lese und bekomme weiche Knie.

Ich muss mich hinsetzen. »Nicht dein Ernst!« Die Schlafunterlage hat sage und schreibe 20.000 Euro gekostet.

»Und, was machst du gerade Schönes?«, fragt Harald ironisch. »Diamanten sortieren? Goldschmuck katalogisieren?«

»Nah dran«, antworte ich. »Ich packe das neue Silberbesteck aus. Natürlich alles von Christofle.«

Harald schaut ratlos. »*Die* Edelmarke«, erkläre ich. »Und guck mal: Für jedes einzelne Teil gibt es ein Tütchen, in dem ein Schächtelchen steckt. In dem ist dann noch mal ein Tütchen, und darin steckt – Abrakadabra! – ein Gäbelchen oder ein Löffelchen. Dagegen kannst du mit deiner Zauberei nicht an.«

Harald macht Stielaugen. »Ist das da alles Besteck?«

»Aber ja. So ein Zweipersonenhaushalt braucht doch mindestens hundert Besteckgarnituren. Ich werde heute sicher nicht fertig hiermit.«

Harald staunt weiter. »Ich schätze, allein die Verpackungen sind mehr wert als das gesamte Besteck, das normale Menschen in ihrem ganzen Leben haben.«

Ich weise ihn auf eine andere Ecke des Esszimmers hin, wo ebenfalls ein mannshoher Stapel Kartons steht. »Und das sind die Gläser. Ich hätte für das Liliom gern nur *einmal* so viele Gläser gehabt, wie diese beiden Leutchen für sich und ihre drei Gäste pro Jahr gekauft haben. Mit denen sie dann sowieso ins Restaurant gehen. Und hast du die Küche gesehen? Nur das Teuerste und Beste. Na ja, für das morgendliche Rührei muss es eben eine echte Profiküche sein.«

Harald beugt sich zu mir und flüstert: »Beate hat mir gerade erzählt, dass das Bild, das auf dem Couchtisch im Wohnzimmer rumliegt, eine fünfstellige Summe kostet. Mindestens.«

Ich schnaube verächtlich: »Mit teurer Kunst angeben, aber dann so geschmacklosen Nippes hinstellen! Hast du die Tischdeko gesehen? Diese Keramikhunde, die das Salzfass im Maul haben?«

Harald kichert. »Und der Fernseher! Versteckt hinter einer Holzverkleidung, und auf Knopfdruck kommt er raus. Wie aus einem James-Bond-Film aus den Achtzigern.«

Wir schütteln beide die Köpfe. Im Moment kommen wir uns vor wie Weltraumforscher, die eine fremde Zivilisation entdecken und es nicht fassen können. Ertragen lässt es sich nur mit Lästern und Lachen.

»Na, ich geh mal wieder rüber«, sagt Harald. »Ist dein Walkie-Talkie an?«

Ich nicke. Das Anwesen ist so riesig, dass wir uns oft nur per Funk werden verständigen können. Ein krächzendes »Wo bist du gerade?« wird eine der häufigsten Fragen sein, die wir uns gegenseitig stellen.

»Ach so!« Harald hält inne: »Hier ist übrigens alles videoüberwacht. Ein heimliches Bad im unbenutzten Pool ist also nicht drin. Aber wir haben ja unseren Strand. Heute Abend gehen wir noch schwimmen. Und dann in unser Haus. Wo man sich nicht verlaufen kann.«

Sechs Wochen später: Ich stehe im Waschkeller der Villa und heule vor Wut. Harald weiß schon, wo er mich findet, wenn mein Walkie-Talkie keinen Empfang hat. Ich hatte bereits ein paarmal solche Anfälle.

Er kommt zu mir und legt mir die Hand auf die Schulter. »Was ist denn los?«

Seit heute früh ist Madame P. hier – und die meistens recht entspannte Arbeitssituation der letzten Woche hat sich binnen weniger Stunden in das totale Gegenteil verwandelt.

Ich falle Harald schluchzend um den Hals. »Schatz, wollen wir das hier wirklich? Müssen wir uns das antun?«

Harald streichelt mich und fragt beschwichtigend: »Was ist denn passiert?«

Ich schluchze noch mal auf und erzähle dann: »Sie hat uns doch aufgetragen einzukaufen, bevor sie kommt.

›Grundnahrungsmittel und Champagner kaufen‹ hieß die Anweisung. Hast du ja gesehen, bei dir kam die Mail doch an. Und ich hab gestern eingekauft. Massenhaft. Alles, was mir wichtig schien. Und ein paar Flaschen Veuve Clicquot. Aber das war schon mal ein schwerer Fehler – man trinkt hier nur Champagne Ruinart oder Moët & Chandon, hat sie mir eben erklärt, die Schnepfe. Aber das Schlimmste kommt jetzt: Als sie vorhin entdeckt hat, dass nicht alle Lebensmittel aus diesem teuren Feinkostgeschäft sind, in das sie immer geht, hat sie Angst bekommen, es könne etwas von Lidl dabei sein. Und deswegen ...«, mir kommen erneut die Tränen, »... hat sie die nagelneuen und einwandfreien Lebensmittel allesamt in den Müll geworfen. Alles. Ich hätte sie am liebsten geohrfeigt oder zumindest laut geschrien. Harald, ich möchte, dass wir hier sofort kündigen!«

Mein Mann ist genauso fassungslos wie ich. Und ebenfalls verstört von einer Szene, die er eben mitbekommen hat. »Vorhin haben Madame und ihr Sohn uns ja zu diesem komischen Appell antreten lassen ...«

Ich nicke. Es war so unwürdig. Alle Angestellten und auch Beate – eine wirklich gestandene Persönlichkeit – mussten sich mit gesenktem Kopf den launischen Unmut der Herrschaften anhören. Beate wirkt ohnehin zunehmend entnervt, weil es immer neue Wünsche gibt und die Bauerei kein Ende nimmt.

»Danach haben sie den langen Gartenweg begutachtet«, erzählt Harald weiter. »Den sollten die Gärtner ja anlegen und einfassen. Du hast miterlebt, wie mühsam diese Arbeit war. Monate haben die daran geschuftet. Und jetzt hat Madame entschieden, dass ihr die Farbe und die Form der Einfassungssteine doch nicht gefallen. Obwohl sie die damals selbst ausgesucht hat, zusammen mit Beate. Scheißegal. Die müssen sie jetzt rausreißen und alles noch einmal machen. Ich glaube,

Beate heult auch gerade irgendwo vor Wut. Falls es dich also tröstet: *You'll Never Walk Alone.*«

»Nee, das tröstet mich nicht!«, sage ich trotzig. »Weißt du, was sie vorhin von mir verlangt hat? Morgens um acht soll immer die tagesaktuelle *Frankfurter Allgemeine* auf dem Frühstückstisch liegen. Was meinst du, wie schwer es war, Madame klarzumachen, dass das unmöglich ist, weil der Flieger mit den Zeitungen aus Deutschland einfach nicht so früh auf der Insel landet? Aber sie wollte das einfach nicht akzeptieren. Die denkt wirklich, die Welt soll gefälligst ihren Wünschen gehorchen.«

Harald hat auch noch einen: »Mir wurde vorhin eingeschärft, dass der BMW nicht nur immer picobello sauber, sondern auch randvoll getankt sein muss. Und sie hat mich tatsächlich losgeschickt zum Nachtanken. Ich habe genau 2,61 Liter getankt. Und vermutlich mindestens die Hälfte davon auf dem Rückweg von der Tankstelle hierher wieder verbraucht.«

Ich beginne, die Laken aus dem Trockner zu nehmen und zusammenzufalten. Die lagen sauber und gebügelt im Schrank, mussten aber nochmals gewaschen werden, bevor Madame sich darauf niederlässt.

»Harald, warum machen die so was? Sind die so weltfremd? Oder haben die einfach Spaß am Schikanieren?«

Harald überlegt: »Sicher beides. In ihrer Vorstellung dreht sich die Welt nur um sie. Und je verrückter ihre Wünsche sind, desto mächtiger fühlen sie sich. Auch der komische Appell hat eine Funktion. Wir sollen verstehen, dass wir zum Personal gehören und deshalb keine gleichwertigen Menschen sind.«

Ich staune. Harald ist wütend, aber zugleich glasklar. Offenbar macht er sich schon länger Gedanken über das, was wir hier erleben.

»Also willst du auch weg hier?«, frage ich.

»Puuuuh ...«, macht mein Mann. »Also, wenn die Alte immer hier wäre, müssten wir sofort weg. Aber das ist jetzt für zehn Tage – und dann ist sie vermutlich den Rest des Winters in Florida. Nanni, es ist Oktober. Wir kriegen jetzt keine andere Arbeit, bis April nicht. Meinst du nicht, wir können wenigstens so lange durchhalten?«

Ich nicke. Er hat ja recht. Aber dann kommen mir wieder die Tränen: »Lilli und Aura fehlen mir!« Während der Anwesenheit von Madame dürfen beziehungsweise müssen wir in einem der Gästeapartments in der Villa wohnen. Mit der Badewanne aus Marmorstaub – jede der 15 im Haus ist individuell designt. Da haben wir für unsere Dienstbotenhunde lieber eine Betreuung organisiert. Nicht dass sie den edlen Palast noch entweihen.

Am selben Abend, wir liegen bereits im Bett, kommt Madame plötzlich in ihren Stöckelschuhen in unsere Wohnung marschiert. Es gibt noch keine »Dienstbotenrufanlage«, also muss sie sich selbst herbemühen.

Völlig aufgelöst beklagt sie sich, dass sie kein warmes Wasser habe. Harald kann es sich nicht erklären und riskiert den Satz: »Das kann eigentlich kaum sein. Ich habe heute Mittag noch mal alles ausprobiert mit Bea..., mit der Bauleiterin. Da war alles in Ordnung. Soll ich schnell mitkommen und nachsehen?«

Empört und fast panisch lehnt sie ab: »Auf keinen Fall betreten Sie mein Apartment!«

Als sie wieder abgerauscht ist, kommt Harald ein Gedanke: »Die hat doch so ein Antiverbrühsystem einbauen lassen überall. Wahrscheinlich fehlte ihr nur die Geduld, die paar Sekunden abzuwarten, bis heißes Wasser kommt. Na, nicht mein Problem. Schlaf gut, Schatz.«

Spricht's, dreht sich um und schläft umgehend ein. Während ich daliege und immer wacher werde – und immer wütender auf Madame P. Ich weiß nicht, ob ich das alles noch lange aushalte: den Luxus, die Dekadenz, die emotionale Kälte, die Willkür, die Launen, die Schikanen, die Arroganz ... Dass man sich, wenn man sich alles leisten kann, auch alles erlauben darf – das ist für mich neu. Ich bin anscheinend echt naiv.

Am nächsten Tag wird das Warmwasserproblem übrigens nicht mehr thematisiert – woraus man schließen kann, dass Harald recht hatte. Aber gegenüber dem Personal einen Irrtum eingestehen oder sich gar entschuldigen? Niemals! Keine zwischenmenschliche Kommunikation mit »niederen« Menschen. Sich nicht für ihr Leben interessieren. Und niemals erklären, warum man bestimmte Wünsche hat und warum man heute das Gegenteil dessen will, was man gestern angeordnet hat. So scheint es im Handbuch für Reiche zu stehen. Natürlich weiß ich, dass nicht alle Reichen so sind. Trotzdem ist das hier eine wirklich eindrucksvolle Lektion. Leider erlebe ich sie aus der Sicht des Personals und nicht aus der der verwöhnten reichen Witwe ...

Die Tage mit Madame gehen dahin – und sie sind stressig. Aber nicht wegen der Arbeit und der 14-Stunden-Tage; das sind wir gewohnt. Sondern nur wegen ihrer Launen und Allüren.

Am letzten Abend vor Madames Abreise tauschen wir uns wieder aus, vor dem Einschlafen. Harald schüttelt den Kopf. Er wirkt tief verletzt.

»Ich hab sie ja jetzt jeden Abend ins Tristán gefahren. Und wieder abgeholt ...«

Das Tristán ist das legendäre Luxusrestaurant von Gerhard Schwaiger im Hafenort Puerto Portals. Der einzige standesgemäße Ort für Madame und ihren Sohn. Auf meine Kochkünste, die ja ein Einstellungskriterium waren, wollte sie offenbar doch lieber nicht zurückgreifen.

»Heute Abend wollte ich mal Konversation machen und habe gefragt: ›Na, hat der Herr Schwaiger schön für Sie gekocht?‹ Und was passierte? Nichts. Ich bekam keinerlei Antwort. Nichts. *Nada.* Als wäre ich Luft und hätte nichts gesagt. Das ist so demütigend!«

Hat mein Mann etwa Tränen in den Augen? »Ich glaube, die Frau ist einfach sehr dumm. Ihr gestörter Sohn sitzt immer hinten, aber sie besteht auf dem Beifahrersitz. Und weißt du, warum? Sie schaltet an jedem verdammten Abend das Navi ein für diese superkomplizierte Zehn-Minuten-Strecke! Ich hab am dritten Tag mal vorsichtig angemerkt, dass ich den Weg inzwischen kenne. Und wieder: nichts. Keine Reaktion.«

Ich streichle ihm den Unterarm. »Mach dir nichts draus. Das sagt nur was über sie und nichts über dich.«

»Na ja, sie will mir damit schon was sagen«, meint Harald. »Ein Dienstbote hat keinen Orientierungssinn zu haben. Und er hat nicht besser zu sein als dieses schicke Gerät.«

»Ich hab aber noch was Gutes«, gluckse ich. »Heute Nachmittag musstest du Madame doch allein in die Stadt fahren. Da hat ihr Sohn sich in den Park gestellt und bei ohrenbetäubender Rockmusik aufs Meer gestarrt. Wirkte irgendwie extrem gestört. Und dann kam er plötzlich zu mir – ich war gerade am Handtücherfalten – und fragte, ob er etwas helfen kann. Eigentlich bettelte er geradezu um eine sinnvolle Beschäftigung. Er tat mir fast leid in dem Moment.«

Harald muss grinsen.

»Aber das ist noch gar nicht der eigentliche Knaller. Während du sie aus dem Tristán abholst, muss ich ja immer ihr Bett aufschütteln. Dabei habe ich heute mal neugierig in die Schränke gespickt. Total krasse Schuhkollektion. Nuuuur High Heels. Nichts anderes. Kein einziges bequemes Paar. Und die Schuhe natürlich alle von Christian Louboutin, Jimmy Choo, Prada … ach, das sagt dir ja sowieso nix. Aber das Beste kommt jetzt: Im Schrank lag eine Tüte mit ein paar Gläsern mit eingelegten Oliven. Und wo hat sie die Mitbringsel für die Kölner Bekanntschaft wohl gekauft?«

Harald schaut mich ratlos an. Ich pruste los: »Bei Lidl!«

Als wir uns von unserem Lachanfall erholt haben, meint Harald: »Dieses Luder! Ich sollte sie vor so einem schicken Café absetzen und warten und hab mich noch gewundert, dass sie nicht da reingegangen ist, sondern um die Ecke. Da war die tatsächlich bei Lidl! Mit einer Gucci-Tasche als Tarnung!« Er wischt sich die Lachtränen aus dem Augenwinkel und küsst mich: »Gute Nacht, Schatz. Morgen ist sie weg. Und dann können wir wieder normal arbeiten.«

Einen knappen Monat später, Mitte November, bekomme ich abends eine E-Mail. Direkt von Madame P. Ich eile zu Harald in den Wintergarten, wo er mit den dösenden Hunden sitzt und sein Abendweinchen trinkt.

»Madame ist offenbar zufrieden mit uns. Sie will, dass wir dauerhaft ihre Hausmeister sind. Wir sollen da einziehen. Hättest du damit gerechnet?«

Wir schauen uns ratlos an. Von einem permanenten Wohnen dort war nie die Rede. Sollen wir uns jetzt freuen über die Anerkennung – und über das feste Einkommen? Oder graust es uns bei der Vorstellung, dass wir Madame dauerhaft zu Diensten sein müssen? Während wir hin- und hergerissen sind, schlägt Aura plötzlich heftig mit dem Schwanz auf den Boden und jault jämmerlich. Sie scheint einen Albtraum zu haben.

Ich sage: »Ich schreib ihr erst mal, dass wir uns über ihr Vertrauen freuen, aber nur da einziehen können, wenn wir die Hunde mitbringen dürfen. Dann sehen wir weiter.«

Am folgenden Morgen, während wir uns zum Dienst fertig machen, klingelt mein Handy. Ganz schön früh, denke ich.

Beate ist dran. Sie wirkt betreten und druckst herum, bevor sie mit der Sprache rausrückt: »Ihr seid fristlos gekündigt. Das tut mir total leid.«

Mir bricht der kalte Schweiß aus. Mir hat noch nie jemand fristlos gekündigt. Und egal wer es ist – es fühlt sich nicht schön an.

Ich stammle: »Aber wieso ... was ... gestern Abend hat sie doch noch ...«

Beate unterbricht mein Gestotter: »Es ist wegen der Hunde. Ihr hättet die bisher nicht erwähnt. Das sei ein Vertrauensbruch, der die Basis einer weiteren Zusammenarbeit zerstöre. Ich soll euch heute eure persönlichen Sachen übergeben. Unten in Palma. Das Dezembergehalt bekommt ihr noch ausgezahlt. Aber ohne Weihnachtsgeld.«

Offenbar gelten wir plötzlich als eine Art eklige Insekten, die sich dem Haus nicht mehr nähern sollen. Aber zu unserer Überraschung verspüren wir nach dieser ja eigentlich schockierenden Blitzkündigung vor allem eines: Erleichterung. Uns wird klar, dass wir in dieser dekadenten Welt nicht auf Dauer hätte arbeiten und wohnen wollen. Und ich erinnere mich noch einmal an meine Heulanfälle in der Waschküche von Madame.

Das Gute aber ist: Was wir bisher dort verdient haben, wird uns bis April durch den Winter bringen, wenn auch knapp.

Harald hebt seinen angestoßenen, billigen und furchtbar hässlichen Lieblingskaffeepott und fasst feierlich zusammen: »Das war eine interessante Erfahrung – aber zum Glück nicht unsere Zukunft. Ich glaube, wir sind gerade aus der teuersten Geisterbahn der Welt rausgeflogen.«

Und ich ergänze: »Ich würde niemals tauschen wollen mit solch weltfremden Menschen. Die sind ja regelrecht gefangen in ihrem goldenen Käfig. Deren Reichtum ist wie ein Knast. Mal ehrlich: Diese Frau ist kein glücklicher Mensch. Sondern eine arme Reiche.«

Den Spieß umgedreht

Harald stellt sein Glas ab und sieht Georg tief in die Augen. Und dann Maria. Dann sagt er ganz kühl: »Wisst ihr was? Dann beenden wir das jetzt sofort. Wir kommen morgen und holen unsere Sachen aus der Cantina, und das war es dann.«

Ich bewundere Harald immer dafür, wie ruhig er in solchen Situationen sprechen kann – vor allem wenn nicht ich es bin, der sein Zorn gilt. Je mehr er innerlich kocht, desto ruhiger und klarer spricht er. Er hat diese plötzliche Wendung nicht mit mir abgesprochen, aber er wusste, dass wir uns einig sind, wenn es um unseren Stolz und unsere Würde geht.

Georg wird sehr blass. Maria schaut eher bekümmert. Beiden fehlen die Worte. Das Abendessen ist abrupt zu Ende – mitten im Hauptgang. Die beiden schleichen hinaus wie nass gewordene Hunde – in den Novembernieselregen des Jahres 2008.

Ziemlich genau ein Jahr früher, im November 2007: Nach dem plötzlichen Ende unseres bizarren Ausflugs in die Welt der Superreichen sitzen wir am frühen Abend bei milder Novemberluft in unserem *Porche* und kauen in ständig neuen Variationen an der Frage »Und jetzt?« herum. Ja, wenn wir weiter so bescheiden leben wie bisher und nichts Unvorhergesehenes passiert, reicht unser Geld bis Ostern. Aber was kommt dann? Kellnern und Putzen allein können es nicht sein. Und: Vor knapp zwei Jahren haben wir ja nicht nur entschieden, nach Mallorca zu ziehen, sondern bei dieser Gelegenheit auch der Existenz als Gastronomen den Rücken gekehrt.

Was also machen wir zukünftig, und wie verdienen wir unseren Lebensunterhalt?

Harald schaut mich an: »Nanni, seit der Erfahrung mit Madame P. ist für mich was anderes noch wichtiger als das Nie-wieder-Gastro-Ding: Ich will nie wieder angestellt sein! Ich will mein eigener Herr sein.«

Ich schaue ihn verblüfft an. In mir kämpfen Erleichterung und Panik miteinander, und entsprechend wirr ist meine Antwort. »Oh Gott, und wenn wir das nicht schaffen? Aber ich sehe es genauso: einmal selbstständig, immer selbstständig. Aber wir müssen doch die Miete hier bezahlen! Und der Winter kommt. Doch einer Madame P. will ich nie wieder ausgeliefert sein. Aber was heißt das jetzt für uns? Was für ein Gewerbe schwebt dir vor? Was können wir? Wovon träumen wir?«

Nachdem ich diese großen Fragen hervorgesprudelt und auf unseren kleinen Tisch geworfen habe, sitzen wir beide etwas ratlos vor unseren Kaffeebechern.

Im Patio wird es allmählich dunkel. Wir sehen kaum noch den Gummibaum, den wir gepflanzt haben. Und auch der Kreis, in dem sich unsere Gedanken drehen, wird immer enger.

Als Harald nach oben geht, um mir mein dünnes pinkfarbenes Strickjäckchen zu holen, rufe ich ihm nach: »Bring doch 'ne Flasche Wein mit! Dabei kann man besser nachdenken.«

Als er wieder rauskommt, hat er mein Jäckchen in der einen Hand – und in der anderen keinen Wein, sondern seine Schlüssel. »Ich hab 'ne bessere Idee«, sagt er. »Lass uns ins Sa Cova fahren. Da sind immer interessante Leute. Vielleicht helfen die uns, auf Ideen zu kommen.«

Ich muss mir keinen großen Ruck geben, trotz des überraschenden Vorschlags. Die Idee ist gut. Wenn wir irgendwo weiterkommen mit unseren Überlegungen, dann in der tollen

Hippiekneipe in Santanyí. Während des Jobs in Son Vida hatten wir fast nie Zeit hinzugehen – desto mehr freue ich mich jetzt darauf.

Dennoch zögere ich noch mal kurz: »Können wir uns Lokalbesuche denn überhaupt leisten? Müssen wir unser Geld nicht zusammenhalten, bis wir was Neues haben?«

Harald stutzt kurz und meint dann ganz cool: »Jetzt mal wirtschaftlich gesehen: Ich betrachte die Kosten für die Getränke dort als Investition. In unsere berufliche Zukunft. Kontakte sind Gold wert.«

Auf der Fahrt frage ich Harald: »Weißt du noch, wann wir zum ersten Mal im Sa Cova waren?«

»Klar weiß ich das! Kurz nach unserem Umzug! An dem Abend hast du doch direkt den Kellnerjob in Cala gefunden. Oder war das der Putzjob? Muss jedenfalls noch im August gewesen sein, letztes Jahr.«

»Stimmt nicht. Es war vorher. Als wir den Vertrag für das Haus unterschrieben hatten. Weißt du nicht mehr? Die Maklerin hat uns danach doch noch zu einem *Café con leche* eingeladen.«

»Stimmt! Natürlich erinnere ich mich! Aber nicht daran, dass das auch das Sa Cova war.«

»Ja, wir waren beide ziemlich durch den Wind an dem Tag. Nach der Nacht im Hotel mit den Mücken und dem Balkon und ...«

Harald denkt einen Moment nach und meint dann versonnen: »Dann war das Rölleken, oder das, was noch davon übrig war, also schon mal im Sa Cova. Ich erinnere mich genau, wie verspannt ich den ganzen Abend war, aus Angst, dass es mir aus der Tasche fällt oder geklaut wird. Aber dass das auch das Sa Cova war ...! Verrückt! Hab ich bisher nicht zusammengekriegt!«

»Komm, das nehmen wir als gutes Omen, dass unser Geld schon mal da war«, beschließe ich. Nach dem kleinen Panikanfall vorhin bin ich wieder ruhig und auch zuversichtlich. Wird schon werden.

Als wir die zehn Minuten Autofahrt hinter uns haben und aussteigen, ist es richtig dunkel. Aber immer noch so mild, dass alle Tische vor dem Sa Cova besetzt sind. Die übliche bunte Mischung ist da, und einige begrüßen uns mit Winken oder Rufen. Wie immer herrscht eine durch und durch entspannte und freundliche Atmosphäre.

Das Sa Cova ist für Santanyí so etwas wie die Küche bei einer Party: Hier versammeln sich im Laufe des Abends und der Nacht die interessantesten Leute, hier finden die intensivsten Gespräche statt, hier wird am meisten gelacht. Das eigentliche Leben findet dabei nicht in der »kleinen Höhle« statt (das bedeutet der Name des Lokals nämlich), sondern davor, draußen, auf der Plaça Major. Rund um den markanten Olivenbaum, der vor dem Lokal steht. Hier draußen spielen auch die Livebands. Immer mittwochs und freitags. Es sind oft richtig tolle Musiker. Die meisten kommen hier von der Insel. Und die Mallorquiner stehen auf Rock 'n' Roll.

Das Besondere ist nämlich, dass hier sowohl Ausländer als auch Einheimische verkehren. Das Sa Cova ist der Ort, wo man hingeht – auch um gesehen zu werden. Aber man muss dafür nicht Schickimicki gekleidet sein. Und es gibt auch keine unangenehmen Exzesse und nervigen Typen. (Öffentlich vorgeführten Alkoholismus gibt es auf Mallorca sowieso sehr selten. Wenn sich jemand abschießen will, tut er oder sie das eher heimlich und mit illegalen Drogen wie Koks oder Heroin.) Es wird einfach nur das Leben selbst gefeiert. Wie viele Abende wir hier schon verbracht haben! Nicht selten bis morgens um drei oder vier.

Hier bekommt man ein Gefühl dafür, dass Santanyí gerade aus einer Art Dornröschenschlaf erwacht. Noch gibt es hier nur drei Boutiquen, zwei oder drei Restaurants und eben das Sa Cova. Aber man spürt, dass sich eine belebende Mischung von Leuten trifft, die im Begriff sind, den Ort wachzuküssen: Kreative, Verrückte, Unternehmertypen, Aussteigerinnen, Einsteiger, Künstler, Freaks, Loser, Junge, Alte ... sie sind alle da. Es ist ein buntes Sprachengemisch – ein Kauderwelsch aus Mallorquín, Catalán, Englisch und Deutsch. Man kommt schnell ins Gespräch – aber wie auf Mallorca generell üblich, fragt man nicht zuerst nach dem Beruf und dem Lebensunterhalt. Allerdings fragt man sich bei manchen insgeheim trotzdem, wie sie sich die Getränke dort leisten können – und andere fragen sich das sicher auch bei uns. Und hintenrum getuschelt wird natürlich schon: wer welches Geschäft in den Sand gesetzt hat, wer sich gerade von wem trennt, wer wen betrogen hat und so weiter. Vor allem aber ist es eine Bühne für das Leben in all seiner Buntheit.

Eines Abends gegen Mitternacht fuhr zum Beispiel ein elfenbeinfarbener Bentley mit Chauffeur vor, und ein schmächtiges Männlein stieg aus – die Mallorquiner sind alle eher klein gewachsen. Als wir fragten, wer der Typ sei, erfuhren wir: der wichtigste Baulöwe der Insel. Er habe, so hieß es, zwanzig angemeldete Oldtimer in der Garage. Aber zu seinen Baustellen fahre er immer in seinem alten R4. Er wolle dort nicht zeigen, was er besitzt. Und nun saß er hier und genoss die Livemusik.

Einige Tage später unterhielten wir uns mit zwei deutschen Frauen, die erst seit wenigen Tagen auf der Insel waren. Sie schienen schwer übersinnlich angehaucht und Feuer und Flamme von ihrer Idee, irgendwas mit »Bio« zu machen – obwohl sie noch nie in der Landwirtschaft gearbeitet hatten. Sie fabulierten etwas von biologischem »Heil-Olivenöl«, das sie in ganz Europa vertreiben wollten. Was wohl aus ihnen geworden sein mag?

Ein anderes Mal saßen wir mit einem Schweizer Künstler zusammen am Tisch. Er erzählte, dass er jeden Monat ein Bild verkaufen müsse; davon könne er leben. Und er war konsequent: Wenn er das Bild schon am Zweiten des Monats verkaufte, legte er für den Rest des Monats die Beine hoch. Auf Vorrat zu arbeiten, passte nicht zu seiner Aussteigerphilosophie. Wo und wie er lebte, haben wir übrigens nicht rausbekommen.

Aber außer Lebenskünstlern trifft man hier auch Leute, die einem ganz handfest nützlich sein können. So kamen wir hier mal mit John ins Gespräch, einem Koch aus England, der seine beiden Hunde dabeihatte – daraus ergab sich mein Kellnerjob in Cala Santanyí. Das Sa Cova ist eine echte Jobbörse.

Manche der vielen Frauen, die allein nach Mallorca gezogen sind, um Yogastudios zu eröffnen, sich selbst zu finden oder in esoterische Gefilde abzuschwirren, hoffen auch, dass es sich als Partnerbörse erweisen könnte. Aber davon werden sie schnell und auf die harte Tour kuriert. Einmal saß ich mit zwei Freundinnen dort, von denen eine seit Kurzem Single und auf Männersuche war. Irgendwann schaute sie sich um und meinte trocken: »Falscher Ort hier. Hier sitzen ja fast nur Frauen. Und die wenigen Männer, die ich sehe, sind entweder vergeben oder Hängertypen, die nichts auf die Kette kriegen.«

Tja, das Sa Cova vermag viel – aber eben nicht alles.

»Ach, guck, da drüben sitzen Maria und Georg. Setzen wir uns dazu?«, fragt Harald und zeigt auf einen Tisch. Wir schlängeln uns durch und begrüßen die beiden Österreicher. Wir kennen uns schon ganz gut, weil ich in ihrem Lokal La Cantina ein paar

Monate lang gekellnert habe, bevor wir den Hausmeisterjob in Son Vida antraten. Montagvormittags habe ich den Laden sogar ganz allein geschmissen – kochen, Getränke machen und bedienen.

»Hey! Lange nicht gesehen! Wir dachten schon, ihr seid's jetzt ganz nach Son Vida gezogen und spuit's den ganzen Tag Golf«, frotzelt Georg, als wir uns gesetzt haben.

Maria schaut mich an und fragt mit ihrem weichen österreichischen Akzent, den ich so mag: »Wie geht's euch denn? Ganz entspannt schaugst nicht aus, Nannerl.«

Ich seufze: »Wir sind mal wieder auf Jobsuche. Und das im November. Nicht optimal.«

Wir erzählen in Kurzform, was wir erlebt haben und dass wir nie wieder angestellt sein wollen, sondern unser eigener Herr. Das sei uns wichtiger als die Branche. Notfalls auch Gastronomie. Georg und Maria wechseln einen schnellen Blick. Dann räuspert sich Georg: »Wir hätten da vielleicht eine Idee ...«

Mit klopfendem Herzen lausche ich, was Maria und Georg uns erzählen. Bisher sei ihr kleines Bistro ja nur tagsüber geöffnet. Sie fragten sich jetzt aber, ob es sich nicht auch lohnen könnte, abends zu öffnen. In und um Santanyí gebe es ja immer mehr Leute, die gern abends essen gehen wollten, weil sie mal raus wollten aus ihren Häusern, Fincas oder Hotels. Aber Lokale gebe es noch gar nicht so viele.

Wir nicken. Das ist uns auch schon aufgefallen, wenn wir abends durch den Ort geschlendert sind.

Georg sieht mich an: »Nanni, du hast ja den Laden im Sommer montags ganz allein gemacht, und das lief doch sehr gut. Könntet ihr euch vorstellen, als Unterpächter bei uns einzusteigen und den Abendbetrieb zu machen?«

Harald und ich schauen uns an. Wir sind auf ähnliche Art hin- und hergerissen, das sehe ich. Einerseits klingt es nach »Wieder Wirtsleute sein, wie in Gronau« und fühlt sich ein bisschen so an, also zöge man mit dreißig wieder bei den Eltern zu Hause ein, nachdem man eigentlich schon längst auf- und ausgebrochen war. Andererseits ist es genau der Rettungsanker, von dem wir geträumt hatten, als wir vorhin hierherfuhren. Und die innere Waage neigt sich schnell in Richtung Anker.

Harald beugt sich vor: »Ich freue mich total über eure Idee und finde sie interessant. Und du auch, Nanni, oder?«

Ich nicke, und Harald fährt fort: »Aber bevor wir genauer darüber sprechen, erlaubt mir eine Frage: Warum macht ihr das nicht selbst?«

Maria war offensichtlich vorbereitet auf diese Frage: »Das haben wir uns natürlich auch gefragt. Aber erstens haben wir jeden Tag geöffnet und wollen den Tagesbetrieb auch beibehalten, weil wir uns eine Stammkundschaft aufgebaut haben. Das wären dann sieben Abendschichten pro Woche, die noch dazukämen, das ist aber einfach zu viel. Wir wollen ja auch mal Kinder haben. Und zweitens wisst ihr ja, dass wir eigentlich aus der Textilbranche und aus dem Metzgerhandwerk kommen. Ihr habt die Erfahrung, wie man ein richtiges Restaurant führt. Die fehlt uns total.«

Wir nicken. Das leuchtet uns ein. Und einen Abendbetrieb aufzubauen, ohne ein Lokal suchen und einrichten zu müssen, klingt verlockend. »Wie stellt ihr euch das denn wirtschaftlich vor?«, frage ich. »Angestellte wollen wir ja, wie erwähnt, nicht mehr so gern sein ...«

Georg wedelt mit der Hand und sagt das Lieblingswort aller Österreicher: »Sowieso!« Und Maria streicht sich die langen dunkelbraunen Haare hinters Ohr und schaut uns an:

»Könntet ihr euch Folgendes vorstellen? Ihr behaltet sämtliche Abendeinnahmen für euch, übernehmt dafür aber die gesamte Pacht der Cantina. Wäre das ein mögliches Modell?«

Wir sind verdutzt. So eine Konstruktion kannten wir noch nicht, aber sie klingt interessant genug, um es durchzurechnen.

Maria schiebt einen Zettel zu uns rüber. »Ich hab euch hier grad mal die wichtigsten Zahlen aufgeschrieben ...«

»Denkt doch mal in Ruhe drüber nach. Bis zum Saisonbeginn im Februar ist ja noch Zeit«, sagt Georg.

»Und jetzt wird es mir zu frisch hier draußen. Pack ma's, Maria?«

Wir verabschieden uns – und Harald und ich haben was zum Grübeln.

Einige Tage später stehen wir bei den beiden im Bistro und sagen zu. Wir haben die Geschichte durchgerechnet, Einkaufspreise für Getränke und Kochzutaten recherchiert und so weiter. Wenn die zwanzig Plätze im Schnitt zu sechzig Prozent belegt sind, geht es null auf null aus für uns. Das trauen wir uns zu. Und wenn es besser läuft, wovon wir überzeugt sind, machen wir Gewinn, verdienen also. Die beiden Tischchen auf dem Fußweg vor dem Lokal sind dabei nicht mal mitgerechnet – die sind Bonus. Wir verabreden, dass es Mitte Februar losgehen soll.

Ein Nachmittag im Sommer 2008. Trotz der Hitze laufe ich beschwingt von der Boutique am Markt in die kleine Straße etwas außerhalb des Zentrums, in der La Cantina liegt. Carrer d'en Jordi Bosch – ein unaussprechlicher, typisch mallorquinischer Straßenname. Die Gegend ist eher unscheinbar, und es gibt keine Läden oder Lokale hier außer unserem.

»Unser« Lokal – dass ich das denke, zeigt mir, wie sehr ich mich auf die Arbeit freue.

La Cantina ist zwar nicht direkt ein (Wein-)Keller, wie der Name nahelegt, aber es liegt im Tiefparterre – was es im Sommer etwas kühler sein lässt als andere Läden.

Als ich ankomme, biegt Harald gerade in die Straße ein und parkt das Auto mit den Einkäufen. An zwei Tagen die Woche, wenn Markt ist, muss er allein einkaufen, weil ich dann in Luisas Boutique arbeite. Das macht mir zusätzlich gute Laune. Wir haben so kuriose Frauen als »Kundinnen«. Hauptsächlich Touristinnen und hier lebende Ausländerinnen.

Viele kaufen nie etwas, sondern kommen nur zum Plaudern. Und ich bin immer wieder entgeistert und total amüsiert, wie unbekümmert sie teilweise intimste Dinge aus ihren Beziehungen und Männergeschichten preisgeben. Gerade heute hat eine in allen Details von den Potenzproblemen ihres Gatten und von ihrem Liebhaber erzählt, der immer auf der Insel ist, wenn ihr Mann wieder zum Arbeiten heimfliegt. Bei vielen sehe ich schon an der Art, wie sie reinkommen, dass sie nichts kaufen werden. Aber Luisa ist so gutmütig. Sie hört immer zu.

Bizarr sind auch manche Engländerinnen: Wenn die Umkleide belegt ist, ziehen sie sich völlig unbekümmert mitten im Laden um. Obwohl der vom Markt aus total gut einsehbar ist.

Als ich Harald und das Auto erreicht habe, murmelt er: »Hast du 'ne Ahnung, worauf die da warten?« Er zeigt auf mehrere Grüppchen von Menschen, die auf der im Schatten liegenden Straßenseite, gegenüber der Cantina, an der Hauswand lehnen oder sitzen.

Ich zucke mit den Schultern und schnappe mir zwei schwere Taschen mit Gemüse und anderen Köstlichkeiten, die ich heute in leckere Gerichte verwandeln will.

Im Lokal warten Georg und Maria auf die Übergabe, die immer um siebzehn Uhr stattfindet. Und kaum haben sie uns die Tür aufgeschlossen und wir die Taschen abgestellt, wird klar, worauf die Leute gewartet haben: auf uns! Sie stürmen geradezu das kleine Lokal, sichern sich Tische und beginnen voller Vorfreude, die kleine Speisekarte zu studieren.

Georg und Maria beobachten die Szene mit hilflosem Staunen und wirken fast ein wenig neidisch, als sie sich in den Feierabend verabschieden. Und wir sind ein bisschen erschrocken, vor allem aber gerührt von diesem Andrang. Und von der Treue – denn nun erkennen wir nach und nach einige Leute, die schon mehrmals hier waren.

Als ich mich ein wenig gestresst in die winzige Küche zurückgezogen und mir die Schürze umgebunden habe, um eiligst mit den Vorbereitungen zu beginnen, improvisiert Harald eine kleine Rede: Es dauere jetzt sicher noch eine Stunde, bis die bestellten Gerichte fertig seien, weil ich ja allein in der Küche stehe und gerade erst anfange. Er versorge aber alle gern mit Getränken.

Bis auf eine Familie mit Kleinkind bleiben alle geduldig sitzen und freuen sich auf den Abend. Und das tue ich auch. Fröhlich pfeifend mache ich mich ans Werk.

In dem halben Jahr, in dem wir jetzt hier den Abendbetrieb schmeißen, hat sich unsere Einstellung zum Thema Gastronomie grundlegend verändert. Wir haben den Spaß an der Sache wiedergefunden und gemerkt: Gastronomie ist *doch* unser Ding!

Es lief von Anfang an sehr gut – gleich am ersten Abend, dem 14. Februar, war es rappelvoll, und das ist auch so geblieben. Ich genieße es, wie gut mein Essen ankommt bei den Leuten. In Deutschland gab es dieses Feedback und diese Motivation nicht, dass jemand mal in die Küche kam und sagte: »Toll war das!« Hier hingegen sind unsere Gäste begeistert und sagen es auch.

Ein wichtiger Faktor dabei ist sicher: Mallorca. Die Leute sind in entspannter Urlaubsstimmung, und der Süden mit der Sonne und der Wärme schafft eine positive Grundstimmung.

»Nanni, es war goldrichtig, hierherzuziehen!«, sage ich mir und klopfe mir in Gedanken auf die Schulter. Klar, die Umstände sind nicht optimal, und es ist sehr anstrengend. Die Küche ist winzig, der Herd mickrig, und es gibt keine Spülmaschine. Und wir arbeiten seit einem knappen halben Jahr sieben Abende die Woche. Manchmal bin ich erst gegen ein Uhr morgens mit Spülen und Aufräumen fertig. Und trotzdem bin ich in Hochstimmung. Wir wussten natürlich auch in Deutschland, was wir können. Aber in Gronau fehlte einfach der Schwung, der durch die Anerkennung kommt. Jetzt macht es mir wieder Spaß, für Leute was Leckeres zu kochen.

Vor einigen Tagen habe ich zu Harald gesagt: »Der Spruch mit dem Schuster und den Leisten hat doch seinen Sinn, oder?«

Harald hat gegrinst und dann gebrummt: »Ja, Gastro macht doch Spaß, oder? Jedenfalls hier auf Mallorca. Und es funktioniert. Weil wir es können. Gutes Gefühl.«

Für seine Verhältnisse war das eine lange Rede.

So, jetzt aber zack hier! Es ist bald neun, und die zweite Schicht wartet auf ihr Essen. Und wir wollen nach der Schicht noch ins Sa Cova, an diesem wieder mal traumhaften Sommerabend, an dem die Temperaturen erst ab Mitternacht erträglich werden. Also, ran an die Bestellungen!

Überwiegend bewirten wir Deutsche – Touristen und *Residentes* –, manchmal auch Engländer. Die Einheimischen essen natürlich meistens zu Hause und gehen zum Essen sicher nicht in Lokale, die vor allem auf Touristen ausgerichtet sind. Kann ich verstehen.

Jedenfalls sitzt Harald gerade an einem Tisch voller Engländer und führt Zaubertricks vor. Das hat er echt drauf, und damit hat er schon in Gronau manchen Abend im Liliom unvergesslich gemacht.

Gerade hat er seinen »blutigen« Trick mit seinem krummen Daumen und einer in Rotwein getränkten Serviette vorgeführt. Und in dem Moment – autsch! Ich habe mir mit dem Fleischmesser tief in die Hand geschnitten. Als ich sehe, wie tief, schreie ich kurz auf.

Harald hat es als Einziger gehört und die Dringlichkeit verstanden – er kommt in die Küche geeilt und wird richtig blass angesichts der Bescherung. Nachdem er mich notdürftig verarztet hat, geht er geradezu verstört zurück in den Gastraum – mit dem blutverschmierten Küchenhandtuch noch in der Hand! Mit zittriger Stimme verkündet er, dass wir für heute leider schließen müssten, weil seine Frau sich heftigst in die Hand geschnitten habe und jetzt zum Arzt müsse. Darauf bricht am Engländertisch ein großes Gejohle aus. Die Leute denken natürlich, das gehöre noch mit zur Zaubershow. Schön wär's …

War die Schnittverletzung ein böses Omen? Einige Wochen später ist die Hand zwar längst wieder heil – aber unsere Hochstimmung ist dennoch im Eimer.

Gestern Nachmittag bei der Übergabe hat Georg aus heiterem Himmel zu uns gesagt: »Ach, ähm … ab morgen wollen wir die Abendschicht übrigens selbst machen.«

Wir stehen wie vom Donner gerührt da. Wie bitte?!?

Harald fängt sich als Erster und sagt: »Georg, das könnt ihr nicht machen! Wir haben den Abendbetrieb hier erfolgreich aufgebaut, er läuft jetzt bombig – da könnt ihr uns doch nicht von einem Tag auf den anderen raussetzen!«

In dem Moment kommt Maria aus der Küche gestürzt und faltet ihren Mann zusammen. Er sei wirklich manchmal eine pure Katastrophe. Dann entschuldigt sie sich bei uns und redet beschwichtigend auf uns ein. Aber wir sind so verstört, dass ihre Worte uns kaum erreichen. Wie in Trance absolvieren wir den Abend und verbringen beide eine schlaflose Nacht. Wie immer jeder für sich – auch wenn es in dieser Nacht kein Schnarchen gibt und wir auch im selben Zimmer wach liegen könnten.

Beim Frühstück sinniert Harald: »Mir geht der Satz nicht aus dem Kopf, mit dem Maria sich entschuldigt hat. Georg habe ›zu früh‹ was gesagt. Was heißt denn ›zu früh‹?«

Ich seufze. Genau darum kreisten meine Gedanken heute Nacht auch. Und ich spüre, dass ich begonnen habe, innerlich von der Cantina Abschied zu nehmen.

Mir kommen die Tränen. »Es lief doch gerade so gut! Wieso machen die so was? Ich dachte, wir seien befreundet.«

Harald zuckt die Achseln. »Na ja, dass es sie wurmt, wie gut es bei uns läuft, hat man ja schon früh gespürt, oder? Gleich am Tag nach dem Eröffnungsabend haben sie uns doch mit säuerlicher Miene erzählt, dass schon mehrere Leute da waren, die begeistert vom Vorabend erzählt hätten und gleich wieder einen Abendtisch reservieren wollten. Das scheint sie schon zu schmerzen.«

»Ja, klar – auch wenn sie nicht wissen, wie viel wir einnehmen, können sie sich wohl ausrechnen, dass der Abendbetrieb sich mehr lohnt als ihre Tagesschichten. Dass sie sich verkalkuliert haben. Aber sie könnten sich ja mal eingestehen, dass sie das gar nicht so hinkriegen würden wie wir. Außerdem finanzieren wir ihnen die ganze Pacht!«

Harald atmet tief durch. »Schatz, uns bleibt nichts anderes übrig, als erst mal weiterzumachen. Das hat Maria ja gestern auch klar gesagt. Der Deal gilt also weiter. Wir sind mitten in der Saison, und es läuft. Aber ab sofort halten wir die Augen offen.«

Was er damit meint, ist klar: Wir wissen jetzt, dass es in Santanyí einen Markt gibt für ein gutes, gemütliches, freundlich geführtes Restaurant. Und unsere »Nie-wieder-Gastro«-Stimmung ist weg. Daran können auch Georg und Maria nichts ändern.

Also schauen wir mal, was sich für die nächste Saison ergibt. Denn seit gestern wissen wir: Auf den Deal mit den beiden dürfen wir uns nicht verlassen.

Und nun ist November. Die Touristensaison ist weitgehend vorbei. Die letzten Wochen waren sehr nervig, weil Ende Oktober ein Blitzeinschlag für einen langen Stromausfall gesorgt hatte und das Notsystem nicht funktionierte.

Tagelang mussten wir improvisieren. In der Gaststube gab es Kerzenlicht, geheizt wurde mit Gasöfchen, gekocht habe ich auch mit Gas, und das Spülwasser kam aus der Zisterne.

Und dann treffen wir eines Abends im Sa Cova unsere Freundin Rena, die uns ganz arglos fragt: »Und was wollt ihr dann machen, ab Mai?«

Mir rutscht kurz das Herz in die Hose – obwohl wir doch seit August wissen, dass unser Verbleib in der Cantina an einem dünnen Faden hängt.

»Was meinst du?«, frage ich nervös. Sie schaut verunsichert. »Ach so … äh … ich dachte natürlich, ihr wisst … oh Gott!«

»Nun sag schon!«, knurrt Harald.

Rena druckst noch kurz herum und gibt sich dann einen Ruck: »Na … Georg und Maria haben mir gestern erzählt, dass ihr das nur noch bis Mai macht und sie dann übernehmen werden. Ich dachte natürlich, dass sie zuerst mit euch gesprochen hätten. Oh weh, das tut mir so leid!«

Sie schlägt die Hände vors Gesicht und ist ganz unglücklich. Ich tröste sie: »Du kannst doch nichts dafür, Rena! Ja, sie hätten zuerst mit uns sprechen müssen. Aber dass sie das nicht getan haben und dich dann nicht mal gebeten haben zu schweigen, ist ja nicht deine Schuld.«

Während ich auf Rena einrede, hat Harald sein Handy gezückt. »Ja? Georg? Ach, ihr habt schon geschlafen? Hör mal, Nanni und ich möchten etwas mit euch besprechen. Kommt ihr bitte morgen um sieben zu uns nach Hause zum Essen? Ja. Gute Nacht.«

Da ist er wieder, mein Mann, der in Krisen kühl bis ans Herz sein kann.

Im Auto nach Hause kann ich mich kaum beruhigen: »Unglaublich! Die wollen tatsächlich, dass wir ihnen noch bis Mai die Pacht finanzieren – und wenn die Insel dann voller Touristen ist, wollen sie selbst den Rahm abschöpfen. Geht es noch dreister?«

Harald ist in Gedanken schon weiter: »Nanni, morgen früh gehen wir zu den Leuten in der Carrer des Sol und machen die Sache klar. Egal wie lange die Renovierung bei denen noch dauert. Und dann drehen wir den Spieß um. Darauf freue ich mich richtig.«

»Ich mich auch. Aber zuerst sollten wir Maria und Georg in Ruhe fragen, ob Rena sich geirrt hat oder ob wir das richtig verstanden haben. Ich kann mir allerdings schon denken, was passiert. Sie werden rumeiern – und dann endlich mit der Wahrheit rausrücken.«

Und so ist es dann ja auch gekommen.

Willkommen, kleiner Pablo!

»Harald! Der Mandelkuchen! Dein Hund hat ihn aufgefressen!«

Ich weiß nicht, ob ich ohnmächtig werden, schreien oder heulen soll, entscheide mich dann aber dafür, hysterisch lachend auf dem Küchenboden zusammenzubrechen. Wobei das Wasser, das mir dabei aus den Augen spritzt, sicher eine Mischung ist aus Lach- und Heultränen.

So findet mich Harald, der gerade beim Rasieren war. Er hilft mir auf, nimmt mich in den Arm und brummt mit hörbarem Lächeln in der Stimme: »Aura ist *mein* Hund? Frechheit!« Um mir dann aufmunternd auf den Hintern zu klopfen wie einem alten Gaul: »Los, alte Dame! Auf geht's! Erster Arbeitstag seit einem Dreivierteljahr! Wird Zeit, dass du mit dem Faulenzen aufhörst. Das wird schon werden heute. Auch ohne deinen legendären Mandelkuchen.«

Ich kann seine Frotzeleien gut wegstecken. Und ich freue mich ja auch auf den Eröffnungstag des Pablo. Aber ein wenig bange ist mir auch. Wie lange wird es diesmal wohl gut gehen, nach unserem Neustart? Und wird es überhaupt gut gehen? Wird bei der Affenhitze, die hier Ende August herrscht, überhaupt jemand in der Stadt sein am heutigen Markttag? Oder haben wir uns verkalkuliert?

Kleiner Sprung zurück in den Herbst 2008. Während wir die Cantina führen, sprechen uns eines Abends im Sa Cova zwei Deutsche an, die ein paarmal als Gäste abends bei uns im Lokal waren. Die beiden haben gerade ein sehr heruntergekommenes kleines Haus in der Carrer des Sol mitten im

Zentrum gekauft. Früher war es eine Sammelstelle für die Samenkapseln von Johannisbrotbäumen. Diese wunderbaren Bäume sind ja auf Mallorca allgegenwärtig – sie brauchen die Nähe des Meeres und mildes Klima ohne Winterfröste. Und Spanien ist der weltgrößte Produzent von Johannisbrotkernmehl, ein in der Lebensmittelindustrie viel genutztes Verdickungs- und Geliermittel. Bis heute sind Johannesbrotbäume für manche Leute auf der Insel die wichtigste Einkommensquelle. Sie prägen das Bild der Insel ähnlich stark wie die Olivenbäume.

Die beiden Deutschen wollen auf das kleine alte Häuschen einige Etagen draufbauen. Weil die Aufbruchsstimmung in Santanyí und der jährlich zunehmende Strom von Touristen und deutschen Hausbesitzern auch ihnen nicht entgangen sind, haben sie sich überlegt, dass man im Erdgeschoss ein Café oder Restaurant eröffnen könnte. Und sie wollen uns als Pächter dafür haben.

Nicht nur wegen der sich abzeichnenden Schwierigkeiten mit Maria und Georg sind wir sofort elektrisiert. Ein eigenes Café mitten im Ort, da, wo er am malerischsten ist! Zwischen der Carrer des Sol und dem Sa Cova liegt nur die Kirche Sant Andreu. Planungssicherheit für uns – die Hausbesitzer haben fünf Jahre als Dauer des Mietvertrags vorgeschlagen, mit der Option auf Verlängerung.

Und ein weiterer Riesenvorteil: Da es sich um eine Neueröffnung handelt, müssen wir keinem Vorbesitzer eine Ablösesumme für seinen Kundenstamm bezahlen. Natürlich heißt das auch, dass wir bei null anfangen und unsere Gäste selbst gewinnen und überzeugen müssen, aber nach der Erfahrung im La Cantina trauen wir uns das zu. Und für eine Ablöse hätte uns sowieso schlicht das Geld gefehlt.

Und wann geht es nun los mit unserem eigenen Lokal? Spätestens, nachdem wir im November bei Georg und Maria ausgestiegen sind, können wir es kaum erwarten. Aber zuerst muss ja renoviert werden. Deshalb wird der Februar 2009 angepeilt. Dann soll es öffnen, das Café Pablo. So werden wir unser »Kind« nämlich nennen – nach dem Sohn unserer Vermieter.

Februar scheint uns ein guter Termin zu sein. Dann können wir uns eingewöhnen, bevor – spätestens zu Ostern – der große Andrang beginnt. Und in den Wintermonaten müssen wir keine Pacht zahlen, sondern können unsere letzten Rücklagen in die Ausstattung und Einrichtung des Pablo stecken.

»Im Ernst? Mehr Leute gehen da nicht rein?!«

Harald ist enttäuscht. Skeptisch schaut er mir dabei zu, wie ich die Papierschnipsel hin- und herschiebe. Aber wie ich es auch mache – mehr als fünf Tische mit jeweils vier Stühlen kriege ich nicht unter. Nachdem der Mietvertrag unterschrieben und im Sa Cova mit Freunden ausgiebig begossen worden ist, sind wir nun mit der Planung beschäftigt. Küche und Klo sind vorgegeben und winzig dimensioniert. Wir haben den Gastraum ausgemessen und den Platz für die Theke markiert. Und dann geschätzt, wie viele Tische und Stühle wir unterkriegen – und dabei gehofft, dass wir niemals eine Basketballmannschaft zu Gast haben werden. Für deren lange Beine wäre es zu eng.

Jetzt sitzen wir zu Hause vor einer maßstabsgetreuen Skizze des Gastraums und haben uns sieben Zettelchen gebastelt, die jeweils für einen Vierertisch mit Stühlen stehen. Aber sieben war zu optimistisch – und das, obwohl Harald meinte, eigentlich sollten wir dreißig Plätze haben, besser noch 35, damit die Kalkulation stimmt. Seine Hände hat er längst vom Tisch genommen – er weiß, dass mein räumliches Sehvermögen sehr viel besser ist als seins.

»Ich rechne noch mal nach«, sagt er nervös.

»Ob wir es überhaupt machen können?«, frage ich etwas verzagt.

»Nein, Schatz, das nicht. Aber ob der Maßstab der Tische wirklich stimmt.«

Ich lasse ihn – obwohl es mindestens das zwölfte Mal ist, dass er den Taschenrechner zückt. Und jedes Mal kam raus, dass die Maßstäbe stimmen. Leider.

»Tja ... mehr als zwanzig Leute können in dem Raum nicht sitzen. Und da muss ich mich schon wie ein Hering zwischen den Tischen durchschlängeln beim Servieren.«

»Da sind wir ja schon zu zweit. Die Küche ist auch nicht größer als eine Konservendose«, witzle ich. »Aber vergiss nicht, dass wir an den Markttagen auch Tische auf der Straße haben können«, füge ich in der Absicht hinzu, ihn aufzumuntern. Ich weiß aber schon, was er antworten wird.

»Ja, an zwei Tagen die Woche. Und auch da nur tagsüber. Reißt es das wirklich raus?«

»Ich glaube, auf dem Fußweg vor dem Lokal könnten dauerhaft Tischchen stehen.«

»Pfff! Hast du mal gesehen, wie schmal es da ist? Da fahren die Autos den Leuten ja praktisch die Stühle unterm Hintern weg.« Harald ist unzufrieden. Er würde gern sofort anpacken und loslegen – und vor Ort prüfen, ob nicht vielleicht doch mehr Tische ...

»Vorschlag zur Güte: Wir bauen fünf Vierertische und dazu sicherheitshalber noch einen oder zwei kleine Zweiertische. Und wenn wirklich nur die fünf reinpassen, haben wir welche in Reserve. Die stellen wir uns dann hier irgendwo rein.«

Und damit beende ich die fruchtlose Schnipselschieberei erst mal und lenke unsere Aufmerksamkeit auf etwas anderes: die Ausstattung des Pablo.

»Ach Mensch, hätten wir das damals in Gronau gewusst, dass wir doch wieder ein Restaurant aufmachen!«, seufze ich. »Wir hätten so viele tolle Töpfe und Pfannen behalten können, statt sie zu verschenken!«

»Na ja, vieles haben wir doch verkauft, zum Beispiel an diesen Holländer. Und das Geld brauchten wir auch, für das Auto. Sonst hätten wir zu Fuß nach Barcelona laufen müssen. Außerdem: Was willst du in der winzigen Kombüse hier mit zwanzig Töpfen und Pfannen?«

»Auch wieder wahr«, gebe ich zu. »Wenigstens meine Küchenschere habe ich noch. Weißt du noch, wann du mir die geschenkt hast? 1995 war das! Und die darf niemals wegkommen.«

Harald hakt ein: »Nix da geschenkt! Verkauft hab ich sie dir! Für einen Pfennig. Scheren und Messer verschenkt man doch nicht – die zerschneiden die Freundschaft!«

Grinsend erinnere ich mich an den merkwürdigen Familienbrauch von Haralds Familie und die lustige Szene am Heiligabend 1995, als er darauf bestand, dass ich mein Portemonnaie ins Weihnachtszimmer holte, bevor ich das Päckchen öffnete. »Aber wie dem auch sei: Für die Küchengerätschaften und die Erstausstattung mit den Tischdecken, den Gläsern, dem Geschirr und Besteck und so weiter müssen wir wohl ziemlich tief in die Tasche greifen.«

»Was gleichzeitig heißt: Für Mobiliar und Deko ist fast nix mehr da.«

Harald schüttelt bekümmert den Kopf. »Worauf haben wir uns da nur eingelassen, Nanni?«

»Worauf? Na, auf uns! Schau mal: Wir haben kein Geld, und es soll trotzdem gut aussehen. Die Lösung heißt: Kreativität und *segunda mano*.«

Harald guckt verwirrt: »Hä? Sekunden-Hand?«

»Halllooo! Secondhand! Anders geht es nicht. Wir werden Sachen vom Trödel holen und vieles selbst basteln und bauen. So wie ganz am Anfang in Gronau, als du die Kneipe eingerichtet hast. *You remember?* Komm, darin sind wir doch gut! Und es macht Spaß!«

»Stimmt! Und wir haben dann was Eigenes!«

Haralds Laune ist schon wieder besser, wie man an seiner Loriot-Parodie merkt. Für seinen Satz hat er die Stimme von Evelyn Hamann imitiert: Stichwort Jodeldiplom.

»Schau mal, hier! Wenn wir davon zwanzig hätten, wäre es perfekt.« Harald zeigt auf einen herrlichen alten, lederbezogenen Stuhl. Er sieht robust aus, und die Nieten geben ihm einen coolen Look. Genau unser Geschmack. Nachdem wir beide probegesessen haben, sind wir ganz kribbelig. Radebrechend versuchen wir, von dem schon recht betagten Flohmarkthändler herauszubekommen, ob es dort, wo dieses Exemplar herkommt, noch mehr davon gibt.

Zum Glück steht neben uns eine Mallorquinerin, die recht gut Englisch kann. Mit ihrer sehr freundlichen Hilfe bekommen wir heraus, dass es wohl tatsächlich noch mehr davon gebe, er selbst sie aber leider nicht hier nach Palma schaffen könne. Er habe keinen eigenen Lieferwagen und sei sowieso zu alt.

Und dann empfiehlt sie uns leise, dem Mann einen üppigen Aufpreis auf den Stuhl anzubieten, wenn er uns im Gegenzug einen Tipp gibt, wo wir weitere davon finden können. Ein bisschen komme ich mir vor wie in dem alten Film *Die zwölf*

Stühle – nur dass in unserem Fall wohl in keinem davon der kostbare Familienschmuck versteckt ist.

Wir fragen den Mann, was der Stuhl kosten solle. Er schaut uns an, um abzuschätzen, wie zahlungskräftig wir sind – und zum ersten Mal bin ich froh, dass Harald in unserer Freizeit manche Lieblingshemden so lange aufträgt, bis sie in Einzelteilen von ihm abfallen.

»Zwanzig Euro«, sagt der Händler schließlich – in Erwartung unseres Gegenangebots. Aber wir wollen ja um etwas anderes feilschen und bitten unsere nette Dolmetscherin, ihm dreißig zu bieten, wenn er uns erzählt, wie und woher der Stuhl zu ihm kam.

Zuerst schaut er reichlich verwirrt, aber nachdem die Frau noch eine Weile auf ihn eingeredet hat, scheint er unser Anliegen zu verstehen und nickt freudig. Ich habe das Gefühl, dass ihn zwar auch das Geld freut, aber noch mehr etwas anderes: dass sich jemand für seine Geschichte interessiert.

Und so erzählt er – natürlich in Mallorquín, sodass die freundliche Dame gut mit Übersetzen beschäftigt ist. Wir erfahren, dass sein Bruder einer der letzten Mönche war, die in einem uralten Kloster in den Tramuntana-Bergen leben. Als er vor einigen Wochen gestorben sei, habe der Abt ihn als einzigen Hinterbliebenen angerufen: »Normalerweise sind Mönche ja besitzlos und vererben deshalb nichts. Aber wir haben seit einiger Zeit damit begonnen, den Nachkommen unserer verstorbenen Brüder den Stuhl anzubieten, den diese jahrzehntelang in ihrer Zelle hatten. Die Zeit unseres Klosters geht zu Ende, und wir brauchen die vielen Stühle einfach nicht mehr.«

Wir sind elektrisiert. In den Bergen steht ein Kloster, das solche wunderbaren Möbel loswerden will?! Und tatsächlich nennt uns der Mann den Namen und die Adresse der Einrichtung – und bittet zugleich mit verschwörerischem Blick um

Diskretion. »Was der Abt da tut, ist wohl eher inoffiziell. Davon soll weder die Steuer noch das Bischofsamt etwas erfahren.«

Wir nicken und sichern ihm die Vertraulichkeit zu. Und laden dann zuerst den Stuhl ins Auto und danach die nette Mallorquinerin zu einem *Café con leche* in einem der Straßencafés am Flohmarkt ein, zum Dank für ihre Dolmetscherdienste.

Gleich am nächsten Tag kurven wir mit dem Auto durch die wilden Regionen der Tramuntana. Wir wollen keine Zeit verlieren – wer weiß, wem die »vertrauliche Geschichte« noch so alles erzählt wird.

»Hast du eine Vorstellung, wo sich hier ein Kloster verstecken soll?«, fragt Harald, als wir über eine mit Schlaglöchern übersäte Sandpiste rumpeln. »Hier ist doch nur ...« Wildnis, wollte er wohl sagen, aber in genau dem Moment macht die Straße eine Kurve, und das alte Kloster steht direkt vor uns.

Es wirkt ziemlich menschenleer – wenn es nach der Geschichte des Flohmarkthändlers nicht so makaber klänge, würde ich sagen: wie ausgestorben. Touristen scheinen zum Glück nichts von diesem versteckten Kloster zu wissen, und es sieht auch nicht gerade aus wie eine kunsthistorische Sensation. Eher ein durchschnittlicher Kasten, von dem der Putz abbröckelt.

Vor dem Gebäude steht ein staubiger kleiner Fiat 500 – später erfahren wir, dass dieses maximal bescheidene Gefährt dem Abt höchstpersönlich gehört.

Als wir die Glocke an der schweren Holztür betätigen, kommen wir uns schon wieder wie im Film vor. »Hoffentlich ist es nicht *Tanz der Vampire*«, murmelt Harald feixend.

Es öffnet uns ein älterer, aber noch recht dynamisch wirkender, freundlich lächelnder Herr. Er schaut uns erwartungsvoll an – und wir geraten sofort ins Stammeln. Mist! Mal wieder die Sprachbarriere. Wie reden wir ihn an? Wie erklären wir ihm, was wir wollen? Aber bevor es zu peinlich wird, überrascht er uns mit: »Wie kann ich Ihnen helfen?«

Verblüfft starren wir ihn an. Er hat zwar einen starken Akzent, aber er spricht fast fehlerfrei und fließend Deutsch.

Erneut hilft er uns über die Stille hinweg und erklärt: »Ich habe vor über vierzig Jahren in Regensburg studiert. Und ich freue mir immer, wenn ich meine – wie sagt man? – einverrostete Deutsch praktizieren kann. Ich bin Monsignore Jorge. Willkommen in unsere Kloster. Was kann ich für Sie tun?«

Fast scheint es mir, als wisse er längst, weshalb wir hier sind, und habe uns geradezu erwartet. Er wirkt jedenfalls wie ein ausgesprochen netter, aber durchaus geschäftstüchtiger und routinierter Händler.

Als wir ihm die Geschichte unserer Flohmarktentdeckung erzählt haben, nickt er nur und führt uns zielstrebig in einen großen Saal, in dem etwa zehn große Esstische stehen – und an jedem davon acht der herrlichen Stühle. Soweit wir sehen, sind sie alle in gutem Zustand.

Erwartungsvoll sieht er uns an: »Wie viele benetigen Sie?«

Harald setzt an, ihm zu antworten, aber ich lege ihm meine Hand auf den Arm und sage: »Das kommt darauf an. Im Moment haben wir keinen Platz, die Stühle unterzustellen. Aber irgendwann in den nächsten Monaten brauchen wir auf jeden Fall zwanzig Stück. Und später vielleicht noch mehr. Wäre es möglich, dass wir uns dreißig Stück sichern und sie erst bei Bedarf abholen?«

Der Abt lächelt und sagt: »Dass wir genügend Platz haben, sehen Sie. Und Zeit haben wir auch. Eine Kloster lebt im Rhythmus der Ewigkeit des Allmächtigen.«

Donnerwetter – die komplizierten pastoralen Wörter gehen ihm erstaunlich leicht von den Lippen.

Als das geklärt ist, verhandeln wir über den Preis. Der Abt erzählt uns, dass das Geld verwendet werde, um die letzten, oft pflegebedürftigen Mönche zu versorgen, die noch hier lebten. Es stimmt mich traurig, eine so alte und ehrwürdige Einrichtung in ihren letzten Zügen zu erleben. Immerhin erklärt sich der gute Zustand der Stühle damit, dass es im Kloster immer eine Werkstatt gab und die Mönche ihre Möbel selbst in Schuss gehalten haben. Alles vorbei.

Mit dem Preis, den er nennt, können wir gut leben. Ein Einzelkauf auf dem Flohmarkt wäre auf jeden Fall teurer geworden – auch wenn uns der Transport noch ein bisschen was kosten wird. Aber zum Glück kennen wir Leute mit Lieferwagen und kräftigen Armen, die das für einen fairen Preis erledigen werden.

Monsignore Jorge fährt fort: »Wählen Sie dreißig Stuhlen aus, die Ihnen gefallen. Hier druben stehen die, die noch zu haben sind.«

Und dann verblüfft er uns vollends: Er zieht ein Blöckchen pinkfarbener Post-its aus der Tasche und sagt: »Sie bekommen Rosa.«

Erst jetzt sehen wir, dass auf einigen Stühlen bereits Zettelchen in verschiedenen Farben kleben. Nachdem wir unsere Stühle ausgesucht haben, markiert der Abt sie mit den rosa Markierungen und notiert unsere Namen, die Adresse und die Telefonnummer.

»Sie melden sich, wenn Sie brauchen. Und ich melde mich, wenn die Kloster leergeraumt werden soll. Auf Wiedersehen. Und Gruße nach Deutschland.«

Als wir wieder im Auto sitzen, prusten wir beide los. »Ich glaube, wir waren gerade Teil einer astreinen Komödie«, gluckst Harald.

»Aber so was von!«, bestätige ich. »Der Flohmarkthändler war sicher der Lockvogel des Abtes. Am nächsten Samstag hat er garantiert einen neuen Stuhl bei sich stehen.«

»Aber nur einen«, lacht Harald. »Ehrensache.«

»Und meinst du, unsere Dolmetscherin ...«

Harald schlägt sich vor die Stirn und lacht noch einmal laut los. »Na klar! Die war natürlich Teil des Spieles!«

»Müssen wir uns jetzt irgendwie betrogen fühlen?«, frage ich und kratze mich am Kopf.

»Hä? Nee. Wir haben dreißig astreine Stühle zu einem absolut akzeptablen Preis. Und alle hatten ihren Spaß. Besser geht's doch nicht.«

Da hat er mal wieder recht, mein Mann.

Die Stühle sind unser erster richtiger Fund. Sie geben stilistisch die Richtung vor für den Rest der Einrichtung. Als Nächstes müssen wir uns über die Tische Gedanken machen. Wie kommen wir möglichst billig an fünf Vierertische und zwei Zweiertische, ohne dass es zusammengewürfelt aussieht?

Tagelang wühlen wir uns durch Secondhandseiten, durchstöbern Trödelläden und schlendern über Flohmärkte. Ohne Erfolg.

An einem dieser Palma-Tage ist das Wetter richtig fies. Kalte Regenböen fegen über die Insel, sodass ich tatsächlich zum ersten Mal seit der Auswanderung meinen Ostfriesennerz brauche.

Als wir unverrichteter Dinge wieder zu Hause sind, hänge ich das Teil zurück in den Ersatzkleiderschrank im Obergeschoss. Es hat etwas Trauriges, wie dieser eine Regenanorak ganz allein und einsam dort in dem alten Schrank hängt. Das wuchtige Möbel haben die Vormieter uns dagelassen. Aber es sieht eher so aus, als habe es schon vor dem Bau des Hauses hier gestanden. Ein richtiger alter Omaschrank. Braun und glanzlackiert. Und weitgehend ungenutzt.

Als ich die Schranktür schließe, durchfährt es mich plötzlich wie der Blitz. »Harald, kommst du mal rauf? Und bringst du bitte den Klosterstuhl mit?«

Von unten kommt ein unwilliges Stöhnen – er hatte es sich gerade mit der Zeitung im *Porche* gemütlich gemacht und ein Bier geöffnet.

Ächzend kommt er mit dem Stuhl die Treppe hoch und schaut mich fragend an.

»Darf ich vorstellen? Unsere Tischplatten!«, sage ich triumphierend und deute auf den Schrank.

Harald versteht sofort und pfeift anerkennend durch die Zähne. Wir halten den Stuhl an den Schrank: Farblich passt es super.

Die nächste Stunde vergeht mit Messen und Rechnen – und dann wissen wir: Aus den Türen, den Seitenwänden und der massiven Rückwand kriegen wir die benötigten Tischplatten heraus. Ein Hoch auf die alten Schreiner, die hinten keine dünne Sperrholzplatte einsetzten, sondern das Möbel rundum vernünftig und solide fertig bauten!

Noch am selben Abend finde ich auf der IKEA-Homepage auch die idealen Tischbeine. Das helle Beige passt super zum dunkeln Holz des Schrankes und der Stühle und macht das Ganze freundlich und hell.

»Ab morgen werden Tische gebaut! Yippie!« Höchst zufrieden lege ich mich ins Bett und freue mich auf die Stunden in meiner Werkstatt. Gut, dass ich mein ganzes Werkzeug mitgenommen habe, als wir Gronau verließen.

Zwei Wochen später stehen die sieben Tische fertig und aufeinandergetürmt an der Stelle, wo sich vorher das Monstrum von Schrank befand. Ich musste die Schrankteile ja nicht abschleifen und lackieren, sondern nur ringsherum einfassen. Hinter dem Schrank haben wir übrigens – neben jeder Menge antiken Staubes – eine vergilbte und brüchige Zeitung von 1981 gefunden, die die Wahl von Mitterrand zum französischen Präsidenten vermeldete. Das waren Zeiten ...

Während ich an den Tischen arbeitete, war Harald nicht untätig: Er hat in Palma eine alte Theke aufgetan, die alle Bedingungen erfüllt: Sie gefällt uns und passt zu den anderen Möbeln. Sie ist bezahlbar. Sie passt (gerade mal so) an die vorgesehene Stelle im Lokal. Und sie passt (gerade mal so) in unser Auto. Als Harald damit ankommt und ein Nachbar beim Ausladen mit anpackt, wird es langsam voll bei uns. Draußen können wir wegen des feuchten Wetters nichts abstellen – also bestehen unsere Wege im Haus von nun an aus Slalombewegungen. Und vor allem morgens, auf dem schlaftrunkenen Weg zur Kaffeemaschine, stoßen wir uns so manchen Zeh an der Theke oder einem anderen Objekt, das für das Café bestimmt ist. Wie zum Beispiel den Metallskulpturen, die ich aus Strandgut und Metallresten baue, die ich auf den Spaziergängen mit den Hunden finde.

»Wird langsam Zeit, dass wir hier wieder laufen können, oder?«, meint Harald, als er mich mal wieder trösten muss, weil mein kleiner Zeh nach einem »Fehltritt« im vollgestellten Wohnzimmer höllisch wehtut.

Ich tröste zurück: »Ist ja nur noch für ein paar Tage.«

»Na ja, wohl eher ein paar Wochen«, korrigiert mein Mann. Dieser unverbesserliche Realist!

»Unter uns: Jeder Tag vor Ostern, an dem wir noch keine Miete zahlen müssen, ist ein guter Tag«, hat Harald mir an einem

Aprilmorgen anvertraut. »Wir hätten vermutlich mehr Kosten als Einnahmen gehabt. Und man weiß nie, wie viele Leute kommen, auch weil das Wetter dann so unsicher ist.«

Wir hatten es inzwischen aufgegeben, täglich in die Carrer des Sol zu pilgern, um die Fortschritte zu begutachten. Als wir uns Anfang Februar dem Abschluss unserer Such-, Bau- und Bastelarbeiten näherten, war leider schon klar: Die Bauarbeiter waren nicht so erfolgreich wie wir. Und das Haus ist auch jetzt noch eine einzige Baustelle. Unvorhergesehene Hindernisse wie ein morscher Balken und ein feuchtes Fundament haben die Renovierung verzögert.

Wir können derweil nichts tun, als warten und unsere Vorbereitungen optimieren. Und die Nerven behalten.

Das wird allerdings immer schwerer, je weiter das Jahr voranschreitet. Längst ist die Insel voller Urlauber, und die Lokale in Santanyí sind jeden Abend rappelvoll. Auch La Cantina ...

Wieder einmal sitzen wir abends mit Freunden im Sa Cova. Inzwischen haben wir Mitte Juni – und an diesem Abend platzt mir der Kragen: »Ich bin ja keine Freundin von Vorurteilen, aber das muss doch was mit der südländischen Mentalität zu tun haben! Ich habe das Gefühl, es geht überhaupt nicht voran. Vorhin war ich an der Baustelle – und habe weder jemanden gesehen noch einen Pieps gehört. Nichts! *Nada!* So was gäbe es ...«

»... in Deutschland nicht? Tatsächlich?!« Anja klingt grimmig. Schon während meiner Wutrede ist sie immer unruhiger auf ihrem Stuhl hin und her gerutscht. »Und die Leute hier im Süden sind immer unpünktlich? Meinst du das?«

Ich fühle mich unwohl und weiß, dass ich mich vergaloppiert habe, aber ich will noch nicht klein beigeben. Und dass Harald mir beschwichtigend die Hand auf den Arm legt, weil er mein Temperament beim Streiten ja bestens kennt, feuert mich erst recht an: »Na, ist doch wahr! Februar haben sie gesagt! Und jetzt haben wir bald Juli! Was ist denn das für eine Planung! Und dann diese Siesta immer! Wir arbeiten doch auch!«

Damit habe ich mich endgültig ins Aus geschossen, und das weiß ich auch. Ich sacke in mich zusammen und murmle nur noch ein: »Du hast ja recht. Ich möchte nur so gern endlich loslegen! Außerdem sind wir bald pleite!«

Bevor Anja antworten kann, wirft Harald ein: »Na, na, na – pleite? Wir haben für die ersten sechs Monatsmieten eine eiserne Reserve gebildet. Und vier davon haben wir ja jetzt schon mal gespart. Also keine Panik.« Und wie um seine Worte zu bekräftigen, winkt er dem Kellner und ordert: »Noch mal das Gleiche für alle. Die Runde geht auf mich.«

Anja atmet inzwischen wieder ruhiger und hat mir auch einen halbfreundlichen Blick zugeworfen. Aber meine Idee, sie zu entwaffnen, indem ich ihr recht gebe, ohne dass sie etwas sagen muss, verfängt leider trotzdem nicht.

»Nichts gegen dich persönlich, Nanni; und dass du genervt bist, verstehe ich absolut. Euch hat es wirklich blöd getroffen. Aber mich bringen solche Klischees trotzdem auf die Palme. Ja, ich weiß, dass du normalerweise nicht so bist. Aber viele andere schon. Dabei ist die Eisenbahn in Spanien und Italien längst viel pünktlicher als die elende Deutsche Bahn.«

»Deutsche Bahn *AG!* So viel Zeit muss sein«, wirft Harald sarkastisch ein.

Aber Anja hört ihn nicht und sprudelt weiter: »Wir hören aus Deutschland doch dauernd Geschichten von unzuverlässigen Handwerkern. Und von Baustellen, auf denen niemand zu sehen ist oder alle Pause machen. Ich glaube ja, wir haben es hier eher mit ›typisch deutsch‹ zu tun als mit ›typisch Mallorca‹: Um sich auf die erste Zeitangabe eines Bauunternehmers zu verlassen, muss man ganz schön deutsch sein. Und dazu noch ziemlich naiv. Weil man sich in Deutschland ja auch nicht mehr auf die Zeit- und Kostenpläne verlassen kann. Oder meint ihr wirklich, dieser neue Flughafen in Berlin wird 2012 eröffnet, wie sie es sagen? Niemals! Frühestens 2014 ist mein Tipp.«

Anjas Freund Carsten hat bisher geschwiegen. Um die etwas peinliche Stille aufzulösen, die entstanden ist, weil Anja uns indirekt als naiv bezeichnet hat, sagt er zu Anja: »2014? Jetzt übertreibst du aber.« Dann beugt er sich zu Harald und fragt: »Wieso sucht ihr euch nicht einen Zwischenjob? Die suchen doch alle händeringend Personal jetzt.«

Harald zuckt mit den Schultern: »Rückblickend betrachtet wäre das vielleicht sinnvoll gewesen. Aber zu so einer Baumisere gehört doch auch, dass man mehr oder weniger wöchentlich damit rechnet, jetzt da endlich reinzukönnen. Das versprechen die Bauleute auch dauernd – und glauben es wohl auch selbst. Gab eben wirklich viele unerwartete Pannen. Im Mai das geplatzte Wasserrohr, jetzt ist der Elektriker seit Wochen krank … So eine ständige Hängepartie hätten wir doch niemandem zumuten können. Wir hätten ja den Job von einem auf den anderen Tag kündigen müssen. Du bist doch auch Gastronom. Stell dir so was mal vor, mitten in der Hochsaison.«

Carsten nickt.

Jetzt schalte ich mich wieder ein und lege Anja dabei eine Hand auf die Schulter: »Ihr müsst mich wirklich entschuldigen. Ich bin einfach etwas fertig mit den Nerven.« Aber dann muss ich plötzlich lachen: »Das muss man sich mal vorstellen: Die Massen von Leuten, die jetzt auf der Insel sind, freuen sich alle auf das Nichtstun. Und mich macht genau dieser Zustand fertig.«

Die anderen können nicht mehr anders – sie stimmen in mein Lachen ein. Es wird noch ein langer, schöner Abend.

Als der Eröffnungstag näher kommt, fühlen Harald und ich uns keineswegs ausgeruht, wie man es nach der langen Wartezeit vermuten sollte und wie wir es für die kommenden Monate gut gebrauchen könnten. Wir sind, im Gegenteil, völlig fertig.

Die gesamte Einrichtung haben wir zu zweit gestemmt, und wir werden anfangs auch praktisch alles zu zweit managen. Für Personal ist kein Geld da – außer für eine Freundin, die an den Markttagen kellnert, wenn tagsüber die zusätzlichen Tische draußen auf der Straße stehen. Für den schmalen Fußweg vor dem Pablo haben wir übrigens inzwischen drei winzige weiße Zweiertischchen mit Metallfüßen und dazu passende bequeme Rattanstühle gefunden; diese Plätze können wir immer anbieten, wenn wir offen haben.

Und dann steht es endlich fest: Am 26. August werden wir das Pablo eröffnen. Es ist natürlich ein Markttag, weil da besonders viel los ist in Santanyí. Unsere Geduld wurde noch einmal auf die Folter gespannt, weil Bauarbeiter auf Mallorca im August um vierzehn Uhr Feierabend machen. Was absolut verständlich ist – nachmittags ist es einfach zu heiß, um körperlich zu arbeiten. Deswegen hatten wir so sehr gehofft, dass die Renovierung beendet sein würde, bevor die ganz große Hitze einsetzt. Außerdem hätten wir natürlich gern den Umsatz der Hochsaison mitgenommen.

Na ja: Wir hätten ihn dringend mitnehmen *müssen*. Schließlich brauchen wir eine Rücklage für den Winter, in dem es fast keine Einnahmen gibt. Wohl aber Ausgaben – für die Miete und die Lebenshaltung zum Beispiel.

Unsere finanziellen Möglichkeiten sind nach einigen weiteren Anschaffungen für das Pablo inzwischen fast völlig ausgereizt. Das Schiff gleitet wirklich nur einen Zentimeter über dem Riff dahin, das es zum Kentern bringen würde.

Wie angespannt ich bin, merke ich daran, dass ich die Schönheit der Insel gar nicht mehr wahrnehme. Ich bin nur noch nervös und keife wegen jeder Kleinigkeit los. Und ich habe schon so einige schlaflose Nächte hinter mir. Die nervösen Grübeleien lassen mich kein Auge zutun. Wird alles gut gehen? Werden überhaupt Gäste kommen? Kann ich in der kleinen Küche arbeiten? Wie wird es laufen, ohne Spülmaschine und ohne Registrierkasse und ausschließlich mit gebrauchten Geräten? Komme ich mit dem alten Küchenherd klar, der kein Ceranfeld hat? Wie lange hält die gebrauchte Kaffeemaschine durch?

Immerhin: Der Gastraum sieht wunderschön aus. Ich habe in den letzten Wochen Wandlampen gebaut, indem ich Buntpapier in Schichten über Lampenschirme gelegt habe; sie geben ein sehr schönes Licht. Wir haben letztlich die fünf Vierertische untergekriegt – und einen Zweiertisch in einem der bodentiefen Fenster zur Straße. Da morgen aber Markttag ist und die Calle des Sol für Autos gesperrt, werden unsere Tische draußen auf der Straße stehen.

Natürlich wäre es besser gewesen, wenn wir an den Markttagen sowohl auf der Straße als auch im Lokal Tische hätten und auch drinnen Umsatz machen könnten. Aber abgesehen davon, dass wir einfach kein Geld für Extraaußentische hatten: Wir hätten sie auch nirgends unterstellen können in unserem winzigen Lokal.

Am Abend vor der Eröffnung backe ich noch einen Mandelkuchen – und lasse ihn beim Schlafengehen zum Auskühlen im geöffneten Backofen stehen. Mit dem bekannten Ergebnis.

Bevor wir mit klopfenden Herzen ins Pablo gehen, gebe ich Harald unser allerletztes Geld in die Hand, damit er Brötchen kauft fürs Restaurant. Es ist diesmal kein üppiges Rölleken, sondern es sind buchstäblich drei kleine Scheine. So sehr auf

Messers Schneide standen wir nicht mal in den schlimmsten Augenblicken in Gronau.

Als der Eröffnungstag dann vorbei ist, fallen wir uns total erschöpft, aber glücklich in die Arme.

»Mannomann!«, ächze ich. »Das ging ja Schlag auf Schlag! Aber die Stimmung war *fabuloso*, oder?«

»Das ist gar kein Ausdruck. Die Leute waren hin und weg. Vom Ambiente, von deinem Essen, von der Stimmung. Ich glaube, wir haben heute auf Anhieb ein paar Stammkunden gewonnen.«

Harald strahlt. Dann greift er hinter sich und verbirgt seine Hände mit verschmitztem Gesicht hinter dem Rücken. »Willst du die schlechte Nachricht zuerst oder die gute?«

»Die schlechte, bitte«, sage ich und nippe kurz an meinem Glas Weißwein, das ich mir als Belohnung für die Abendschicht traditionell gönne. Der Wein ist herrlich kühl, sodass das Glas beschlagen ist.

Harald zaubert einen Brotkorb hervor, in dem jede Menge Brötchen liegen. »Ich hab heute Morgen viel zu viele gekauft. Von unserem letzten Geld.«

Er tut so, als sei er betrübt, während ich schon nach der anderen Hand hasche. »Und das hier ...« – er zeigt mir eine alte Kaffeedose – »ist unsere Tageseinnahme. Davon können wir morgen ungefähr tausend Brötchen kaufen. Oder frische Zutaten fürs Abendessen.«

Und so geht es dann weiter. Praktisch jeden Abend volles Haus. Wir arbeiten ohne Ruhetag und planen auch keine Schließung für den Winter. Jeder Umsatz zählt – und weil es so gut läuft und wir endlich wieder unser Eigenes haben, macht es auch Spaß. Auch wenn wir arbeiten wie die Tiere.

Umso ernüchterter bin ich, als Harald mich eines Vormittags im Dezember 2009 zu Hause an den wackligen Tisch ruft, an dem er seit Stunden mit Zetteln und einem Taschenrechner zugange ist. Seine Miene verheißt nichts Gutes. »Du machst ja die Buchführung und weißt es selbst: Wir haben jetzt vier Monate hinter uns und fast das Optimale rausgeholt, oder? Der Laden brummt. Aber ...«

Harald dreht sich auf seinem alten Küchenstuhl, von dessen Beinen die dunkelgrüne Farbe abblättert, um neunzig Grad, damit er mir ins Gesicht sehen kann. »Ich hab mal gerechnet, Nanni. Es reicht nicht. Wir haben zu wenige Plätze. Vor allem Außenplätze. Die Leute kommen nach Mallorca, weil sie wissen, dass man hier immer abends bis in die Puppen draußen sitzen kann. Im T-Shirt. Mit Schönwettergarantie.«

Harald schaut richtig unglücklich, als er zu seinem niederschmetternden Fazit ansetzt: »Wir tun wirklich unser Bestes. Wir machen eigentlich alles richtig. Wir sind nicht zu preiswert. Und es macht Riesenspaß. Aber noch so ein erfolgreiches Jahr – und wir sind pleite!«

Das Liliom

»Das finde ich so nett, dass Sie uns hier besuchen! Erzählen Sie doch mal: Was macht unser Liliom?«

Ich habe mich kurz aus der Küche weggeschlichen, weil Harald mir erzählt hat, wer da draußen an einem der Tischchen auf dem Fußweg sitzt: Stefan Saghausen, seines Zeichens Gastro-Journalist und ein enger Freund von Patrick Langenberg, unserem Nachfolger in Gronau. Wir haben ihn vor der Auswanderung nur einmal ganz kurz gesehen, als der Mann von der Bank, der die Zwangsversteigerung des Hauses abwickelte, die beiden durch unsere Räume führte.

Normalerweise ist das eine höchst unangenehme Situation – und ich weiß noch, dass ich mich vor dem Termin bei Hassgefühlen gegen den potenziellen Käufer ertappte, der komme, um eiskalt unsere Notlage auszunutzen. Aber dann hatten Herr Langenberg und sein Freund es von der ersten Sekunde an so gut verstanden, uns freundlich, rücksichtsvoll und mit viel Wertschätzung für das Haus, das Lokal und unser Lebenswerk zu begegnen, dass meine Vorbehalte dahinschmolzen wie Butter in der Sonne. Am Ende haben wir alle Handynummern ausgetauscht – und vor ein paar Wochen hat Herr Saghausen geschrieben, dass er zum Urlaub auf die Insel komme, und gefragt, ob er uns besuchen dürfe: Er schreibe gerade eine Serie über »Die Gastro-Szene des Münsterlandes damals und heute« und brauche Hintergrundinfos über das Liliom, die nur wir ihm geben könnten. Stolz haben wir ihm die Adresse des frisch eröffneten Pablo zurückgeschrieben – und nun ist er da.

Als ich nach dem Liliom frage, schaut er ein wenig unsicher: »Das Restaurant heißt jetzt anders. Villa Langenberg. Also nach Patrick. Für einen Neustart hilft oft ja auch ein neuer Name.«

Ich bin kurz geschockt, dass der Name Liliom nach vierzig Jahren erloschen ist, fange mich aber schnell: »*Villa* – das passt doch zu dem schönen alten Haus!«

Er setzt zu einer Frage an, aber ich entschuldige mich: »Ich muss zurück in die Küche. Sie kennen das ja. Aber Harald bringt Ihnen was zu trinken. Und sobald es hier ruhiger ist, kommen wir zu Ihnen.«

Er schmunzelt verständnisvoll: »Verstehe ich total. Und eins der Fischgerichte, die Sie gerade im Ofen haben, ist für mich ...«

Aufgeregt husche ich zurück in die Küche und verabrede auf dem Weg mit Harald, dass Herr Saghausen Gast des Hauses sein soll.

Gegen dreiundzwanzig Uhr wird es langsam ruhiger. Eigentlich müsste ich jetzt die Küche aufräumen, aber ich bin zu neugierig auf unseren Besucher aus Deutschland. Er sitzt inzwischen mit Harald an einem der großen Tische, und die beiden reden angeregt.

»Es geht gerade um die ersten Jahre des Liliom«, erläutert Harald, als ich mich mit meinem Weißwein dazusetze.

»Um das Restaurant oder die Kneipe? Also vor oder nach dem Kränzchen?«, frage ich.

Unser Gast schaut verwirrt. »Kränzchen? Kneipe?«

»Ja, so haben wir da angefangen, 1976. Das habe ich Ihnen noch nicht erzählt«, erläutert Harald.

»Ihr siezt euch noch?« Ich bin geradezu empört. »Gastro-Liebhaber und dann noch Münsterländer ... Ich bin Nanni.«

Aber bevor wir anstoßen können, ertönt ein »Zahlen bitte!« von einem der anderen Tische, und Harald muss wieder aufspringen.

»Zuerst hat Harald die Kneipe allein gemacht, weil ich ja in Essen war. Und später, als die Kinder da waren, hatten wir einen Pächter. Und das Café.«

Herr Saghausen hat längst den Faden verloren. Außerdem schaut er immer wieder auf die Uhr.

»Ich wohne ganz im Norden der Insel und müsste leider bald mal fahren ...«

»Nichts da! Vorher wird angestoßen«, beharre ich. Als Harald wiederkommt und wir das Duzen offiziell gemacht haben, fragt Stefan: »Wann haben Sie ... habt ihr denn euren Ruhetag? Dann könnten wir uns mal mit mehr Ruhe austauschen. Ich bin noch zehn Tage hier.«

Harald lacht kurz auf: »Ruhetage sind im Januar und Februar. Jetzt ist Saison. Sieben Tage die Woche.«

Bevor Stefan grübeln kann, ob Harald ihn auslachen wollte, fange ich die Situation auf: »Magst du einfach übermorgen zu einem späten Frühstück zu uns nach Hause kommen? So um elf? Dann haben wir ein paar Stunden Zeit.«

Stefan nickt begeistert und notiert sich unsere Adresse in Es Llombards. »Ich habe so viele Fragen! Zum Gebäude, zur Vorgeschichte, zu euch beiden, zu den Holländern ... Bisher kenne ich ja nur das Ende, das schwierig war für euch. Das ist ein unvollständiges Bild. Und Patrick erzählt, dass ihn manchmal Gäste ansprechen, die das Liliom kannten und liebten. Da würde er dann immer gern besser mitreden können über die alten Zeiten. Deshalb ist auch er sehr neugierig auf die Geschichten, die ich mitbringe.«

Ich freue mich richtig über sein Interesse. »Du wirst sehen: An lustigen Geschichten mangelt es nicht. Und jetzt muss ich die Küche machen. Morgen ist Markt. Großkampftag ab mittags.«

Stefan nickt verständnisvoll: »Lass dich nicht aufhalten von mir. Ich fahr dann auch mal los. Und danke für die Bewirtung. Der Fisch war köstlich. Und herrlich frisch. Zu schade, dass Gronau nicht am Meer liegt!«

Am folgenden Donnerstag sitzen wir dann zu dritt in unserem Patio und genießen die entspannte Atmosphäre und das herrliche Wetter.

Während Stefan sein Aufnahmegerät einschaltet, rede ich schon los: »Gibt es den Patio neben dem Liliom ... der Villa eigentlich noch? Nutzt Patrick den? Und was ist mit der Terrasse?«

Eigentlich ist Stefan ja hier, weil *er* jede Menge Fragen hat, aber ich kann meine Neugier mal wieder nicht zügeln.

»Ja, klar, im Sommer servieren sie auch draußen«, antwortet Stefan. »Aber ihr kennt ja das Wetter im Münsterland. Es gibt vielleicht zehn Abende im Jahr, an denen es abends mild genug ist und nicht regnet. Was das Wetter angeht, habt ihr auf jeden Fall alles richtig gemacht mit der Auswanderung. Aber das reicht als Grund ja wohl kaum. Also: Wie kam es nun eigentlich dazu, dass ihr eure Zelte in Gronau abgebrochen habt nach so langer Zeit?«

Harald mischt sich ein: »Wir könnten die Geschichte jetzt von hinten nach vorn erzählen. Aber wenn du möglichst wenig verwirrt werden willst, ist es vielleicht besser, wir fangen vorn an. Bei der Kneipe. Einverstanden?«

»Sehr einverstanden – aber nur, wenn ihr vorher noch einen Kaffee für mich habt. Der ist gut!«

Als er versorgt ist, macht Stefan es sich gemütlich in seinem Korbsessel und sieht uns erwartungsvoll an. Harald nickt mir zu. Wir haben unsere Geschichte ja schon öfter erzählt und wissen, wer welchen Teil am besten draufhat.

»Kennengelernt haben wir uns 1976«, beginne ich. »Und dann gleich den Härtetest für eine dauerhafte Beziehung erlebt. Ich war nämlich praktisch schon am Packen, weil ich am 1. September nach Essen ging, um dort meine Ausbildung anzufangen.«

»Was hast du gelernt? Köchin?«, fragt Stefan.

»Nee, ganz was anderes. Gymnastiklehrerin. Sieht man mir ja jetzt nicht mehr an«, sage ich lachend.

»Ganz im Gegenteil!« Stefan weiß, wie charmant geht. »Das heißt: Ihr habt euch direkt nach dem Kennenlernen ewig nicht gesehen?«

»Doch, doch. Nanni ist ja praktisch jedes Wochenende rübergekommen aus Essen«, erklärt Harald. »Ich brauchte sie auch dringend. Sie hat dann immer in der Kneipe mitgearbeitet, als die eröffnet war, rechtzeitig zu Weihnachten. Außerdem hat das Ordnungsamt das verlangt«, fügt er grinsend hinzu.

Stefan guckt fragend: »Was haben die verlangt?«

Harald schmunzelt vergnügt: »Ein ordentliches Weib. Als ich kurz vor der Eröffnung mein Gewerbe angemeldet hatte und von der Kneipe erzählte, fragte der Beamte mich auf Platt: ›Hebb i och een örnlik Wiev? Ohn dat geiht dat nich!‹ Hatte ich! Obwohl ich Nanni zu der Zeit gerade mal ein paar Wochen kannte und sie noch nie ein Bier gezapft hatte, wusste ich, dass sie die Richtige ist. Für die Kneipe und fürs Leben.«

Ich seufze hörbar und gerührt und nehme seine Hand. »Aber ich muss ja noch erzählen, wie wir uns kennengelernt haben. In der Lila Eule, einer Disco, war das. Weißt du noch?«

Harald schüttelt den Kopf: »Wirklich? Da war das? Bist du sicher?« Und prustet dann los. »Was für eine Frage!? Ich weiß es natürlich noch, als wäre es gestern gewesen. Nanni stand da im Kreise ihrer Freundinnen und Freunde und strahlte. Sie hatte gerade die Interrail-Tour hinter sich, die wir alle damals nach dem Abi machten, so mit Rucksack und Isomatte und nur dreimal zu Hause anrufen in vier Wochen. Handys gab es ja noch nicht. Jedenfalls war sie knackig braun und sah umwerfend aus in ihren Hippieklamotten. Aber man kam nicht an sie ran, weil ihre Leute sie abschirmten. Mein Kumpel fand sie auch süß und hat sie als Erster angesprochen. Aber man weiß ja: Die Letzten werden die Ersten sein. Das war mein großes Glück.«

Jetzt fasst Harald meine Hand, und Stefan lächelt gerührt. Und ich seufze noch viel ergriffener. Pathos-Alarm im Patio.

»Und wie kam es zu diesem ungewöhnlichen Namen? Liliom? Waren eure Großeltern Hans-Albers-Fans?«

Ich schnalze anerkennend. »Oh, da kennt sich jemand aus. Die meisten haben ja auf Lilien getippt und nicht auf dieses ungarische Theaterstück.«

Stefan wehrt ab: »Ich hab mir das auch alles nur angelesen, als ich rausfinden wollte, was es mit dem Namen auf sich hatte. Hans Albers stand in dem Stück vor 1933 in Berlin auf der Bühne – und dann 1946 wieder. Dazwischen hatte er nicht Theater gespielt. Und das Stück war verboten, weil der Autor Jude war. Aber mehr weiß ich auch nicht darüber.«

Sein Blick geht suchend über den Tisch, bis er die Aprikosenmarmelade entdeckt hat. »Herrlich, so ein spätes Frühstück! Aber wie kamt ihr denn nun auf den Namen?«

»Lustige Story.« Harald schenkt uns allen frisch gepressten Orangensaft nach. »Ich bin damals mit einem Freund nach Berlin gefahren. Ich wollte die Kneipe so im Alt-Berliner Stil einrichten und mich da inspirieren lassen. Außerdem waren dort die besten Trödler und Flohmärkte. Und weil ich gerade da war und noch keinen Namen für mein Lokal hatte, hab ich mir eines Tages das Branchentelefonbuch geschnappt und geschaut, wie die Kneipen in Berlin hießen. Und da fiel mir ein Liliom ins Auge – und ich mochte es spontan. Einfach den Klang des Wortes.«

»Tja, so ging googeln damals«, sage ich lachend. »Aber ich muss dazusagen, dass Berlin nur *eine* Inspiration war für den Stil des Liliom. Die andere waren die gemütlichen holländischen Cafés. Wir Gronauer waren schon als Schüler sehr oft in Enschede, mit dem Fahrrad. Und wir beide lieben bis heute diese lebendige Kneipen- und Cafészene rund um die Kirche dort. Wenn man da abends durchgeht und aus jedem Fenster Kerzenschein leuchtet – das ist ein Traum. Und wegen der Inspirationen aus Berlin und aus Enschede hieß unser Ding auch Biercafé Liliom«.

Stefan nickt. »Ich mag die holländische Kneipenkultur auch sehr. Und Patrick sowieso, der ist ja selbst Holländer. Aber jetzt mal zu dem, was mich natürlich besonders interessiert: Was war eigentlich in dem Haus in der Gildehauser Straße, bevor ihr da mit der Kneipe reinkamt?«

»Oh je, ja, das war eine Geschichte!« Harald setzt sich auf und fährt sich mit der Hand durch die Haare. Ich sehe ihm an, wie es ihn graust bei der Erinnerung. »Das war im Februar 1976, also noch bevor ich Nanni kannte. Ich sollte ja eigentlich eine der beiden Drogerien meiner Eltern übernehmen, aber da es in Gronau keine einzige vernünftige Kneipe für junge Leute gab, mit guter Musik, habe ich mir gedacht: Dann machst du eben selbst eine auf. Ich war also meine eigene Zielgruppe. Meine Eltern waren erwartungsgemäß entsetzt. ›Wer gar nichts wird, wird Wirt.‹ Dieser Spruch kam natürlich.«

»… und wem auch dieses nicht gelungen, versucht es in Versicherungen«, komplettiert Stefan den abfälligen Satz.

»Kam bei mir zu Hause auch, natürlich. Ich war ja auch mal Gastronom.«

Harald grinst. »Als der Laden dann brummte, waren sie aber begeistert – und haben uns auch immer toll unterstützt. Wie dem auch sei: Als ich vor dem Haus auf die erste Besichtigung wartete, kam eine Nachbarin vorbei, und wir fingen an zu plaudern. Als sie hörte, was ich vorhatte, sagte sie: ›Das Haus haben schon so einige besichtigt, aber alle sind sofort rückwärts wieder rausgegangen.‹ Mir wurde natürlich mulmig – und der Zustand der Räume war auch wirklich schockierend.«

Stefan guckt fragend, und Harald erklärt: »Ursprünglich war das ja ein Hotel – erbaut 1898, im Übergang von Gründerzeit zu Jugendstil. Von der früheren Pracht haben wir später einiges wiederentdeckt. Aber in den Jahren vor 1976 hat der Besitzer sich eine goldene Nase damit verdient, sehr viele türkische Gastarbeiter in dem Haus unterzubringen. Angeblich um die dreißig Leute. Als Gronau noch eine nennenswerte Textilindustrie hatte, kamen viele Menschen deshalb in die Stadt und suchten billige Unterkünfte. Als ich das Haus besichtigte, war es total runtergewohnt. Im Obergeschoss waren die Schlafräume gewesen; der Gastraum unten war zum Gebetsraum umgestaltet worden. Die Küche war völlig verdreckt und ramponiert; die Klos hatten die Männer rausgerissen und durch so Plumpsklos ersetzt, wie man sie früher auf südländischen Autobahnraststätten und Campingplätzen hatte.«

»Apropos Campingplatz: Ich darf nachher auf keinen Fall vergessen, euch nach einem Strandtipp zu fragen. Ich habe mein Badezeug mitgebracht«, wirft Stefan ein. »Aber jetzt erzähl erst mal weiter. Ich hab dich unterbrochen ...«

Harald fährt fort: »Vielleicht war die Vorwarnung durch die Nachbarin mein Glück. So war ich vorbereitet und konnte den Blick auch auf andere Dinge richten und nicht nur auf den aktuellen Zustand. Genauso wie Nanni habe ich, glaube ich, einen ganz guten Blick dafür, was man aus einem Raum machen kann – egal wie schlimm er gerade aussieht. Klar waren die Jugendstilscheiben in den großen Saaltüren und die alten Originaltapeten damals kaum zu erkennen, aber für mich deuteten sie das Potenzial der Räumlichkeiten an. Und die Räume selbst überzeugten sowieso.«

»Die Nachbarin wohnt dort ja immer noch, auf der rechten Seite. Wir sind noch in Kontakt«, erkläre ich. »Und links war ja diese angebliche Bar, in die die Männer immer schon mittags reinschlenderten. So betont unauffällig. Ich glaube, da gab es noch ganz andere Sachen als nur Getränke. Ist die noch da?«

»Ja, ist sie. Und die Männer wollen noch immer ganz unbeteiligt scheinen, wenn sie aus dem Auto steigen und so tun, als wollten sie in den Handarbeitsladen gegenüber. Um dann schnell in die Bar zu schlüpfen. Köstlich. Die hohe Bordelldichte in Gronau kommt wohl aus der Zeit, als Holland noch prüder war als das Münsterland, oder?«

Harald lacht kurz auf: »Ist wohl kein Zufall, dass ich unsere Kneipentheke auch in einem Bordell gefunden habe. Fünfhundert Mark hab ich dagelassen – ohne eine Frau auch nur anzufassen. Glaubt man es?«

Ich kannte den Schnack natürlich schon, aber Stefan schüttet sich aus vor Lachen.

»Können wir dir noch was anbieten?«, frage ich ihn. »Ein Schlückchen Sekt vielleicht?«

»Oh, nee, nicht so früh am Tag. Ich muss noch fahren und ihr ja noch arbeiten heute Abend. Aber gern noch einen Milchkaffee. Und dann will ich wissen, was für eine Art Kneipe das Liliom eigentlich war.«

Während Harald verschwindet, um den Kaffee zuzubereiten, erzähle ich weiter: »Wir sagen immer Studentenkneipe, obwohl es gar keine Uni gibt in Gronau. Es war eine Kneipe für Leute in unserem Alter. Und wir reden von den Siebzigerjahren, als man noch sehr viel ausging, sich viel mit Leuten traf – und deutlich mehr gesoffen wurde als heute. Auch die jungen Leute hatten noch genügend Geld dafür. Wenn der Laden um neunzehn Uhr nicht rappelvoll war, dann stimmte was nicht. Und zwar jeden Tag, nicht nur freitags und samstags. Da wurde Karten oder Schach gespielt, gequatscht – und eben sehr viel getrunken.«

»Und wahrscheinlich geraucht wie blöde!«, vermutet Stefan.

»Oh ja!«, bestätige ich. »Wir gehören ja noch zur Generation der passiv rauchenden Wirte. Die Raucher waren aber immer gute Kunden – die haben auch mehr getrunken als die Nichtraucher. Hier in Spanien ist es ja immer noch erlaubt in Restaurants. Aber hier arbeiten sie wohl auch gerade an einem strengen Nichtrauchergesetz.«

»Ja, ist in Deutschland ja schon in Kraft, seit letztem Jahr. Aber Nanni, du warst doch in der Ausbildung. Und danach Gymnastiklehrerin. Also war das vor allem Haralds Kneipe?«

»Oh nein!« Ich schüttle energisch den Kopf. »Die Ausbildung habe ich zwar durchgezogen, bis 1979. Aber als ich zurück in Gronau war, habe ich nur am Anfang noch ein paar Kurse in der Volkshochschule und in Turnvereinen gegeben. Es war schnell klar: Die Kneipe lief so gut, dass sie uns beide ernährte. Und es zeigte sich auch, dass beide gebraucht wurden. Und die Vormittagskurse vertrugen sich nicht so gut mit dem Leben als Gastwirte. Ich bin eher der Abend- und Nachtmensch.«

»Logisch«, meint Stefan. »Ich kenne keinen Frühaufsteher, der eine Kneipe aufgemacht hat.«

Harald hat den Kaffee herausbalanciert und sich wieder zu uns gesetzt. »Während Nannis Ausbildung habe ich manchmal wirklich nicht gewusst, wo mir der Kopf steht. Zum Glück bist du ja jedes Wochenende gekommen und hast mitgearbeitet. Obwohl wir direkt von Anfang an zwei Kellner hatten und dazu eine frühere Drogeriemitarbeiterin meines Vaters als Kellnerin, warst du von Anfang an unentbehrlich. Schon wegen der Stimmung.«

»Dabei hatte ich noch nicht mal einen Führerschein damals. Aber irgendwann eine feste Mitfahrgelegenheit. Zwei Stunden waren es, wenn man gut durchkam. Und dann direkt in die Kneipe und losgearbeitet. Bis zur Polizeistunde um eins. Und manchmal ging es privat noch stundenlang weiter.«

Die Erinnerungen steigen gerade in mir hoch, und ich plappere weiter. »Einmal im Monat hatten wir Livemusik. Götz Alsmann war mal bei uns mit seiner Waschbrett-Band, bevor ihn irgendjemand kannte. Und sonst lief natürlich unsere Lieblingsmusik. Unsere Richtung war eher Led Zeppelin als ABBA.«

»Ach, übrigens: Das alte Tonbandgerät müsste eigentlich noch ganz oben auf dem Dachboden stehen, bei Patrick in der Villa«, wirft Harald ein.

Aber ich bin nicht zu bremsen: »Wir hatten jeden Abend auf. Und keinen Urlaub. Es war anstrengend – hat aber vor allem richtig viel Spaß gemacht. Da tobte wirklich das Leben damals.«

»Weißt du noch, Klaus Berlin aufm Klo?«, fragt Harald glucksend.

Ich schaue auf Stefans Teller. »Bist du fertig mit Essen? Die Geschichte ist lustig, aber nicht gaaaanz so appetitlich.«

Stefan lächelt: »Wer in der Gastronomieszene verkehrt und mit Köchen zu tun hat, ist abgebrüht. Also, leg los.«

»Nun, abends zur Schließzeit haben wir natürlich immer noch mal einen Rundgang gemacht, damit wir niemanden einschließen. Wir hatten schon einige sehr trinkfreudige Stammgäste. Einer davon war Klaus, bei dem unüberhörbar war, woher er kam, weshalb ihn alle nur ›Klaus Berlin‹ nannten. Und eines Abends fanden wir ihn auf der Toilette sitzend, sturzbetrunken und im Tiefschlaf. Und neben ihm das, was er im Suff als Klopapier benutzt hatte: Geldscheine.«

Stefan verzieht das Gesicht und meint dann ganz trocken: »So viel zum Thema ›Geld stinkt nicht‹ ...«

Großes Gelächter am Tisch. Die Hunde heben kurz den Kopf und dösen dann weiter in der Mittagshitze.

Stefan fragt: »Wie groß war die Kneipe eigentlich? Hattet ihr gleich alle Räume unten in Betrieb?«

»Nein, nein«, erklärt Harald. »Anfangs haben wir nur zwei Räume gepachtet. Aber als es dann immer besser lief, haben wir uns immer weiter vergrößert. Am Ende hatten wir um die hundert Plätze. Und alles selbst renoviert und gebaut. Dafür war die Miete ziemlich niedrig.«

»Und oben?«, fragt Stefan.

»Oben sah es fast so aus wie beim ersten Rundgang. Bis 1981 waren das für uns nur Abstellräume.« Harald lenkt dann das Gespräch zurück auf die Kneipe. »Der irrsinnigste Tag war immer der zweite Weihnachtstag. ›Stephanus steinigen‹. Kennst du ja, diese Tradition, oder?«

Stefan nickt. »Klar. Ich weiß sogar, was dahintersteckt.« Er scheint gern Dinge zu recherchieren – und ebenso gern teilt er dieses angelesene Wissen offenbar mit anderen ...

»Ja? Was noch mal?« Ich frage halb aus Höflichkeit und halb, weil ich wirklich nicht mehr so genau weiß, was es mit diesem typisch münsterländischen Brauch auf sich hat.

»Na, dass man einen Stein in die Tasche steckt, bevor man sich mit Freunden in der Kneipe trifft, soll an die Steinigung des Heiligen Stephan erinnern, des ersten christlichen Märtyrers. Dessen Gedenktag ist der 26. Dezember.«

Stefan scheint zu spüren, dass gerade ein gewisser Besserwisser-Alarm herrscht, und schaut etwas verlegen.

Aber Harald fängt die Situation schnell auf: »Die Leute, die an dem Tag schon vor der Kneipe warteten, wenn wir um zehn Uhr aufschlossen, sahen auch aus wie Märtyrer. Die hatten ein paar Tage zu Hause mit Familie und Schwiegereltern hinter sich und mussten da jetzt dringend mal raus. An dem Tag floss das Bier immer in Strömen. Von morgens um zehn bis nachts um eins, ununterbrochen.«

Ich nehme die Vorlage dankbar auf: »Na ja – wenn es denn floss ...«

Wieder haben wir Stefans Neugier geweckt. Der Mann ist wirklich rührend geduldig. Wir kauen ihm seit zwei Stunden ein Ohr ab und sind noch nicht mal beim Restaurant, das ihn vermutlich am meisten interessiert.

Harald lacht auf. »Damit alles gut ... läuft, habe ich am ersten Weihnachtstag immer noch mal alle Bierleitungen gereinigt und alle Fässer überprüft. Das waren damals noch die, in die man den Degen so reindrehen und dann blitzschnell den Hahn zudrehen musste, damit man nicht vollgespritzt mit Altbier dastand. Na, egal. Jedenfalls ...«

Ich platze dazwischen, weil Haralds Technikausflug mich mal wieder zappelig gemacht hat: »Als wir an einem Stephanstag öffneten und die durchgefrorenen Gäste einließen – es war ein echt kalter Morgen –, stellten wir fest, dass die Bierleitung über Nacht eingefroren war. Es hagelte schon Bestellungen – und traditionell bestanden die ersten Runden nur aus Bier. Wir drehten echt am Rad. So eine eingefrorene Leitung muss ja ganz behutsam aufgetaut werden, damit sie nicht platzt. Wir haben den Leuten gesagt, dass sie leider erst mal Schnaps trinken müssen, und dann unseren Föhn von oben geholt. Der reichte aber nicht, und so haben wir Eltern und Freunde herantelefoniert, damit sie mit ihren Föhnen mithelfen. Und nach einer Stunde floss endlich das Bier.«

Harald erinnert sich mit glänzenden Augen: »»Stephanus steinigen‹ war wirklich ein Höhepunkt der Geselligkeit. Da traf man zum Beispiel alte Klassenkameraden und so weiter. Und alle in Gronau wussten: Am 26. trifft man sich im Liliom. Und es war auch unser wichtigster Umsatztag des Jahres.«

»Bis auf einmal …«, werfe ich ein. Wir sind ein eingespieltes Team, wenn wir so von Anekdote zu Anekdote springen und uns dafür gegenseitig das Stichwort geben.

»Bis auf einmal, ja«, sagt Harald grimmig. »An einem Stephanustag haben wir uns den ganzen Abend gewundert, dass der Kamin so hell brannte. Und irgendwann, als alles zu spät war, haben wir den Grund rausgefunden: Irgendjemand hatte im wahrsten Sinne des Wortes eine Schnapsidee gehabt und damit begonnen, Bierdeckel ins Feuer zu schmeißen. Das war an sich nicht so schlimm – aber besoffen, wie die Leute waren, machten sie es natürlich alle nach. Und schmissen dabei auch die Deckel in den Kamin, auf denen die Bedienung alles notierte, was sie verzehrten. Damals gab es ja noch keine elektronischen Kassen. Wer jetzt seinen Deckel aus Versehen verbrannt hat und wer mit voller Absicht, lässt sich schwer sagen.

Auf jeden Fall ließ sich nicht mehr rekonstruieren, wer was geordert hatte. Obwohl wir an dem Tag so viele Frikadellen, Baguettes und Toasts rausgegeben haben wie sonst nie.«

»Das war unsere gesamte Speisekarte damals«, werfe ich grinsend dazwischen.

Aber trotz meines launigen Zwischenrufs beendet Harald den Bericht mit eher düsterem Gesicht: »Aus dem Tag sind wir maximal mit plus minus null rausgegangen.«

Und ich ergänze und schüttle mich dabei vor Empörung, obwohl es Jahrzehnte her ist: »Viele von denen, die auf diese Weise eine Riesenzeche geprellt haben, waren Stammgäste und teilweise sogar Freunde! Ich kann das bis heute schwer fassen!«

Stefan erwacht wieder aus dem genießerischen Zuhörmodus. Er saß die letzten Minuten so tiefenentspannt in seinem Stuhl, wie es nur Urlauber können, und hat amüsiert oder mit Anteilnahme unseren Storys gelauscht. Nun beugt er sich vor: »Das wollte ich euch sowieso fragen, weil ihr so viel Erfahrung habt: Wie haltet ihr es mit der Freundschaft mit Lokalgästen? Nach dem, was Nanni eben sagte, schließt ihr das nicht konsequent aus, oder?«

Mein Mann und ich wechseln einen vielsagenden Blick. Harald ergreift als Erster das Wort: »Als ich anfing, hat mir ein alter Kneipier eine Weisheit mitgegeben: ›Der Wirt kann nie Freund des Gastes sein.‹ Das hat mich verblüfft, weil er seine Gäste wirklich wie gute Kumpels behandelt hat. Ich denke, er wollte mich vor allem vor der Gefahr warnen, dass ich zu viele Skrupel haben könnte, Freunden Geld für Essen und Getränke abzunehmen. Und dass ich vielleicht zu oft mit ihnen einen trinken würde. Mit beidem kann man sich sicherlich ruinieren.«

Stefan nickt, aber bevor er etwas dazu sagen kann, schalte ich mich ein. Der Arme kommt wirklich kaum zu Wort. Aber es tut einfach so gut, dass sich jemand für unsere Geschichte(n) interessiert. Und dann noch jemand, der vom Fach ist. Und unser Haus in Gronau kennt, das so lange unser Zuhause und unser Arbeitsort war und in dem unsere beiden Töchter groß geworden sind.

»Keine Freundschaften mit Gästen, schön und gut. Aber wo soll man dann sonst Leute kennenlernen, wenn man jeden Abend in der Kneipe beziehungsweise im Restaurant ist? Genau zu der Zeit, in der andere ihre Freundschaften pflegen, haben wir gearbeitet. Aber eben in lockerer und geselliger Atmosphäre. Ist doch logisch, dass da auch engere Kontakte und auch Freundschaften entstehen. Und das andere war schwierig. Geburtstagseinladungen, zum Beispiel von Volleyballfreundinnen, konnte ich entweder gar nicht annehmen, oder ich ging erst nach dem Abschließen des Lokals hin. Da hab ich mich tatsächlich oft noch aufgerafft und war deswegen auf Partys oft die Letzte, die kam, und die Letzte, die ging.«

Stefan nickt heftig: »Ich kenne das Problem auch von früher und habe damals auch keine klare Lösung gefunden. Besonders schwierig fand ich es, wenn ich mit zu einer Lokalrunde eingeladen wurde. Gerade unter Alkohol sind Leute oft empfindlich und beleidigt, wenn man dann abwinkt. Also muss man mitmachen. Na ja, es gibt ja Tricks ...«

Harald schmunzelt. »Genau. Bei uns war das ›Rundenwasser‹ in einer alten Obstlerflasche. Wir haben immer gesagt, das sei ein privates Geschenk unserer Eltern zum Hochzeitstag und deshalb nicht zum Ausschank bestimmt, sondern nur für uns. So hat niemand bemerkt, dass es nur Leitungswasser war.«

Und ich ergänze: »Manchmal denken wir: Ein Glück, dass wir keine Alkoholiker geworden sind – das ist ja das Schicksal vieler Kneipenwirte. Bei manchen Gästen, die mich zum Mittrinken animieren wollten, hatte ich das Gefühl, dass sie mich als eine Art Komplizin zur Tarnung ihres Alkoholismus brauchten. Und es artete oft in eine Art Wetttrinken aus. Ich habe in der Regel erst nach dem Abschließen der Tür Alkohol getrunken. Als Absacker – oder wenn es privat weiterging.«

Harald sinniert: »Die Abgrenzung war schon schwierig manchmal. Wir waren ja Therapeuten, Kummerkasten und Anlaufstation für Gäste. Vor allem für die vielen Stammgäste, die praktisch jeden Abend am Tresen saßen und oft auch sehr Privates erzählten, die Trost brauchten und so weiter. Wenn sie mal nicht da waren, war man direkt besorgt.«

»Und trat dann gern auch mal ins Fettnäpfchen ...«, leite ich die nächste Anekdote ein.

Harald weiß sofort, wovon ich rede. »Du meinst das Muttersöhnchen, nicht? Puh! Das war ein junger Mann, der allabendlich mit seiner Mutter kam. Zum Trinken. Sie waren aber sehr für sich und redeten nicht viel mit uns. Und eines Abends kam der junge Kerl allein. Während ich ein Bier zapfte, fragte ich ihn, wie man das als Wirt so macht, ob mit seiner Mutter alles okay sei. Er guckte ratlos, und ich sagte: ›Na, weil sie heute nicht dabei ist.‹ Darauf sagte er tödlich beleidigt: ›Die Dame ist meine Frau!‹ Wir haben die beiden natürlich nie wiedergesehen.«

Stefan verzieht das Gesicht, als hätte er Zahnschmerzen. »Huh, ja. So was passiert wohl allen Barkeepern mal.«

»Jedenfalls haben wir das Liliom sehr gern und aus Überzeugung zu einer Art zweitem Wohnzimmer für unsere Stammgäste gemacht«, schließe ich den Bericht über die Kneipenzeit ab. »Wir hatten ein gemütliches Sofa, auf dem Tresen stand immer ein großes Glas mit Gratislakritze und Gratistabak für unsere Gäste, und ein offenes Ohr hatten wir auch für alle.«

Harald streckt sich. »Ich weiß nicht, wie's euch geht, aber ich muss mir mal die Beine vertreten. Und die Hunde auch. Kommt ihr mit auf eine Runde durch die Felder? Bevor es noch heißer wird?«

»Sehr gern!«, stimmt Stefan zu. »Und unterwegs erzählt ihr mir noch was über die Restaurantphase, ja?«

Vom Biercafé zum Esstaurant

In vergnügter Plauderstimmung spazieren wir nebeneinander zwischen den braunen Feldern. Stefan, dem die Sonne sichtlich zu schaffen macht, bleibt häufiger stehen und bewundert die Mauern aus Feldsteinen, die die Felder begrenzen. »Was für eine Plackerei das gewesen sein muss. Und das bei der Hitze.«

Wir ersparen ihm den Hinweis, dass er im Vergleich zu August gerade eine eher milde Temperaturvariante kennenlernt.

Dann greift Harald Stefans letzte Frage aus dem Patio wieder auf. »Wie vorhin schon erzählt, haben wir die Kneipe 1976 eigentlich für uns selbst eröffnet. Und für Leute wie uns. Aber irgendwann waren wir aus dem unbeschwerten Kneipenalter raus – und unsere Stammgäste auch. 1979, direkt nach Nannis Abschlussprüfung und ihrer Rückkehr nach Gronau, sind wir zusammengezogen und haben geheiratet. Ziemlich schnell für damalige Zeiten, aber wir wussten ja schon: Es passt. Und durch die Heirat musste ich nicht zum Bund. Jedenfalls wurden wir so langsam richtig bürgerlich und spießig«, schildert Harald ein bisschen selbstironisch unsere Entwicklung. »Bis 1981 wohnten wir schräg gegenüber in einem Wohnblock. Aber die Jugendstil-Etagen über unseren Gasträumen haben uns natürlich immer angelacht. Als wir dann mithilfe der Brauerei, die uns das Bier lieferte, einen Kredit bekommen konnten, haben wir den prächtigen alten Kasten gekauft. Und danach mit viel Eigenarbeit die beiden oberen Stockwerke ausgebaut. In der Mitte Büro, Lager, Abstellräume. Und ganz oben war unsere Wohnung – na, die kennst du ja.«

»Ja, klar. Ein echtes Schmuckstück.«

Ich seufze: »Ach Mensch, dem großen Schlafzimmer trauere ich schon manchmal nach. Und dem Bad, das über zwei Etagen ging. Und den beiden Kinderzimmern. Und dem großen Wohnzimmer ...«

Stefan schaut mich verblüfft an: »Aber euer Patio und der Garten dazu sind doch das schönste Wohnzimmer, das man sich vorstellen kann.«

»Du hast vollkommen recht!«, erwidere ich. »Das klang wohl etwas undankbar. Zehn Monate im Jahr stimmt das, was du sagst. Gefehlt hat mir die gemütliche Wärme der Wohnung in Gronau hier bisher nur in den fiesen Monaten, so von Februar bis April. Da ist oft nix mit Patio – und drinnen ist es dann etwas eng und dunkel. Und nie richtig kuschelig warm.«

»Kann man sich gerade überhaupt nicht vorstellen«, ächzt Stefan und wischt sich zum wiederholten Male den Schweiß von der Stirn. Er benutzt dafür ein kariertes Stofftaschentuch, wie ich es nur noch aus meiner Kindheit kenne. Ich muss grinsen.

Aber dann versuche ich wieder mal, das Gespräch endlich auf das Restaurant zu bringen: »1983 kam unsere Tochter Natalie zur Welt, 1985 dann Marlene. Und unser Leben passte allmählich nicht mehr zu dieser Art von Kneipe. Wenn das Babyfon mit Deep Purple um die Wette quäkt und insbesondere ich als stillende Mutter nicht mehr genügend Schlaf bekomme ... Also dachten wir uns: Der Laden wäre doch auch ideal für ein Restaurant geeignet.«

»Womit ihr total recht hattet«, bestätigt Stefan. »Es sind traumhafte Räume.«

»Wir haben das Lokal dann selbst umgebaut, natürlich mit Handwerkern«, führt Harald die Erzählung fort. »Und parallel einen Koch gesucht. Den braucht man ja nun mal für ein

Restaurant. Etwas mehr als Frikadellen wollten wir schon bieten. Und gleich der erste Koch, der kam, machte uns einen überraschenden Vorschlag: Er wollte nicht bei uns angestellt sein, sondern das Restaurant pachten.«

»Ach! Dieser Teil der Geschichte war mir gar nicht bewusst. Ich hatte nur mal was von der Eröffnung 1995 gehört und dachte, bis dahin sei es eine Kneipe gewesen. Aber wir reden doch jetzt gerade von Mitte der Achtziger, oder?«

»Ja, stimmt. 1995 kommt gleich«, sage ich. »Als das Pachtangebot kam und der Preisvorschlag stimmte, merkten wir, dass wir ein Päuschen mal ganz gut gebrauchen konnten. Wir hatten in den Jahren davor ununterbrochen gearbeitet und gut verdient. Trotz der Hausraten konnten wir eine Weile von den Rücklagen und der Pacht leben.«

Inzwischen sitzen wir auf einem Mäuerchen im Schatten eines Feigenbaums und ruhen uns kurz aus. Die Hunde liegen japsend zu unseren Füßen; zum Glück habe ich einen Napf und eine Flasche Wasser für sie mitgenommen. Vor allem unsere alte Aura schafft keine langen Strecken mehr.

Stefan fragt: »Und was war dieses Kränzchen, von dem ihr vorgestern Abend gesprochen habt? War das ein Kaffeekränzchen für junge Mütter?«

Harald und ich prusten laut los. »Sooo spießig waren wir nun auch wieder nicht«, lache ich. »Nein, nein. 1987 hatten wir genug pausiert, und vor allem musste wieder mehr Geld reinkommen. Also haben wir im Zentrum ein Café eröffnet – das Café Kränzchen. Das gibt es heute noch.«

Stefan runzelt die Stirn. »Wo soll denn das sein?«

»Kennst du das Extrablatt?«, fragt Harald. »Das war bis 1996 das Kränzchen. Dann haben wir es an die Extrablatt-Kette verkauft. Weil ... ach, komm, der Reihe nach.«

»In den ersten Jahren habe ich mich vor allem um die beiden Kinder gekümmert«, erkläre ich. »Und Harald hat das Café geschmissen. Es waren immerhin siebzig Plätze. Und dazu die Terrasse. Eine Weile haben sogar seine Mutter und seine Tante mitgeholfen. Die beiden Schwestern haben sich wohl gelangweilt in der Rente. Hier hatten sie was zu tun – und konnten sich über was aufregen. Nicht wahr, Harald?«

Mein Mann guckt kurz verwirrt.

»Die Gräfin.«

»Ach so, die. Ja, die hatten wir alle gefressen. Unser Lieblingshassgast aus Holland. Sie kam immer fünf Minuten vor der Schließung des Cafés und benahm sich wie eine Prinzessin. Daher der Spitzname. Vor allem bestand sie immer auf frischem heißen Kaffee. Und beschwerte sich jedes Mal, dass er nicht heiß genug sei. Weil natürlich so kurz vor dem Ende kein frischer mehr gekocht wurde. Was sie genau wusste. Sie wollte einfach nur nörgeln. Einmal haben wir dann nur für sie frischen Kaffee aufgebrüht, ihn noch mal extra erhitzt und ihr dann sofort gebracht – und sie hat sich so die Schnute verbrannt, dass sie sich danach nie wieder beschwert hat.«

»So, jetzt aber endlich zu unserem Restaurant«, drängle ich. »Wir müssen nämlich so langsam mal zurück und dann ins Pablo. Also: 1995 endete das Pachtverhältnis mit dem Koch. Und wir hatten Lust, das Restaurant jetzt selbst zu führen. Dafür haben wir es aber erst einmal erneut umgebaut. Da haben wir echt viel Geld investiert. Na, du hast ja damals gesehen, wie wir es angelegt haben. Mediterraner Stil. Und nichts Selbstgebasteltes mehr, keine Tische vom Trödel und so was. Und wir hatten einen tollen Schreiner aus Holland für die Verkleidung der alten Kneipentheke, das Büffet und so weiter.«

»Was für Patrick und dich sicher interessant ist«, ergänzt Harald: »Wir haben damals tolle Entdeckungen gemacht. Dinge, die uns bei den früheren Renovierungen entgangen waren. Zum Beispiel den Holzfußboden im Kaminzimmer, der unter dem Teppichboden schlummerte. Und die zugebauten Schiebetüren mit Jugendstilscheiben.«

»Ja, die sind natürlich noch da. Sehen toll aus«, bestätigt Stefan.

Ich ergänze: »Im Nachhinein hat sich mit unserem Liliom irgendwie schon der Neustart auf Mallorca angekündigt. Wir haben den Patio an der Seite des Hauses geschaffen. Und unser Koch fing irgendwann an, Tapas-Platten zu machen. Lustig, oder? Na ja, dieser südliche Lifestyle-Trend begann eben damals – mit Toskana, Ibiza und so weiter.«

»Und dann hattet ihr zwei Lokale und zwei Kinder?«, fragt Stefan beeindruckt.

»Na ja, das Café Kränzchen haben wir Ende 96 verkauft; die Doppelbelastung ging also nur ein gutes Jahr«, erklärt Harald. »So lange hat sich Nanni allein um das Liliom gekümmert.«

»Mit zwei Kindern zu Hause?«

»Ach, die waren da ja schon zehn und zwölf. Da lief schon vieles von selbst. Und wenn was war, konnten sie ja jederzeit runterkommen. Oder anrufen.«

Harald lacht: »Am häufigsten angerufen haben sie, wenn es mal wieder länger ging unten, weil Freunde da waren und wir gemeinsam Musik auflegten und bis in die Puppen mitfeierten. Dann klingelte es irgendwann, und die Töchter forderten: ›Macht mal die Musik leiser!‹ Bei uns war es also genau umgekehrt als bei unseren Eltern.«

Ich frage Stefan mitfühlend: »Kannst du noch? Oder klingeln dir schon die Ohren von unserem Gequatsche?«

Stefan winkt ab. »Nanni, ich bin Gastronomiejournalist aus Leidenschaft. Wir reden also gerade über mein Lieblingsthema. Ich könnte euch noch tagelang zuhören. Habt ihr nicht noch Geschichten aus dem Restaurant? Irgendwelche Gäste haben Patrick mal was von einem cholerischen Inder erzählt. Wer war denn das?«

»Ach ja, der Singh!«, seufze ich. Zum wiederholten Mal heute packt mich die Nostalgie. »Das fing an wie im Kino. Bald nach der Eröffnung ›unseres‹ Liliom, also 1995 oder 96, stand eines Abends ein Inder vor der Tür und fragte in gebrochenem Deutsch: ›Du Arbeit haben?‹ Und ich: ›Zu tun haben wir eigentlich immer. Geh mal in die Küche und frag Wolfgang, unseren Koch.‹ Damals brummte der Laden, und wir hatten Geld für Personal. Und so kam der wunderbare Singh als Beikoch zu uns. Er lebte mit seiner Verlobten in Holland und lernte mit der Zeit sehr gut Deutsch. Neun Jahre war er bei uns. Er war superfleißig – und ja, er war ein Choleriker. Manchmal sang er während der Arbeit – und das war dann ein schlechtes Zeichen. Dann braute sich was zusammen. Und irgendwann explodierte er, und es flog irgendwas quer durch die Küche. Mal ein Rinderrücken, mal eine Kartoffel und mal ein Teigklumpen. Zum Glück niemals Messer oder so. Am nächsten Abend, wenn seine Laune wieder besser war, war er wieder eine Seele von Mensch. Und witzig war er!«

Ich bleibe kurz stehen und hole mir Singh vor das innere Auge. Auch seine hohe Stimme ist mir plötzlich wieder ganz gegenwärtig. Was wohl aus ihm geworden sein mag?

Harald hat auch eine Erinnerung an Singh beizusteuern: »Wenn er nach Indien fuhr, war er dort der reiche Onkel aus Europa. Und einmal waren seine Eltern zu Besuch in Europa und kamen abends auch ins Lokal. Als wir die Kerzen auf den

Tischen anzündeten, fragten sie: ›Fällt bei euch auch so oft der Strom aus?‹ Das war der einzige Grund, den sie für Kerzenlicht kannten. So lustig!«

»Aber ...« – Stefan versucht mal wieder, den Wasserfall von Informationen zu sortieren, der heute über ihn hereingebrochen ist – »... wenn ihr einen Koch und einen Beikoch hattet – wieso hast du dann gekocht? Davon erzählen die Leute doch immer, wie du in der Küche standst.«

»Ja, das kam später. Als Wolfgang mal Urlaub hatte, habe ich die Beiköchin gegeben, also mich um Kartoffeln, Salat und so weiter gekümmert – und mir vor allem möglichst viel von Singh abgeschaut, der in der Zeit den Chef machte. Von ihm habe ich das meiste gelernt. Damals wurden zum Beispiel Soßen noch richtig angesetzt, so wie heute nur noch in Sternerestaurants. Man ließ das Gemüse und die Knochen zwei Tage lang köcheln. Mmmmjamm!«

Harald schaltet sich wieder ein: »Bis dahin hattest du ja bedient. Und ich mache seit jeher den Tresen, also die Getränke. Ich hab dich damals noch gefragt, ob du dir das wirklich zumuten willst, in der Küche.«

»Ja, genau. Du warst dir unsicher, ob ich dem gewachsen sein würde – dem Stress, der Hitze, dem Lärm und dem typischen Humor der Köche. Aber ich wollte das. Ich war einfach neugierig und habe es mir zugetraut. Singhs Wutanfälle haben mich nicht abgeschreckt, und der oft ganz schön derbe und versaute Umgangston in der Küche auch nicht.«

Harald grinst: »Mensch, ja, da ging wirklich vieles unter die Gürtellinie damals. Heute käme da wohl jeden Tag die Frauenbeauftragte. Aber unsere damalige Bedienung Tanja konnte es zum Glück gut aushalten und war selbst auch nicht auf den Mund gefallen. Und mein liebes Weib genauso.«

Ich nicke lachend: »Ich weiß noch, wie Singh aus einer Pferdemöhre und einer elektrischen Käsereibe etwas bastelte und an der Pinnwand befestigte. Er meinte, das sei ein vegetarischer Vibrator. Und die Kinder erinnern sich auch an manchen Schreck. Als wir mal nicht zu Hause waren und die Wasserschildkröten von Marlene plötzlich alle tot im Terrarium lagen, ging sie in ihrer Ratlosigkeit runter zu Singh. Der sagte ganz cool: ›Kein Problem, da mach ich uns 'ne leckere Suppe draus.‹ Die Mädchen waren ganz entgeistert und sauer; davon erzählen sie heute noch.«

Inzwischen sind wir wieder zu Hause angekommen und sitzen bei einem kühlen Zitronenwasser im Patio. Ein halbes Stündchen haben wir noch. Und der Erzählstoff geht uns nicht aus – ebenso wie Stefans Neugier anhält: »Dann warst du also nur mal kurz in der Küche, als Beiköchin?«

»Nein, nein! 2001 hat Wolfgang gekündigt, weil er Familie hatte und lieber tagsüber als abends arbeiten wollte. Das Dilemma so vieler Leute in der Gastronomie. Und das Liliom hatte eben nur abends auf – außer am ersten Weihnachtstag. Da haben wir mittags geöffnet und abends geschlossen, um mit den Kindern etwas unternehmen zu können, wie zum Beispiel *Holiday on Ice* in Münster oder so was. Ich arbeite aber nicht gern mittags, auch jetzt nicht. Meine beste Zeit ist der Abend. Wie macht Patrick das eigentlich? Hat er mittags auf?«

Stefan nickt und schüttelt gleichzeitig den Kopf: »Nur sonntags. Sonst nur abends. Aber sieben Tage die Woche. Kein Ruhetag.« Und bohrt dann nach: »Und was war dann, als der Koch wegging?«

»Da hab ich dann den Chefposten übernommen«, antworte ich. »Und gemerkt, dass ich das kann. Und dass es mir

Spaß macht. Du weißt es ja selbst: Ordentlich kochen können viele, und das kann man auch lernen. Aber genauso wichtig ist ein Talent für die Organisation und die Logistik. Das Zeitmanagement ist das, woran viele scheitern. Oder sie gehen am permanenten Stress kaputt.«

Harald mischt sich ein, mit unverkennbarem Stolz: »Es ist wirklich faszinierend: Nanni bleibt total ruhig, wenn am Bonbrett alles voller Bons ist und gleichzeitig die Ente und ein Rinderfilet *medium* und das andere *well done* gewünscht werden, die Tische die Speisen gleichzeitig bekommen sollen, Bestellungen geändert werden, zwischen den Gängen an einem Tisch weder zu wenig noch zu viel Zeit liegen soll und so weiter. Ich würde da längst im Karree springen. Aber sie macht ganz ruhig und klar Ansagen, was jetzt zuerst gemacht werden soll, was man schon vorbereiten kann und so weiter. Und ihr rutscht wirklich fast nie was durch. Stimmt eigentlich immer alles. Ich verstehe bis heute nicht, wie sie das hinkriegt.«

Stefan nickt, und ich merke, dass er mich von der Seite mustert. Mit viel Respekt. Er fragt weiter: »Und der Service? Wie viele Kräfte hattet ihr?«

»Zwei pro Abend, am Wochenende drei«, erinnere ich mich. »Wir hatten mehrfach Frauen aus der aramäischen Gemeinschaft in Gronau; die ist ja relativ groß. Da mussten viele weg aus der Türkei, weil sie keine Muslime sind. Eine war mal bei uns, die konnte nicht lesen, was aber erst nach zwei Jahren rauskam. Die Arme hatte sich nicht getraut, uns das zu erzählen, und lavierte sich immer irgendwie durch. Aber als ich sie in den Keller schickte, weil ich Walnusseis brauchte, und sie dreimal nacheinander mit Vanilleeis wiederkam, flog es auf. Sie war verheiratet, hatte sechs Kinder und lebte in sehr traditionellen Strukturen. Ihre Wohnung lag auf dem Nachhauseweg unseres Koches, und er hat sie öfters mitgenommen nach der Schicht, damit sie nicht durch die Nacht laufen musste. Aber sie stieg immer eine Ecke vorher aus dem Auto, damit niemand sah, dass sie mit einem anderen Mann gefahren war. Das hätte sich nicht gehört.«

»Aber die meisten Bedienungen kamen aus Holland«, ergänzt Harald. »Offenbar zahlte man in Deutschland besser als dort.«

Stefan hakt sofort ein: »Ich weiß, ihr müsst bald los, aber nach den Holländern wollte ich euch unbedingt noch fragen, auch im Auftrag von Patrick. Hattet ihr auch so viele Gäste von da?«

»Oh ja!«, lache ich, »und das waren nicht die Schlechtesten. Im Gegenteil: Sie waren meistens sehr ess- und trinkfreudig und großzügig. Zum Ende schmissen sie oft mehrere Runden Irish Coffee, das war damals in Mode. Man darf gar nicht daran denken, dass sich manche danach noch ans Steuer gesetzt haben ... Die Holländer kamen meist recht früh zum Abendessen, so gegen sechs, weil sie die mittägliche Essenspause nicht so kennen wie wir. Ich mochte die immer. Ihr Selbstbewusstsein wirkte manchmal ein bisschen arrogant, aber sie waren vor allem sehr lustig und humorvoll.«

»Na ja ...« Harald gießt ein wenig Wasser in den Wein meiner Begeisterung. »Weißt du noch, dass deutsche Gäste beim Reservieren für die Weihnachtsfeier oft darum gebeten haben, nicht direkt neben einem Holländertisch zu sitzen? Weil die immer so laut waren?«

»Oh ja, stimmt! Vor allem die Markthändler aus Enschede. Die grölten manchmal so, als stünden sie noch auf dem Marktplatz. Und die zeigten auch gern, was sie hatten. Dicker Mercedes, dicke Geldbündel und so. Aber ich hab's ja schon erzählt: Wir waren viel in Holland und hätten es in Gronau sicher nicht so lange ausgehalten ohne die nahe Grenze und die anregende Nachbarschaft. Und im Pablo haben wir jetzt auch oft Holländer als Gäste. Mofs hin und Käsköppe her: Die fühlen sich anscheinend mit der Deutschsprachigkeit immer noch wohler als mit Mallorquín und Catalán.«

Harald wendet sich Stefan zu: »Du hast ja ganz am Anfang gefragt, warum wir eigentlich wegwollten aus Gronau. Jetzt sind wir endlich so weit, dass wir die Frage beantworten können. Allerdings ...« – er blickt auf seine Armbanduhr, ein Geschenk seiner Eltern zur Geburt von Natalie – »... im Schnelldurchlauf. Also: Nach der Euro-Umstellung 2001 lief die Gastronomie spürbar schlechter als vorher. Die Leute nahmen Preise plötzlich bewusst wahr, die sie vorher ignoriert hatten. Zum Beispiel für Wein. Der Laden, der vorher gebrummt hatte, warf nicht mehr so viel ab, wie wir brauchten.«

Ich schalte mich ein, um ein wenig auf die Tube zu drücken. »Und dann kam 2005 die Schneekatastrophe. Weißt du sicher noch. Ende November. Dieser nasse, tonnenschwere Schnee, der gar nicht mehr aufhörte zu fallen. Und dann war der Strom weg – eine Woche lang. Wegen umgestürzter Masten. Wir also eine Woche lang ohne die lebenswichtigen Umsätze mit den Weihnachtsfeiern. Und zu allem Überfluss stürzte auch noch das Vordach ein. Wir hatten die Feuerwehr geholt und gebeten, den Schnee da runterzuholen, aber sie haben es nicht geschafft. Und einen Tag später: kracks! Und natürlich ist im Münsterland niemand gegen Schneeschäden versichert. Winter heißt da ja normalerweise: plus zwei Grad und Nieselregen. Schnee, der liegen bleibt, ist da eine echte Rarität. Fast wie hier auf der Insel.«

»Das ist aber echt die einzige Gemeinsamkeit beim Wetter«, wirft Harald trocken ein, bevor ich die düstere Stimmung dieser Wochen weiter aufleben lasse.

»Na, jedenfalls waren wir nach dieser Schneegeschichte mit den Nerven schon ziemlich am Ende. Und dann kam ein paar Wochen später, im Januar, der Brand im Kaminzimmer. Und das Lokal wieder geschlossen. Da war bei uns echt ... na ja: der Ofen aus. Außerdem – du hast es ja mitbekommen, durch die Zwangsversteigerung – kämpften wir mit den Schulden und den extrem hohen Zinsen. Und die Bank war nicht gerade kooperativ, als wir anfingen, mit den Raten auszusetzen. Das hatte wohl auch mit diesen neuen Bankregeln zu tun. ›Basel 1‹ oder wie das hieß. Da waren Gastronomen ziemlich unten durch.«

Harald stößt hervor: »»Wir machen den Weg frei‹, hieß der Slogan unserer Hausbank. Tse! Wenn die wüssten, welchen Weg sie freigemacht haben. Direkt nach Mallorca.«

Stefan hebt sein Glas: »Na, darauf kann man doch mal anstoßen. Geht auch mit Limo.«

Ich fasse die unerfreulichen letzten Wochen in Gronau zusammen: »Das Gefühl wurde immer stärker: Wir müssen hier weg. Unsere Töchter waren 23 und 21 und brauchten uns nicht mehr täglich. Und wir waren echt am Ende. Ich weiß noch, wie der sehr nette Gerichtsvollzieher nach der Besichtigung unserer Wohnung seine Kuckucksaufkleber wieder einpackte und sagte: ›Sie haben ja nix.‹«

Stefan fragt: »War Mallorca eure erste Wahl?«

Harald nickt: »Ja, das war der erste Gedanke und unser Wunschort für einen Neuanfang. Ohne Gastronomie, dachten wir da noch. Wasser und Mittelmeer waren jedenfalls immer die Urlaubsziele mit den Kindern.«

»Ich muss jeden Tag einmal das Meer sehen«, ergänze ich. »Aber der Abschied aus Gronau war schon hart. Da sind viele Tränen geflossen. An dem Haus hing mein Herz wirklich. Wir haben da ja ...« – jetzt muss ich mir doch mal kurz durch die

Augen wischen – »dreißig Jahre lang gewohnt, unsere Kinder großgezogen und unseren Lebensunterhalt verdient. Und viele Freunde gefunden. Es war wirklich eine tolle Zeit. Zumindest so bis zur Jahrtausendwende. Es gab noch kein Internet, man sprach noch mehr miteinander, traf sich mehr, feierte mehr. Danach begann es allmählich, immer schwieriger und unerfreulicher zu werden. Na, das hatten wir ja schon. Unsere damalige Nachbarin hat neulich am Telefon zu mir gesagt: ›Ihr seid im richtigen Moment weggegangen.‹«

Harald schaltet schnell, damit das nicht schräg rüberkommt, und legt Stefan seine Hand auf den Unterarm: »Das galt aber nur für uns persönlich. Und wir sind so froh, dass unser Liliom-Haus jetzt in so guten und netten Händen ist bei Patrick.«

»Und ich kann mich jetzt als offiziellen Haushistoriker bezeichnen. Ich danke euch sehr für eure tollen Geschichten!«

Stefan erhebt sich. »Und jetzt müsst ihr langsam los, stimmt's?«

Harald blickt wieder auf die Uhr und schlägt plötzlich erschrocken die Hand vor den Mund: »Nanni, wir müssen ja noch einkaufen! Jetzt aber los!«

»Entspann dich. Habe ich gestern schon gemacht. Ich hab doch schon geahnt, dass wir uns heute ordentlich verquatschen. Und den Salat liefert uns Gabriela nachher ausnahmsweise direkt ins Pablo. Taufrisch aus dem Gewächshaus.«

Stefan schmunzelt: »Ach, Urlaub ist doch was Schönes. Ich geh jetzt erst mal baden. Auch wenn ihr mir euren Geheimstrand nicht verraten wolltet ...«

Harald grinst: »Besorg dir 'ne Meldeadresse in Es Llombards, und du darfst da auch hin. Aber du findest schon was heute. Einfach der Straße nach Südosten folgen. Viel Spaß.«

»Danke! Und ihr wisst, was ihr angerichtet habt, oder?«

Wir schauen ihn ratlos an.

»In meinem Kopf entsteht gerade eine Reportageserie über die Gastronomie auf Mallorca. Und anfangen würde ich mit dem Pablo. Mal schauen, was aus der Idee wird. Ich melde mich!«

Als Stefan losgefahren ist, schaue ich seinem Mietwagen noch kurz hinterher und denke an die Gildehauser Straße 26. Bis Harald mich in die Seite knufft und sagt: »Los, komm! Der kleine Pablo wartet. Der kann nicht ohne uns.«

Vom Citroën zum Por(s)che

»Ach, das sieht wirklich so hübsch aus, dein Motorroller da vor dem Tor«, sage ich zu Harald.

Wir sitzen mit unserem Freund Martin vor dem Pablo und trinken einen Aperitif, bevor der Abendbetrieb losgeht. Bald ist Weihnachten, aber noch verirren sich nur wenige Wintertouristen in die Carrer des Sol.

Haralds niederschmetternde Rechnung, dass unser unermüdliches und erfolgreiches Arbeiten uns geradewegs in den Ruin treiben wird, ist erst wenige Tage her. Dennoch – oder gerade deshalb – nehme ich dankbar jede Gelegenheit wahr, das Leben zu genießen. Jetzt ist gerade so eine Gelegenheit. Sehr oft haben wir hier noch nicht gesessen. Die Plätze waren ja zum Glück meistens besetzt, und wir hatten drinnen zu tun.

Während wir an unseren – für Harald und mich sehr dünn gemixten – Gin Tonics nippen, blicken wir auf die grün gestrichene Tür genau gegenüber, vor der Harald seit September jeden Tag höchst dekorativ seine rote Vintage-Vespa parkt. Auf den reizvollen Kontrast des allmählich verblassenden türkisfarbenen Holzanstrichs und des stets picobello glänzenden roten Lackes haben uns schon mehrere Gäste angesprochen; und Harald stellt den Roller um des Effekts willen immer dort ab – auch an Tagen, an denen er ihn gar nicht braucht. Unter Touristen gilt er schon als Erkennungszeichen: »Wir treffen uns in dem Café hinter der Kirche – genau gegenüber von der roten Vespa vor dem grünen Tor.« Solche Verabredungen haben schon mehrere Bekannte aufgeschnappt, zum Beispiel auf dem Markt.

Martin ist Maler und wohnt in einem der Häuser auf der anderen Straßenseite. Er ist seit 1989 in Spanien, war der erste Deutsche in der Carrer des Sol und hat sich riesig gefreut über die Eröffnung des Café Pablo.

Seit einigen Minuten beobachtet er uns schweigend und mit einem Schmunzeln. Er hat das, was ich immer seinen »Philosophenblick« nenne. Da kommt dann meistens irgendwas Überraschendes. Und: Bingo!

Plötzlich lacht er laut auf. »Ihr beiden seid wirklich großartig! Seit vier Monaten schaut ihr jetzt ganz verliebt auf diese Tür da. Aber was dahinter ist, habt ihr euch noch nie gefragt, oder?«

Ich bin verunsichert, wie manchmal von dem, was Martin so von sich gibt. Ist das wieder eine seiner mystischen Künstlerandeutungen? Die Frage nach dem eigentlichen Wesen der Dinge oder so was? Ich weiß schon, warum es bei mir zwar zum Malen und Basteln, aber nie zur Kunst gereicht hat. Ich stehe zu sehr mit beiden Beinen auf der Erde.

Auch Harald schaut irritiert: »Meinst du das jetzt ... als Metapher oder so? Oder geht es tatsächlich um das Haus da drüben?«

Martin schweigt und lächelt rätselhaft. Er genießt die Situation. Aber dann lässt er uns nicht länger zappeln: »Entspannt euch. Ich bin gerade euer Freund und Nachbar – und nicht der Künstler, der sich interessant machen will, um ein Bild zu verkaufen.«

Das mag ich so an Martin – er nimmt sich selbst nicht zu ernst. »Habt ihr da drüben schon mal jemanden gesehen? Am Garagentor oder an der Eingangstür?«

»Nein, das Haus steht leer. Ist doch offensichtlich. War das schon das ganze Geheimnis?«, frotzelt Harald.

»Okay, hinter der grünen Tür ist ein leer stehendes Haus. Aber das eigentlich Interessante kommt hinter dem Haus. Da muss nämlich mal ein verwunschener Garten gewesen sein. Mit direktem Blick auf die Kirche. Jetzt ist es aber eher eine zugewucherte Schutthalde. Da guck ich aus meiner Wohnung drauf. Kein schöner Anblick momentan – aber der lässt sich ja auch verändern.«

»Ein Garten ...«, sinniert Harald. »Also genau das, was uns hier fehlt. So ein Mist!« Er schlägt sich mit der rechten Faust in die linke Hand.

»Wieso Mist?«, fragt Martin.

»Na, hätten wir früher gewusst, dass das Haus leer steht und einen Garten hat, hätten wir nicht diese Räume hier gemietet. Sondern da drüben renoviert und vielleicht sogar schon früher losgelegt. Mit mehr Plätzen. Ach Mahann!«

Harald rauft sich die Haare. Er ärgert sich so wie sonst nur beim Pokern. Mein Mann hasst es nämlich zu verlieren. Ich habe schon vor vielen Jahren aufgehört, mit ihm zu spielen, weil ich seine Frustanfälle nicht ertrage. Egal bei welchem Spiel. Er wurde sogar sauer, wenn wir mit den Kindern UNO spielten und er nicht gewann. Jetzt empfindet er es offenbar als Niederlage, dass wir nicht früher von dem Haus gegenüber erfahren haben.

»Ähm ... ihr hattet wirklich viel Stress in letzter Zeit, oder?« Martin ist jetzt ehrlich erstaunt. »Wo ist denn eure Fantasie? Und euer Unternehmergeist? Diese Eigenschaften von euch hab ich so bewundert, als ihr das hier ausgebaut habt. Aber jetzt steht ihr gerade auf dem Schlauch, oder?«

Ich schaue ihn ratlos an. »Du meinst, wir sollen gleich wieder umziehen? Da rüber? Keine Chance. Wir haben hier fünf

Jahre Mietvertrag. Und kein Geld für den Neubau eines Restaurants. Und ich bin gern hier drin!«, füge ich trotzig hinzu.

Martin schüttelt den Kopf. »Leuuuute! Wie breit ist die Straße hier? Was schätzt ihr?«

Harald guckt wie ein Auto. »Hä? Na, vielleicht zwei Meter fünfzig. Wieso?«

»Und ihr meint, eine Kellnerin kann die Teller keine zwei Meter fünfzig weit tragen? Was denkt ihr denn, wie viel die hätte laufen müssen, wenn ihr ein Lokal mit Außenfläche gefunden hättet?«

So ganz allmählich dämmert es uns. »Du meinst, wir sollen nur den Garten mieten?«, frage ich.

»Potzdonner, ihr Schnellmerker! Zumindest könnte es sich doch lohnen, mal rauszubekommen, wem das Haus gehört und ob der Garten, äh ... der Schutthaufen zu vermieten ist. Oder?«

Und wieder mal haben wir was zum Grübeln.

»Mit jedem warmen Gericht über die Straße rennen? Und durchs Haus in den Garten da? Und in meiner winzigen Küche plötzlich für viel mehr Leute kochen? Wie stellst du dir das denn vor?«

Harald zuckt die Achseln: »Noch gar nicht. Du bist doch mal wieder beim vierten Schritt, bevor wir den ersten geklärt haben. Wie sagte mein Wanderfreund Gerhard immer? ›*We cross the river, when we come to it.*‹«

»Ach, du mit deinen Sprüchen immer. Die helfen uns doch auch nichts, wenn es ernst wird.«

Ich merke selbst, dass ich ungerecht bin. Der Hinweis von Martin hat mir mal wieder meinen Nachtschlaf zerschossen. Und ich bin ziemlich unausgeglichen.

»Nanni, ich glaube, wir müssen größer denken. Das haben wir schon ein paarmal gemacht, in Gronau. Und es hat immer geklappt. Wir haben die Kneipe von zwei auf vier Räume erweitert, wir haben das Restaurant umgebaut, wir haben auch dort einen Patio gebaut ...«

»Ja, aber da kam man trockenen Fußes hin.«

»Bitte, Nanni!« Jetzt wird Harald langsam sauer. »Wir wohnen jetzt seit dreieinhalb Jahren hier. Und du argumentierst mit Regen? Im Ernst?«

»Ja, du hast ja recht. Und einen Patio haben wir uns wirklich immer gewünscht. Außerdem hast du mir ja neulich vorgerechnet, dass wir mit dem Pablo allein nicht überleben können.«

Harald ist erleichtert: »Dann kann ich Martin sagen, dass wir gern wüssten, wem das Haus gehört? Das wäre ja der erste Schritt.«

Ich trumpfe auf: »Hab ich doch längst gemacht. Martin hat mir gesteckt, dass der Metzger immer Bescheid weiß, wenn es um Santanyí geht. Wir waren gestern zusammen dort. Das Haus gehört einem Lorenzo. Hier ist seine Telefonnummer.«

Harald guckt mich verblüfft an und greift nach dem Zettel. Ha! Ich kann ihn immer noch überraschen!

Fünf Minuten holpriges Spanisch später steht die Verabredung. Lorenzo ist morgen Mittag da. Und er bringt seinen Sohn mit. Der spricht Englisch. Uff!

Das letzte Wort will ich aber dennoch behalten: »Und ich sage dir, meine Küche ist eigentlich zu klein für so viele Gerichte! Gestern stand mal wieder einer bei mir drin, schaute sich um und fragte dann: ›Und wo ist jetzt die Küche?‹ Der hat diese Kombüse gar nicht erkannt als den Ort, wo ich jeden Abend die vielen Essen zaubere.«

Aufgeregt warten wir am nächsten Mittag im Pablo auf die beiden.

»Wie es da drin wohl aussieht, nach dem langen Leerstand?«, grübelt Harald.

»Ich bin auf alles vorbereitet – außer vielleicht auf eine Leiche«, antworte ich. »Auf jeden Fall werden wir mal wieder unseren Blick für versteckte Chancen brauchen. Da bin ich ziemlich sicher.«

Dann sehen wir einen elegant gekleideten Herrn von vielleicht Mitte fünfzig in Begleitung eines deutlich jüngeren Mannes die Straße herunterkommen. Schon von Weitem nicken sie uns freundlich zu. Nach der sehr netten Begrüßung zieht Lorenzo einen in Papier eingewickelten riesigen alten Schlüssel aus der Tasche seines erkennbar teuren Jacketts. Harald hat seinen Roller schon weggeschoben, um den Zugang freizumachen. Aber Lorenzo ignoriert die grüne Tür und geht ein Stück weiter nach links, zu einer größeren, braunen Tür, über der die Hausnummer steht. Es ist die »1«. Wenn das mal kein Omen ist.

Er steckt den schweren Eisenschlüssel in das rostige Schloss und fuhrwerkt eine Weile vergeblich damit herum. Erst als sein Sohn den Schlüssel mit einer gewissen Kraft dreht, gibt es ein klackendes Geräusch, und die Tür lässt sich knarrend öffnen.

»*It hasn't been open for years*«, erläutert der junge Mann entschuldigend, während er sich zu uns umdreht.

Währenddessen starren wir gebannt in den langsam sich öffnenden düsteren Raum hinter der Tür. Und riechen jahrzehntealten Staub. Mal wieder so ein Edgar-Wallace-Moment – und das unter dem strahlend blauen Himmel Mallorcas.

Lorenzo geht vorsichtig voran. Von der Straße fällt ausreichend Licht in den schummrigen Raum, sodass man sich orientieren kann. Der vermutlich steinerne Fußboden ist bedeckt mit Dreck, Mörtelresten, Papier, Brettern und sonstigem Abfall. Wir stehen in einer Art Vorraum. Geradezu gibt es einen Durchgang in einen größeren Raum, in dem es genauso wüst aussieht. Und es ist alles voller Spinnweben. An einer Wand erkenne ich einen alten Kamin. Es riecht muffig und schimmlig. Noch springt meine Fantasie nicht an. Im Gegenteil, ich spüre eher Fluchtreflexe.

Aber es geht ja um den Garten. In den geht Lorenzo jetzt voran, durch eine weitere Tür in einen dreieckigen Raum, durch den man schließlich in den Hof kommt.

Als wir hinaustreten, wirken er und sein Sohn fast ein wenig beschämt. Ich fasse Haralds Hand und zische: »Oh Gott! Schnell weg hier! Bloß nicht!«

Aber Harald hält einfach nur meine Hand fest und sagt nichts. Ist er sprachlos? Oder behält er einfach nur die Nerven und sucht das Potenzial?

Vor uns breitet sich jedenfalls ein unvorstellbares Chaos aus. Wir sehen Müll, wohin das Auge blickt. Plastiktüten, nasse Pappen, kaputte Möbel, Holzreste, Baumaterialien, Berge von Schutt. Aber auch ein altes Motorrad. Eine Waschmaschine. Und mindestens zwei Kühlschränke. Grünpflanzen haben versucht, die Müllhalde gnädig zu überwuchern, aber das ist nur mittelgut gelungen.

Offenbar wurde der Hinterhof jahrzehntelang als wilde Deponie genutzt. Man traut sich kaum, einen Schritt zu machen. Aber als wir uns ein wenig vorantasten, entdecken wir außer einer eingestürzten Feldsteinmauer auch ein altes Backhaus, gebaut aus Stein und Lehm. Es steht noch – und es sieht so aus, wie ich mir den Ofen vorstelle, in dem Hänsel und Gretel die böse Hexe verbrennen.

Das kleine alte Häuschen berührt irgendetwas in mir. Es gab Zeiten, in denen Menschen diesen Patio für so etwas Produktives wie Brotbacken genutzt haben. Ob das wohl wieder einmal so sein kann?

Verlegen stehen wir vier im Hof herum, umgeben vom unansehnlichen Chaos aus Abfall und Unkraut. Immerhin: Eine Leiche ist bisher nicht aufgetaucht. Und auch sonst scheint nichts herumzuliegen, das fault, stinkt und Ratten anlockt.

Lorenzo und sein Sohn tuscheln miteinander. Ich erhasche nur einige wenige Wörter. »Citroën«, dann »Porsche«. Reden die hier plötzlich über Autos?!

Der Sohn wendet sich wieder uns zu: »Mein Vater möchte Ihnen sagen, dass es ihm nicht darum geht, viel Geld zu verdienen mit der Vermietung. Sie sollen ihm einfach ein Angebot machen, das Ihnen verkraftbar und angemessen erscheint. Ihm ist es vor allem wichtig, mit der Entrümpelung und dem Ausbau weder finanziell noch zeitlich etwas zu tun zu haben. Als Banker hat er einfach keine Zeit, sich mit dem Haus hier zu beschäftigen. Aber er ist sehr erfreut darüber, dass Santanyí so einen Aufschwung nimmt und dass Sie mit dem Café Pablo einen sehr wichtigen Beitrag dazu leisten.«

Harald und ich schauen uns verblüfft an. Kann das sein, dass wir auf einen so sozialen und freundlichen Vermieter treffen? Haben wir so viel Glück?

Ich frage vorsichtig: »Weiß Ihr Vater, dass es uns nur um den Garten geht? Die Räume im Haus wollen wir nicht mieten, sondern nur als Zugang von der Straße zum Garten nutzen.«

Jeder normale Vermieter würde spätestens jetzt abwinken. Aber nach einem kurzen Gespräch nickt der Sohn uns zu: »Ja, das wäre in Ordnung. Mein Vater wäre sehr froh, wenn dieser

Hof wieder genutzt würde. Es sieht ja wirklich nicht schön aus hier.«

Und er ist noch nicht fertig: »Zu diesem Haus gehört noch ein Raum. Eine Garage. Dort sieht es so ähnlich aus wie hier. Aber wir wollen sie Ihnen trotzdem zeigen.«

Wir gehen zu einem fast zugewachsenen Tor, dessen Tür einen Spalt offen steht. Harald flüstert mir zu: »Jetzt lüftet sich endlich das Geheimnis der grünen Tür.«

Als ausreichend Licht in den Raum fällt, kommt unser Liliom-Moment: Eigentlich ist es nur ein breiter Durchgang, oder besser: eine zur Straße und zum Garten offene Durchfahrt. Im Hintergrund erahnen wir die grüne Tür. Und ich spüre, dass wir gerade beide das Potenzial dieses Raumes sehen. Vor meinem inneren Auge sehe ich plötzlich einige lange Tische und eine fröhliche Schar von Gästen, die hier sitzen, um zu essen, zu trinken, zu plaudern und zu lachen.

Aber ich übersehe auch nicht den Elefanten im Raum. In der ebenfalls mit Müll übersäten und mit Gerümpel vollgestellten Garage liegt zwar keine Leiche, aber es ist dennoch eine Art Friedhof: Mitten im Raum steht ein uraltes, vollkommen verrostetes und eingestaubtes Auto. Das Dach ist aus Leinwand, das Lenkrad mit echtem Leder bespannt, die senkrechte Windschutzscheibe ist zur Hälfte vollgeklebt mit Vignetten, wahrscheinlich von den Oldtimer-Rallyes, die regelmäßig auf der Insel stattfinden. Die Schnauze mit dem Motor darin ist ungefähr zwei Meter lang, und die runden, basketballgroßen Scheinwerfer-Ungetüme sind auf die Stoßstange geschraubt.

Als Harald ein wenig Staub wegwischt, wird über dem Kühler ein königsblaues Schild mit zwei nach oben zeigenden Pfeilspitzen sichtbar – sowie sieben Buchstaben. Das also ist der Citroën, von dem sie vorhin gesprochen haben. Aber wo ist der Porsche?

Nachdem wir Lorenzo zugesagt haben, uns sehr bald zu melden, und die beiden gegangen sind, sitzen Harald und ich wie erschlagen vor dem Pablo. Mein Kopf rast, und ich finde erst mal keine Worte für das eben Gesehene. Steuern wir hier auf eine Katastrophe zu – oder auf unsere Rettung?

Bevor wir anfangen können, unsere Gedanken zu ordnen und uns auszutauschen, kommt eine Freundin auf uns zu, die schon lange in Santanyí lebt und hier jeden kennt.

»Das war doch Lorenzo eben, oder? Was habt ihr denn mit dem zu tun?«

Wir schauen sie nur mit fragendem Gesicht an.

Sie lächelt: »Haltet euch den bloß warm! Der hat das Herz auf dem rechten Fleck. Seine Familie gehört zu den reichsten hier im Ort. Und zugleich kenne ich niemanden, der so sozial, hilfsbereit und menschenfreundlich ist wie Lorenzo. Total bescheiden und normal. Und er hat immer Verständnis für die Situation anderer. Eine echt seltene Kombination. So, ich muss weiter.«

Vergnügt schreitet sie von dannen – und lässt uns im Chaos unserer Gefühle zurück.

»Harald, ist das die Chance unseres Lebens oder unser Untergang?«

»Hmmm ... das hängt von uns ab, denke ich. Aber es wäre auf jeden Fall ein Mammutprojekt.«

»Das kannst du wohl sagen! Dort aufzuräumen, ist ja schon eine Herkulesaufgabe. Wo soll das ganze Zeugs überhaupt hin? Wie kriegt man das da raus und weggebracht, den Schutt und das Gerümpel und alles?«

»Und wenn wir das hätten, müssten wir richtig viel bauen. Den Garten und den Durchgang. Das ist das Minimum.«

»Und die Garage? Als wir da drinstanden, hat es bei mir klick gemacht.«

Ich schaue versonnen auf die grüne Tür. »Wenn man beide Türen rausnimmt, dann ist das fast so eine Art ...«

»... *Porche!*« Harald schlägt sich vor die Stirn und muss lachen. »*Davon* haben die geredet! Nicht von einem Sportwagen! Die sehen also auch was in dem Raum!«

»Aber in den letzten Jahrzehnten scheint er ja anders genutzt worden zu sein, wenn man die alte Karre sieht.«

»Ja, der ist aus den Vierzigern, schätze ich. Oder sogar aus den Dreißigern. Solche Autos sieht man in französischen Vorkriegsfilmen. Die gibt es nur in Schwarz-Weiß«, scherzt mein Mann.

»Ach, Harald – ich bin wirklich hin- und hergerissen!«

Ich fühle mich wie früher auf dem Fünfmeterbrett im Schwimmbad. Soll ich springen oder lieber die Leiter wieder runterklettern?

»Das eine ist ja das Aufräumen und Bauen – das kostet Arbeit und Geld. Aber das andere ist die Vorstellung, einen Großteil unserer Gäste versorgen zu müssen, indem man durch das Pablo, über die Straße, durch das Haus da drüben bis in den Garten läuft. Ist das realistisch?«

Harald wiegt den Kopf: »Kann ich auch nicht sagen. Aber ich denke eher andersrum: Welche Möglichkeiten haben wir, wenn wir es wagen? Wir können in dem Hof sicher fünfzig Plätze schaffen. Mindestens. Wir kämen also insgesamt auf mindestens siebzig, eher achtzig Plätze. Das macht unser Geschäft profitabel. Und wir können Personal einstellen. Das schafft dann auch den Weg über die Gasse.

Und außerdem ...«, er dreht sich zu mir und sieht mir tief in die Augen, »... sehe ich an deinem Blick, dass du Lust darauf hast.«

Ich grinse etwas schief und nicke. »Der Garten ist fantastisch. Wenn der mal fertig ist, wird das ein Schmuckstück. So ruhig, ohne Autoverkehr, draußen zu sitzen, mit Blick auf die Kirche – die Leute werden uns die Bude einrennen. Und der Vermieter scheint ja wirklich ein Geschenk des Himmels zu sein.«

An Haralds nächsten Worten merke ich, dass er bereits fest mit meiner Zustimmung gerechnet hat und längst einen Schritt weiter ist mit seinen Überlegungen. »Wenn wir es machen, dann sofort. Jetzt ist die ideale Zeit. Bis Ostern ist nicht viel los auf der Insel.«

»Du hast recht. Wobei ich schon Angst davor habe, dass es wieder so eine Endlosgeschichte wird wie beim Ausbau des Pablo.«

»Der Unterschied ist, dass wir diesmal selbst verantwortlich sind und selbst mit anpacken können. Und selbst wenn es sich hinzieht – das Pablo bleibt ja in Betrieb.«

Ich tippe mir an die Stirn: »Mit einer Baustelle direkt an der Tür, mit Staub und Dreck und Lärm? Na, viel Spaß! Nein, nein – wenn, dann müssen wir es bis zur Saison durchziehen.«

Harald zieht scharf die Luft ein. »Da hast du leider recht. Aber ich bleibe dabei: Wir sollten es machen. Was sagst du?«

Im Bewusstsein, dass das eine der großen Entscheidungen meines Lebens ist, atme ich einmal tief durch und sage dann: »Ja!« Fast wie vor ziemlich genau dreißig Jahren auf dem Standesamt.

Nur drei Tage später stehen wir in unseren dreckigsten Klamotten und schweißüberströmt in dem Chaoshof und sind ziemlich verzweifelt.

Lorenzo war mit der sehr bescheidenen Miete, die wir ihm vorgeschlagen haben, ohne jede Diskussion einverstanden, und wir haben uns Werkzeuge wie Spitzhacken, Spaten, Schaufeln und so weiter besorgt und einen kleinen Container für Grünabfälle gemietet, der jetzt statt des Rollers vor dem grünen Tor steht. Von glänzend Rot zu staubig Grau – so sehen die nächsten Wochen wohl aus. So weit, so gut. Aber seit drei Stunden roden wir jetzt wie die Verrückten das wuchernde Grünzeug. Und man sieht bisher so gut wie keine Veränderung. Außer in unseren erschöpften Gesichtern vielleicht.

»Harald, das hat so keinen Sinn«, schnaufe ich. »Hier müssen Profis ran. Mit dem entsprechenden Gerät und genügend Leuten. Sonst wird das nie was.«

Mein Mann ist ebenfalls ernüchtert. Er kratzt sich am Kopf und gibt mir recht. »Da haben wir uns überschätzt. Aber woher kriegen wir so schnell Leute?«

»Darüber denke ich auch seit einer Stunde nach. Ich habe eine Idee. Ich weiß ja, du denkst ebenso ungern an unser Abenteuer bei Madame P., in Son Vida. Aber weißt du noch, wie du damals auf die Stelle aufmerksam geworden bist?«

Harald nickt verblüfft: »Eine Anzeige! In der *Mallorca Zeitung*! Super Idee!«

»Und am besten auch im *Mallorca Magazin*. Die kommen zwar beide nur wöchentlich raus, aber wer weiß ...«

»Na ja, online kann man da ja jeden Tag reinschauen. Also los!«

Die erste Überraschung kommt schon zwei Tage später: Es melden sich mehrere einheimische Handwerker. Offenbar verfolgen die Mallorquiner aufmerksam die Stellenanzeigen in den fremdsprachigen Medien der Inseln. Logisch, da inseriert oft eine sehr zahlungskräftige Kundschaft.

Aber die Enttäuschung folgt auf dem Fuß: Alle, die sich gemeldet haben und sich die Sache vor Ort ansehen, stolpern sofort rückwärts wieder raus und winken ab. Man kann sie verstehen: Die Aufgabe ist anspruchsvoll und komplex; unsere Zeitvorstellung (»bis Ostern«) erscheint den meisten utopisch; was wir finanziell zu bieten haben, ist im Vergleich zu Jobs in den Villen der Reichen eher armselig; und das Chaos im Haus und im Hof entmutigt die meisten sofort.

Wir sind schon wieder am Rande der Verzweiflung – da klingelt auf einmal morgens das Telefon. Eine fröhliche Stimme ruft mir ins Ohr: »Hallo-ho! Ich bin der Ecki! Ich hab eure Anzeige gesehen und bin gerade in der Nähe. Ich könnte vorbeikommen.«

Ich alte Langschläferin bin noch im Schlafshirt und stottere: »Äh, ja, super! Wann denn?«

»In zehn Minuten?« Der Mann klingt tatendurstig und unternehmungslustig.

»Äähm ... sagen wir zwanzig?«

Ich stürze hoch zu Harald, der noch im Bett liegt, und rufe: »Los, los! Aufstehen! Mein Bauchgefühl sagt mir, dass wir unseren Handwerker haben! Du hast acht Minuten!«

Harald setzt zu einem »Aber ...« an.

»Nix aber! Aufstehen, anziehen, losfahren! Gefrühstückt wird im Pablo! Hopphopp!«

Harald knurrt: »Ich weiß überhaupt nicht, was unsere Töchter meinen, wenn sie erzählen, wie du sie manchmal rumgescheucht hast ...«

Ich überlege, ob ich etwas erwidern soll auf seine ironische Bemerkung, wähle dann aber die andere Variante und flöte munter: »Schatz, ich bin schon hier un-ten! Ich hö-re dich überhaupt nicht.« Und schon hört das Gemaule auf.

»Mannomann! Mannomann!« Seit Minuten murmelt Ecki nur dieses eine Wort vor sich hin und schüttelt dabei den Kopf. Harald zeigt mir unauffällig einen Daumen – er weist nach unten. Währenddessen begutachtet Ecki aufmerksam die Wände des Hauses, den Boden, das Dach und vor allem den Hof. Mehrfach ist er schon auf die Knie gegangen, um sich die Situation von allen Seiten anzuschauen.

Harald und ich trauen uns kaum, noch zu erzählen, was wir uns alles vorstellen – und vor allem bis wann. Wir wollen verhindern, dass er es seinen mallorquinischen Kollegen gleichtut und Reißaus nimmt. Deshalb behandeln wir ihn wie ein rohes Ei. Obwohl das überhaupt nicht zu diesem fröhlichen großen Mittvierziger mit dem leicht angegrauten Lockenkopf passt. Er ist eher der burschikose Typ und wirkt nicht, als wäre er aus Zucker.

Erst als er sich zu uns umdreht, verstehen wir, was das »Mannomann!« bedeutet: pure Begeisterung.

Er strahlt über das ganze Gesicht. »Ist euch eigentlich klar, was ihr hier für einen Schatz habt? Was man hier draus machen kann?«

Er sprüht vor Energie und steckt uns sofort an damit. Minutenlang zieht er uns immer wieder an neue Stellen, zeigt hierhin und dorthin und erklärt uns die Vision, die sich schon jetzt in seinem Kopf gebildet hat. Und auch nachdem wir die heikelsten Themen hinter uns haben – den Zeitplan und das Geld –, ist er noch da.

Noch wage ich nicht, mich völlig dem Gefühl hinzugeben, dass wir erneut einen der größten Glückstreffer gelandet haben, den man sich vorstellen konnte. Wahrscheinlich, denke ich bei mir, ist er einer dieser Schwätzer, wie wir sie so oft am Tresen des Liliom sitzen hatten: Riesenprojekte und Visionen im Kopf, aber wenn es an die Umsetzung gegangen wäre, hätte man sie nie wiedergesehen.

Als hätte Ecki meine Gedanken gelesen, zieht er sein altes Klapphandy raus und wählt eine Nummer: »Wolfgang? Ecki hier. Du, ich brauche bis morgen einen Minibagger und zwei Abfallcontainer in Santanyí. Ja, kleine Stadtstraße. Alles in schmal also. Adresse und Skizze schick ich dir heute Abend. Nee, nee, Verwaltung mache ich. Ich gehe gleich bei Juana vorbei. Ach so: Hast du zwei Mann für mich? Erst mal für eine Woche. Entrümpelung und Erdarbeiten. Üblicher Stundensatz.«

Sein Handy klappt zu – aber dafür steht Harald und mir der Mund offen.

»Du kannst ... schon morgen anfangen?«

»Nein, ich fange jetzt an. Wir haben ja nicht allzu viel Zeit bis Ostern. Oder?«

Er lacht fröhlich, zieht seine Jacke aus und greift sich eine Spitzhacke. Bevor er loslegt, dreht er sich noch mal zu uns um: »Ach so: Könnt ihr dafür sorgen, dass der Oldtimer möglichst schnell verschwindet? Wir brauchen die Durchfahrt als Transportweg. Und eine Flasche Wasser wäre schön. Ohne Kohlensäure, bitte.«

Die nächsten Wochen sind ein einziger Rausch. Ecki und sein Mitarbeiter Sven arbeiten wie die Tiere. Sechs Tage die Woche mindestens zehn Stunden. Und jeder Handgriff sitzt. Sie haben Erfahrung, aber sie ruhen sich nicht darauf aus. Und Ecki kann alles – Elektro ebenso wie Installation, Mauern ebenso wie Schweißen und andere Metallarbeiten.

Aber neben der reinen Arbeitsleistung überrascht er uns auch immer wieder mit seiner Kreativität und seinen überraschenden Ideen. Wo andere ein Problem sehen, sieht er eine Chance. Als wir uns den Kopf darüber zerbrechen, wie viele Wochen allein das Rausholen und Abfahren des Schutts und der Erde dauern wird, mit dem Minibagger und den Minicontainern, ist er schon dabei, einen Großteil des Materials zusammenzuschieben, damit der Hof später terrassiert werden kann. Das erspart Unmengen von Arbeit, Zeit und Geld und ist viel schöner als eine langweilige ebene Fläche. Genial!

Als Ecki eines Tages telefonisch das Kommando zum Abholen der Schuttcontainer gibt und Harald das hört, fuchtelt er so lange wild mit den Händen herum, bis Ecki das Gespräch schließlich unterbricht und ganz gelassen in seinem hessischen Singsang fragt: »Ei, was is denn des Problemsche?«

Harald weist ihn darauf hin, dass in einer versteckten Ecke des Hofs noch die Steine der eingestürzten Mauer liegen. Darauf Ecki ganz kurz: »Die bleiben hier. Und nächste Woche kommen die Marokkaner.«

Nach dem Telefonat erklärt er uns seine Idee: Aus den alten Feldsteinen will er die Mauern errichten, die die terrassierten Flächen stützen: Und diejenigen, die sich mit dem traditionellen Bau von Feldsteinmauern am besten auskennen, seien die Marokkaner.

Wovon wir uns in den folgenden Wochen überzeugen können. Jeden Morgen fahren wir aufgeregt zur Baustelle und freuen uns auf die Fortschritte des Vortags. Und jeden Morgen stehen wir fassungslos da und können nicht glauben, was alles geschafft wurde und wie toll es aussieht. Eine traumhafte Oase auf zwei Ebenen hat Ecki uns hierhin gezaubert.

Längst ist unsere Baustelle auch Stadtgespräch. Täglich werfen Einheimische und *Residentes* einen neugierigen Blick in den entstehenden Patio und sind erkennbar beeindruckt, wie dieser Schuttabladeplatz in rasendem Tempo aus seinem jahrelangen Dornröschenschlaf befreit wird. Harald und ich haben immer ein paar Zettel mit Eckis Telefonnummer dabei, weil wir ständig danach gefragt werden.

Diese Art der Werbung ist ihm sehr recht. Auch unsere Vermieter aus dem Haus Nr. 4 haben sich schon nach ihm erkundigt: Ecki Superstar an jeder Ecke.

Darüber, dass die Container wegkommen, sind die Leute in Santanyí sicher froh. Aber wir haben während der ganzen Wochen kein Wort der Klage gehört – weder über Lärm und Staub noch darüber, dass man mit dem Auto nur mühsam durch die Carrer des Sol kam. Die Mallorquiner sind es gewohnt, mit beengten Verhältnissen klarzukommen und zu improvisieren.

Anfang März sagt Harald zu mir: »Ich will ja nichts beschreien, aber wenn die so weitermachen, können wir Anfang April, zu Ostern, tatsächlich den Patio öffnen. Und dabei hab ich schon eingeplant, dass Ecki sich noch eine oder zwei seiner künstlerischen Auszeiten nimmt.«

Ich schmunzle. Wir haben irgendwann festgestellt, dass Eckis fast manisches Arbeiten auch eine Kehrseite hat. Schon zweimal ist er einige Tage lang ohne jede Vorankündigung weggeblieben. Er ist einfach nicht aufgetaucht und war auch nicht erreichbar. Danach kam er dann wieder und arbeitete weiter, als wäre nichts gewesen. Über seine Abwesenheit verlor er kein Wort – und er strahlte auch aus, dass er nicht danach gefragt werden wollte. Aber jenseits dessen ist er gesellig und erzählt gern von sich. Seine Freundin ist Argentinierin, und sein großer Lebenstraum ist es, in Argentinien ein Haus zu kaufen, es auszubauen und dort zu leben. Für uns ein komischer Gedanke, dass jemand sich von Mallorca wegsehnt und von hier auswandern will.

Und dann geschieht das Wunder von Santanyí: Wir können tatsächlich zu Ostern den Patio eröffnen!

Im März haben wir bei unserer Lieblingssecondhandquelle in Palma fünfzig dunkelgrüne Regiestühle und dazu passende Tische erstanden, außerdem zehn bequeme Korbstühle. Dass auf den Lehnen der Regiestühle die Biermarke San Miguel beworben wird, stört uns nicht weiter – auch wenn wir bei uns Moritzbier aus einer kleinen Brauerei in Barcelona ausschenken. Da es in Spanien kein Reinheitsgebot gibt, muss man hier genauer hinschauen, was man den Gästen anbietet. In manchem ist einfach zu viel Chemie drin.

Und wir haben Personal für jeden Öffnungstag eingestellt – bisher hatten wir nur an den Markttagen eine Kellnerin. Ein sehr nettes lesbisches Paar arbeitet von nun an für uns – eine bei mir in der Küche, eine im Service. Dazu ein junger Mann, der bei uns seine ersten Erfahrungen als Kellner sammelt und sich zum Glück vom ersten Tag an sehr geschickt anstellt und von den Gästen schnell ins Herz geschlossen wird.

Überhaupt, die Gäste! Die Leute sind hin und weg, wenn sie den Patio betreten. Wir haben drei Flächen mit insgesamt gut fünfzig Plätzen. Man sitzt unter einer Pergola oder unter Segeltüchern, die die Sonne abhalten. Die Terrasse direkt am Haus ist sogar richtig überdacht und kann auch im Winter genutzt werden. Abends schafft gezielt gesetztes Licht auf Palmen und andere mediterrane Pflanzen eine einzigartige und entspannte Atmosphäre, zu der auch der Blick auf die Kirche Sant Andreu beiträgt.

Als die Saison zu Ende ist, sitzen Harald und ich an einem sonnigen Dezembermittag am Strand und schauen erstens aufs blaugraue Meer hinaus und zweitens zurück auf den waghalsigen Ritt, den wir ein Jahr zuvor begonnen haben – auf Anregung von Martin.

»Am schönsten finde ich, dass wir nicht mehr so viele Gäste wegschicken müssen jetzt«, sage ich und spiele mit den nackten Zehen im Sand. Schon knapp unter der Oberfläche ist er ganz kühl und feucht – daran merkt man, dass wir Dezember haben und nicht September. »Wir schöpfen das Potenzial des Pablo erst jetzt richtig aus, mit dem Patio. Und wir waren ja an vielen Abenden rappelvoll.«

Harald schnauft einmal kräftig durch: »Puh! Ja. Es war richtig, aber ...« Ich schaue ihn etwas ängstlich an. Was kommt jetzt wieder? »... aber es war ein gewaltiges Risiko. Hätten wir Eckard nicht gefunden und hätte er nicht so grandios gearbeitet, wären wir mit einer Baustelle am Hals und mit Kosten ohne entsprechende Einnahmen in die Saison gegangen.«

»Stimmt. Aber jetzt ...«, ich greife seine Hand und drücke sie fest, »... haben wir es mal wieder geschafft. Und der Patio ist ein irrer Erfolg. Wir haben jetzt ausreichend Gäste und Umsatz, um dauerhaft Plus zu machen.«

»Und nicht nur das«, sagt Harald. In seinen Augen blitzt schon wieder der Unternehmergeist, den ich seit über dreißig Jahren so toll an ihm finde. Aber manchmal auch fürchte. Manchmal sehne ich mich einfach nur nach Ruhe. Doch das vergeht meist schnell wieder. »Wir haben jetzt auch das Geld, um den nächsten Schritt zu tun.«

»Den Porsche? Meinst du wirklich? Jetzt schon?«

Harald kichert: »Du willst einen teuren Sportwagen?«

Ich knuffe ihn in die Seite. »Die Garage, du Dödel!«

»Ja, genau. Stell dir mal vor, was das für ein Raum wird, wenn wir Ecki da ranlassen. Und die Winterpause wäre doch ideal dafür.«

»Uff, schon wieder ein Winterprojekt. Aber wir hätten dann ab dem nächsten Winter doppelt so viele Plätze wie bisher, die man auch bei schlechtem Wetter nutzen könnte. Das wäre schon toll. Auch wenn ...«

»Was?«, fragt Harald etwas beunruhigt.

»... auch wenn ich bis jetzt nicht kapiere, wie ich es geschafft habe, in dieser winzigen Küche plötzlich für siebzig Leute zu kochen statt für zwanzig. Und mit dem *Porche* kämen ja noch mal welche dazu. Aber es scheint ja irgendwie zu klappen. Frag mich nicht, wie. Und es macht Spaaaaß!«

»Also, beschlossen? Dann rufen wir Ecki heute Abend an. Ist ja auch für ihn ganz schön, wenn mal etwas mehr Luft ist als letztes Mal.«

»Ja, zumal er ja jetzt auch andere Kunden hat in Santanyí. Für ihn war der Patio ja die reinste Werbeveranstaltung, so wie die Leute unseren verborgenen Schatz bestaunt haben. Hoffentlich hat er überhaupt noch Termine frei.«

»Für uns ganz sicher«, sagt Harald. »Er war doch schon letztes Jahr so begeistert, als er die Garage sah. In seinem Kopf ist das Ding schon fertig.«

An Ostern 2011 wird der *Porche* dann tatsächlich eröffnet. Ein langer Raum ist entstanden, der sich perfekt eignet für größere Gruppen, die ein wenig für sich sein wollen. Ecki hat die Feldsteinwände mit rötlichem Lehm verfugt, aber nicht verputzt – ein toller Effekt. An einer Wand stehen bequeme Polsterbänke, auf der anderen Seite der Tische, die man bei Bedarf zu einer langen Tafel zusammenschieben kann, sitzt man auf Stühlen. Kleine Wandleuchten tauchen den Raum in ein urgemütliches Licht.

Am Ende der Arbeiten hat Ecki sich als echter Künstler erwiesen. Als Ersatz für die grüne Tür, die mindestens so alt war wie der Citroën, hat er uns aus alten Gitterresten ein wunderbares, verschnörkeltes, luftiges Eisentor geschmiedet. So entsteht ein willkommener Luftzug, und die Leute können von der Straße aus einen Blick in das verlockende Innere des *Porche* werfen. Aber sie können nicht auf diesem Weg ins Lokal gelangen – sonst kämen sich die Gäste im *Porche* ja vor wie in einem überfüllten Regionalzug.

Ach, Ecki hatte einfach immer eine Lösung, selbst für die schwierigsten Dinge. Wäre er nicht gewesen, sähe das Pablo jetzt nicht so toll aus. Und vor allem wäre es wohl noch lange nicht fertig.

An einem der Abende nach Ostern nimmt Harald meine Hand und wird fast feierlich: »Nanni, vor 15 Monaten habe ich dir gesagt: Noch so ein erfolgreiches Jahr – und wir sind erledigt. Aber jetzt können wir sagen: Noch ein paar solcher

Jahre wie dieses, und wir werden wirklich etwas fürs Alter zurückgelegt haben.«

Ich gebe ihm einen langen Kuss und sage dann: »Eigentlich unglaublich, oder? Vor fünf Jahren mussten wir unser Haus in Gronau zwangsversteigern und standen vor dem Nichts. Und jetzt das.«

Verbotene und erlaubte Liebe

»Boah, der *Porche* ist ja ausgebucht, bevor er überhaupt fertig ist«, sage ich zu Harald und zeige auf die junge Frau, die Ecki gerade zu uns hochschickt. In den letzten Tagen hatten wir schon einige Buchungen für größere Gruppen, die den *Porche* nutzen wollen. Hier scheint die nächste Anfrage dieser Art zu kommen.

Es ist ein sonniger Märztag 2011, und wir haben gerade die Tische auf die beiden Terrassen des Patio getragen und machen sie dort gründlich sauber. Wir wollen demnächst die Außensaison eröffnen. Die Arbeiten am *Porche* sind so weit gediehen, dass sie die Gäste nicht mehr stören, und die Wettervorhersage ist vielversprechend. Bald soll es richtig warm werden und der Wind nachlassen. Bis Ostern zu warten, kommt in diesem Jahr nicht infrage – das liegt erst Ende April und damit so spät wie überhaupt möglich. Und auch wenn die große Urlauberwelle noch nicht da ist: Die Besitzer und Mieter der vielen Fincas werden sich freuen, dass das Pablo wieder öffnet. Und sie werden den *Porche* ins Herz schließen.

»Hallo, ich bin Jill«, sagt nun die junge Frau mit der pragmatischen Kurzhaarfrisur. Sie wirkt freundlich und zugleich zielstrebig. »Habt ihr eigentlich einen Ruhetag?«

Bevor ich »Ja, warum?« antworten kann, sieht Harald die Frau forschend an. »Sie waren doch heute schon mehrfach hier. Vorhin hab ich Sie an der Tür zum Café drüben gesehen. Und die Baustelle haben Sie auch begutachtet, oder?«

Das könnte jetzt etwas nach Hauswart klingen, aber Harald spricht ganz freundlich und offen. »Tschuldigung, dass ich so frage, aber in dieser Jahreszeit sind noch so wenige Leute unterwegs, dass einem jeder Einzelne auffällt.«

Ich schicke ein kurzes, stummes Stoßgebet gen Himmel – und tatsächlich spart Harald sich den Altherrensatz, den viele andere jetzt bringen würden, nämlich: »Vor allem eine so schöne junge Frau wie Sie.«

»Donnerstags haben wir Ruhetag«, sage ich und füge hinzu: »Reservierungen machen wir eigentlich nicht. Außer ...«, ich deute mit einem Kopfnicken in Richtung Baustelle, »... für größere Gruppen. Ab Ostern, hoffentlich.«

»Oh! Nein! Missverständnis!«, lacht Jill. »Beziehungsweise: Größere Gruppe trifft es eigentlich ganz gut«, fügt sie dann vergnügt hinzu. »Wir suchen ... ich suche eine passende Location für einen Fernsehdreh. Es geht um eine deutsche Vorabendserie. Sie läuft im ...«

Ich kreische kurz auf vor Überraschung: »Doch nicht *Verbotene Liebe?!*«

Jetzt ist sie ehrlich verblüfft. »Äh ... woher wisst ihr ... wissen Sie ... das ist doch noch ... streng vertraulich.«

Ich schütte mich aus vor Lachen: »Mallorca ist ein Dorf, Mädchen. Und du hast doch vorgestern schon die Villa unten in Richtung Cala d'Or gemietet, für die Dreharbeiten. Das weiß jetzt längst die ganze Insel.«

Jill wird rot. »Okay, das wusste ich nicht«, murmelt sie. »Na, egal. Jedenfalls suchen wir außer der Villa noch ein Lokal, in dem die Dreharbeiten stattfinden können. Kennen Sie ... kennt ihr denn die Serie? Die gibt es jetzt seit zwanzig Jahren, und die Jubiläumsstaffel soll hier auf Mallorca gedreht werden.«

Sie greift in ihre modische große Handtasche. »Ich habe hier mal ein paar Informationen über die Serie mitgebr...«

Mein schallendes Gelächter unterbricht sie erneut, und ich sehe, dass die Arme jetzt wirklich verunsichert ist. »Keine Sorge, ich lache dich nicht aus. Du kannst uns übrigens duzen. Nein, ich habe nur gelacht, weil *Verbotene Liebe* jahrelang Pflichtprogramm war für mich und meine Töchter. Wir hatten auch in Deutschland ein Restaurant und wohnten direkt darüber. Und bevor ich abends runterging zur Arbeit, haben wir drei Weiber immer um achtzehn Uhr *Verbotene Liebe* geschaut. Den Rest des Abends mussten die Töchter allein klarkommen – und manchmal noch Servietten falten für das Restaurant. Aber sie bekamen auch immer leckeres Essen aus der Restaurantküche. Jedenfalls: Ohne *Verbotene Liebe* ging gar nix. Erst mit der Auswanderung vor fünf Jahren hörte das auf. Und jetzt reist die Serie mir nach. Unglaublich!«

Während ich in Erinnerungen schwelgte, hat Harald drei saubere Stühle und drei *Café con leche* organisiert, und wir setzen uns an einen Tisch. Jill zieht ihr dünnes Jäckchen um sich. Mit ihrer eher knabenhaften Figur fröstelt sie ein bisschen. »Zu wenig warme Sachen mitgenommen«, murmelt sie.

Neugierig schaue ich Jill an. »Du bist so ein Locationscout?«

Sie nickt etwas verlegen ob meiner Begeisterung.

»Ich hab schon öfters drüber gelesen, aber noch nie einen getroffen. Beziehungsweise eine. Und dann ausgerechnet für meine Lieblingsserie! So irre!«, plappere ich weiter.

»Was möchtest du denn wissen?«, fragt Harald, um das Gespräch von der Fanbasis zurück aufs Geschäftliche zu lenken.

»Das Café gegenüber – das gehört auch euch?«, fragt Jill.

»›Auch‹ ist gut«, lacht Harald. »Das *ist* unser Café.«

Jill schaut sich verwirrt um. »Und wo sind wir dann *hier*?«

»Ach, mein Mann nimmt dich nur auf den Arm«, sage ich beruhigend. »Zuerst war das kleine Café drüben da, und da sind auch die Küche und die Bar. Und im letzten Jahr haben wir den Hof hier dazubekommen.«

Jill nickt und fragt weiter: »Ich hab gehört, dass ihr manchmal auch Tische auf der Straße habt.«

»Ja, mittwochs und samstags. Wenn Markt ist. Warum?«

»Wir suchen eine Möglichkeit, sowohl Innen- als auch Außenaufnahmen zu machen. Ohne das Equipment dauernd hin- und herzuschleppen. Deshalb wäre der Hof hier nicht so optimal – so schön er auch ist.«

Sie schaut sich anerkennend um und lässt ihren Blick den Kirchturm hochgleiten. »Wäre eine tolle Kulisse gewesen«, sagt sie bedauernd. »Aber wir brauchen die Möglichkeit, auf der Straße zu drehen. Direkt vor dem Lokal.«

»Und wie muss man sich das vorstellen? Gäste können dann ja kaum da rumsitzen, oder?«, fragt Harald und offenbart damit unsere Ahnungslosigkeit in Sachen Film.

»Nee, genau«, sagt Jill. »Die Gäste haben wir dann dabei. Statisten. Die müssen ja manchmal stundenlang da sitzen, bis eine Szene im Kasten ist.«

»Ach so, deshalb hast du nach dem Ruhetag gefragt«, kombiniere ich messerscharf.

»Genau. Ginge nur dann. Aber zuerst müsste man mal klären, ob wir den ganzen Sommer lang donnerstags die Straße sperren lassen könnten. Wie macht ihr das an den Markttagen?«

»Da ist sie gesperrt. Du musst das mal bei der Gemeinde erfragen. Da müsste jetzt eigentlich jemand sein. Ich kann dich nachher hinführen und dich bekannt machen mit Juana«, bietet Harald an. Offenbar ist er scharf auf den Deal. Oder auf Jill?

»Oh, wie toll! Danke!« Jill strahlt. »Der Teil mit den Behörden ist immer der schwierigste. Vor allem wenn man die Sprache nicht kann.«

»Aber ...« Harald beugt sich vor: »Wie sähe das denn konkret aus? Gäbe es einen Vertrag für die Nutzung des Cafés? Und wird so was bezahlt? Und was müssten wir jeweils vor- und nachbereiten zu den Drehtagen?«

»Das machen alles wir«, beteuert Jill. »Wir hinterlassen das Café abends genau so, wie wir es morgens vorfinden. Aufräumen gehört dazu. Das ist unser Tagesgeschäft. Und, ja: Ihr bekämt natürlich Geld dafür, wenn wir uns für das Pedro entscheiden. Äh, sorry, das Pablo.«

Sie schreibt etwas auf einen Zettel und schiebt ihn uns rüber. Harald nimmt ihn, schaut drauf und faltet ihn dann mit zufriedenem Gesicht zusammen, um ihn in seiner Hosentasche zu verstauen. Okay – er will den Deal. Nicht Jill.

Sie schaut uns an: »Eine Bedingung gibt es aber: Ihr dürft niemandem verraten und nirgends posten oder so, was in eurem Café und davor stattfinden wird. Wir hätten sonst einfach zu viele Fans und Schaulustige am Set und könnten nicht arbeiten vor lauter Gekreische und Autogrammgewünsche.«

Wir nicken. Aber mein geschäftstüchtiger Mann schiebt gleich eine Frage nach: »Danach könnten wir dann aber doch damit werben, oder? Mit Fotos vom Set und so.«

Ich schalte mich ein: »Wann ist überhaupt ›danach‹? Und wann würdet ihr anfangen wollen?«

Das scheint eine heikle Frage zu sein. Jill schluckt kurz und sagt dann mit etwas furchtsamem Blick und eher in Form einer Frage: »Nächste Woche?«

»Oops!«, machen wir synchron. »Aber wie ... kriegt ihr das denn so schnell hin?«, will ich wissen.

»Die Crew ist schon auf der Insel. Und fängt diese Woche an zu drehen, in der Villa. Unser Regisseur will sich morgen die drei Locations ansehen, die ich ihm vorschlage, und dann spätestens übermorgen entscheiden. Ich kann mir denken, dass ihr gute Chancen habt. Wenn das mit der Straßensperrung klappt. Und wenn ihr überhaupt interessiert seid.«

»Sind wir!« Auch diese Antwort kommt synchron. Und wie aus der Pistole geschossen.

An einem Donnerstag einige Wochen später sitzen wir beim Frühstück und besprechen unseren freien Tag. Der Nachmittag ist fest für den Strand reserviert, wobei es heute eher kühl und windig ist. Vormittags fahren wir oft nach Palma, um Besorgungen zu machen und vor allem: essen zu gehen. Es ist herrlich, sich einmal in der Woche bekochen und bedienen zu lassen. Aber heute liegt nichts in Palma an. Deshalb sage ich: »Ich würde doch gern mal zuschauen bei den Dreharbeiten.«

»Wirklich?«, fragt Harald. »Ich hab ja ein bisschen Angst, mir anzuschauen, was die da aus unserem Pablo machen.«

»Hatte ich anfangs auch«, gebe ich zu. »Aber jetzt haben wir seit vier Wochen jeden Freitagmorgen alles picobello vorgefunden. Also können sie es nicht so schlimm treiben.«

»Du hast recht«, bestätigt Harald. »Sie machen wohl morgens immer Fotos – und danach richten sie sich dann abends beim Aufräumen. Scheint zu funktionieren. Ich habe jetzt auch kein mulmiges Gefühl mehr dabei, dass wir ihnen einen Schlüssel gegeben haben. Und von den Anwohnern hat sich auch noch niemand bei uns beschwert.«

»Das war eine tolle Idee von Juana, dass sie dieser Jill nicht einfach die Erlaubnis gegeben oder verweigert hat, sondern sagte, sie solle die Anwohner fragen, ob eine Sperrung der Straße auch am Donnerstag sie störe. So hatten sie gleich alle Leute im Boot. Schließlich soll das jetzt bis Oktober so gehen. Komm, wir fahren hin!«

Ich bin ganz aufgeregt und spüre: Tief drinnen bin ich weiterhin Fan.

»Aber wir nehmen die Fahrräder«, schlägt Harald vor. »Dann gibt es kein Parkproblem. Und wir tun was für unsere Fitness.«

Als wir in die Carrer des Sol geschlendert kommen, erkennen wir die kleine Straße kaum wieder. Es herrscht ein Gewusel von Leuten. Scheinwerfer leuchten ins Café hinein. Zwei Lieferwagen mit technischem Equipment bilden die Straßensperre für Autos. Zwei Leute stehen auf einer Leiter und hängen über unser »Pablo«-Schild eins mit einem anderen Namen: »El Stefano«.

Wir gehen möglichst unauffällig am Café vorbei, ohne uns zu erkennen zu geben. Innen ist alles umgeräumt, es stehen teilweise andere Möbel drin als sonst und so weiter.

»Oh Gott!«, flüstere ich. »Wie bei *Pappa ante Portas*.«

Harald schüttelt etwas fassungslos den Kopf. »So einen Aufwand treiben die hier? Jeden Donnerstag?«

Jemand ruft: »Leute, wir wollen mal anfangen! Straßenszene 1, bitte fertig machen!«

Neugierig bleiben wir an der Absperrung stehen. Harald stößt mich an und flüstert: »Oh! Die werden gleich frieren.«

Er zeigt auf die Statisten, die ihre Jacken ausziehen, bevor sie sich auf die Stühle verteilen. Offenbar soll die Szene sommerliche Temperaturen vortäuschen, die wir heute definitiv nicht haben. Kellner mit Tabletts stehen bereit, und eine Kamera fährt auf den eigens verlegten Schienen am Pablo vorbei, während die Statisten entspannte Urlauber imitieren.

Aber kurz bevor die Kellner loslaufen können, betritt eine nicht eingeplante Darstellerin die Szene. Unsere Nachbarin

Doña Angelica führt ihren Hund aus. Und es stört sie nicht im Geringsten, dass sie dabei mitten durchs Bild läuft. Schließlich geht sie hier immer lang. Seit mindestens sechzig Jahren. Dabei registriert sie durchaus, dass hier Dreharbeiten stattfinden – eine Nachbarin hat erzählt, dass die alte Dame sie ungefähr jeden zweiten Tag frage, wann der Film denn komme im spanischen Fernsehen ...

Doña Angelica ist über achtzig und nicht mehr gut zu Fuß. Die Crew braucht also einige Geduld, bis sie und ihr ebenfalls greiser Ratero Mallorquín aus dem Bild verschwunden sind – seine Tage als Rattenjäger sind allerdings schon lange vorbei. Aber alle sind freundlich und entspannt.

Die Atmosphäre in Santanyí scheint ansteckend zu sein – selbst für Filmcrews, bei denen Hektik normalerweise Teil der DNA ist. Wir hören von den Umstehenden, dass Doña Angelica schon eingeplant sei und die Crew morgens Wetten abschließe, welche Szene sie ihretwegen werden wiederholen müssen. Durchhuschende Katzen hingegen kann man nicht planen – die haben schon mindestens zehnmal eine Szene geschmissen, die eigentlich perfekt gelaufen war.

»So, ich habe meine Fotos gemacht, wir können los«, sage ich.

»Aber nicht vergessen: Die dürfen wir erst verwenden, wenn die hier durch sind«, erinnert Harald mich. »Wenn wir überhaupt so viel Publicity wollen für das Pablo. Das müssen wir noch mal überlegen. Nicht dass wir hier überrannt werden.«

Ich nicke und drehe mich ein letztes Mal um. Meine Lieblingsserie wird in und vor meinem Café gedreht! Auf meiner Insel! Unglaublich!

Einige Wochen später besucht uns unser alter Freund Christian aus Gronau für ein paar Tage. Und für den Donnerstag haben wir uns natürlich wieder den Strand vorgenommen.

Beim Frühstück geben wir ein bisschen an: »Du musst wissen, dass wir einen Privatstrand haben«, beginne ich stolz. Seine Aufmerksamkeit habe ich jetzt sicher, und so fahre ich fort: »Eigentlich sind es von hier aus nur zehn Minuten mit dem Fahrrad bis ans Meer. Aber da tummeln sich natürlich Hinz und Kunz. Familie von und zu Burba hat aber was Besseres verdient.« Jetzt weiß er, dass wir mal wieder eine Geschichte inszenieren – und wir wissen, dass er so was mag.

Harald übernimmt: »Eine kurze Autofahrt entfernt ist das Cap de Ses Salines, der südlichste Punkt der Insel. Der Vorteil an unserer Gegend ist, dass wir je nach Windrichtung entscheiden können, ob wir zu einem Strand auf der östlichen oder auf der westlichen Seite des Kaps gehen. So können wir Quallen und Tang immer ausweichen. Schau mal hier ...« Harald breitet eine Karte auf dem noch nicht ganz leer geräumten Tisch aus, sodass mein Kaffeeglas bedenklich wackelt, aber ich kann es noch retten.

Die beiden Männer sind jetzt im Entdeckermodus und haben nichts bemerkt. Was eine einzige Karte doch bewirken kann. »... hier ist das Kap. Mit unserem Traumstrand Es Caragol. Das heißt ›Die Schnecke‹.«

Christian zeigt auf eine andere Stelle: »›Platja privada‹ steht da. Meintet ihr das eben?«

Ich nicke. »Die Gegend um das Kap, das Banca-March-Gebiet nennen das alle hier, ist Naturschutzgebiet. Hat mit Juan March zu tun. Das war ein Wirtschaftslöwe, der hier von der Insel stammte. Ein Bauernsohn mit einem guten Riecher für

Geschäfte, der als Schweinezüchter, Raffineriebesitzer, Reeder und so weiter reich geworden ist. Auch auf dem Festland.«

Harald ergänzt: »Und zwar so reich, dass er in den 1920ern sogar eine Bank gegründet hat: die Banca March. Irgendwann gehörten ihm auch mal die Elektrizitätswerke von Barcelona. Ein irrer Typ. Jedenfalls hat er das riesige Gelände hier am Kap irgendwann gekauft, für seine Mutter oder Großmutter wohl. Soll ein riesiges Anwesen sein. Und es ist für den touristischen Verkehr gesperrt.«

»Und da wollen wir heute hin? Heimlich, oder wie?« Christian scheint wirklich Lust auf ein Abenteuer zu haben.

Ich muss ihn enttäuschen. »Nee, nicht heimlich. Ganz offiziell. Als das Gelände gesperrt wurde, hat man vereinbart, dass die Einwohner von Santanyí und von Es Llombards trotzdem da durchfahren dürfen, um zum Strand zu kommen.«

Harald grinst: »Ist also eine Transitstrecke, die wir gleich benutzen. Wie damals durch die DDR. Und es gibt auch eine Kontrollstelle. Nur keine Volkspolizisten, zum Glück. Sind private Wachleute.«

Christian ist fasziniert: »Und sonst kann da niemand hin, an den Strand?«

»Nicht mit dem Auto jedenfalls«, relativiert Harald. »Mit dem Boot schon. Oder zu Fuß am Meer entlang.«

Ich glückse: »Wir hatten schon lustige Begegnungen. Manche Leute, die mit dem Boot kommen, bringen einen halben Haushalt mit und schleppen dann alles durchs flache Wasser an den Strand. Und umgekehrt staunen die Fußgänger immer über unser Equipment – zwei Liegen, Sonnenschirm und Kühltasche. Wir wurden schon öfter gefragt, ob wir das die ganzen fünf oder sechs Kilometer von Colònia de Sant

Jordi hergeschleppt hätten; das ist der nächste Ort jenseits des Sperrgebiets.«

»Dann seid ihr auch deswegen hierhergezogen?«, fragt Christian.

Harald lacht. »Überhaupt nicht. Wir hatten keine Ahnung. Als wir das mitbekamen, also welches Privileg wir als Bürger von Es Llombards haben, war das wie ein Lottogewinn für uns. Völlig unverhofft.«

»Aber wir lieben diesen Strand. Wirst du gleich sehen, warum. Und donnerstags ist es himmlisch leer da. Also kommt!« Ich klatsche in die Hände.

Als wir unsere Sachen gepackt haben, fragt Christian: »Und Lilly? Kommt sie nicht mit?«

Harald zuckt die Achseln. »Naturschutzgebiet. Hunde sind streng verboten. Da stehen richtig hohe Geldstrafen drauf. Wenn überhaupt, dürfen sie nur an der Leine hin, und das nervt Lilly. Und damit auch uns.«

Nachdem wir den Kontrollposten hinter uns haben, betrachtet Christian unseren Passierschein und staunt: »Das ist ja wirklich wie an der innerdeutschen Grenze. Was hat der sich alles notiert, bevor er das Tor geöffnet hat?«

Während ich im vorgeschriebenen Tempo dreißig Richtung Strand fahre, beantwortet Harald von der Rückbank aus geduldig Christians aufgeregte Fragen: »Autonummer und Uhrzeit schreiben sie immer auf. Und stichprobenartig prüfen sie auch die Meldeadresse auf dem Ausweis. Aber uns kennt er schon. Der Passierschein gilt übrigens immer für eine ganze Familie oder Gruppe, auch wenn es zwei Autos sind. Das hätte es bei Honecker nicht gegeben.«

»Und was steht hier unten?«

»Äh … Ich glaube …« Harald ist unsicher. »Wir haben uns das noch nie durchgelesen, oder, Nanni? Müssen wir uns mal übersetzen lassen. Ich glaube, da steht, dass wir nur auf dem Parkplatz stehen dürfen, nicht am Strand selbst.«

»Nee, warte mal, davor steht doch was anderes … ach, Mist, mein Spanischkurs ist so lange her …«

Ich mische mich ein. »Ist doch egal. Legt doch mal den Zettel weg jetzt. Und guckt lieber nach draußen.«

Christian hebt den Kopf – und ist kurz darauf ganz aus dem Häuschen. »Das sieht ja aus wie in Afrika hier. Ist ja unglaublich, diese Vegetation! Was für ein traumhaftes Fleckchen Erde! Wohin geht es denn da?« Er zeigt auf eine Einmündung, die wir gerade passieren.

»Keine Ahnung«, sage ich. »Wir sind bisher immer auf dem direkten Weg zum Strand gefahren. Wollen wir mal gucken?«

Ohne eine Antwort abzuwarten, halte ich an und setze zurück. Wir fahren auf einer schmalen, unbefestigten Straße durch eine Art Urwald. Irgendwann lichtet er sich, und die Straße verwandelt sich in eine Palmenallee. Die führt auf eine alte, prachtvolle Hacienda zu. Rechts von uns ist ein Kakteengarten, links von uns eine Pferdeweide, auf der einige Männer beschäftigt sind, die wie Cowboys aussehen. Wir kommen uns vor wie im Film. Und sie schauen uns hinterher, als wären wir die Aliens in diesem Film. Mit offenen Mündern.

»Scheinen sich nicht oft Leute hierher zu verirren«, meint Harald. Er wirkt ein bisschen nervös. »Nanni, ich glaube, das Haus ist echt privat. Wende mal besser. Da hinten gab es noch eine andere Straße.«

Auf dem Rückweg winken wir den Cowboys zu, aber sie reagieren nicht. Sie stehen jetzt alle um einen Kollegen herum, der ein Walkie-Talkie am Ohr hat.

Als wir weiterfahren, kommen wir noch an einigen recht schmucken Häusern vorbei.

»Ziemlich schicke Gegend hier«, sagt Christian anerkennend. »Wieso wohnt ihr denn nicht hier?«

Wir sind noch mit Lachen beschäftigt, als uns allen plötzlich der Atem stockt.

»Das ist … magisch!«, stammle ich. »Oder träume ich?«

Rechts vor uns liegt plötzlich ein verwunschener, nur von Grün umstandener See – und darin stehen jede Menge Flamingos.

»Ich sag ja: Afrika!«, flüstert Christian.

Als wir uns sattgesehen haben, frage ich: »Wo führt die Straße eigentlich hin?«

Harald räuspert sich: »Wenn mein Orientierungssinn mich nicht trügt, Richtung Sant Jordi.«

Christian linst aus dem Fenster und sagt: »Auf jeden Fall fahren wir gerade Richtung Westen. Die Sonne steht links von uns. Kommt das hin?«

Harald nickt.

»Ach, da vorn ist wieder so ein Checkpoint. Mit Tor«, sage ich. Und dann, nach einem Blick in den Rückspiegel: »Huch? Der rast ja vielleicht.« Hinter uns kommt ein Range Rover angebrettert. Als er neben uns ist, stoppt er scharf, und ein Mann springt raus.

»Harald!«, schreie ich gellend. »Der hat eine Waffe! Der will uns ausrauben!«

Minuten später stehen wir alle völlig eingeschüchtert neben unserem Auto. Der Mann redet laut und schnell auf uns ein, aber wir verstehen nichts. Als ich ihm mein Portemonnaie hinhalte, sieht er mich zuerst entgeistert und dann verärgert an und redet noch lauter und hektischer. Zwischendurch ruft er auch immer wieder etwas in sein Funkgerät. Und er fuchtelt dauernd mit seinem Gewehr herum.

Endlich kommt ein zweiter Range Rover angerast, und ein weiterer Mann springt heraus. Er hat kein Gewehr – aber dafür eine Pistole umgeschnallt. Und er kann Englisch. Gott sei Dank! So löst sich die Situation ganz allmählich auf.

Sehr eindringlich erklärt er uns, dass wir uns auf privatem Grund befänden und das Betreten und Befahren streng verboten sei.

Ich zücke mit überlegenem Blick unseren Passierschein – worauf er mich fassungslos ansieht. »*Read this!*«, fordert er mich auf und zeigt auf genau die Sätze, an denen Christian sich vorhin versuchen wollte. Und erklärt uns dann, weil wir nur mit den Achseln zucken, was dort steht: Man darf nur auf direktem Weg vom Checkpoint zum Strandparkplatz fahren. Nicht abbiegen und rumcruisen.

Jetzt ist uns die Sache natürlich schrecklich peinlich. »*We didn't know! We didn't know!*«, beteuern wir immer wieder. Und er scheint uns zu glauben. Es ist klar, dass wir entweder unfassbar dreist oder unfassbar ahnungslos sind, und zum Glück entscheidet er sich für Letzteres. Er macht uns klar, dass das Gelände unter strengstem Naturschutz stehe, dass es videoüberwacht sei, dass die Ranger nicht bestechlich seien und er eigentlich die Polizei holen müsse und uns dann ein saftiges Bußgeld blühen würde.

Dann aber ruft er den Männern zu, dass sie das Tor öffnen sollen, damit wir rauskönnten. Er scheint sich sicher zu sein, dass wir unsere Lektion gelernt haben. Und damit hat er recht.

Harald findet seinen Humor als Erster wieder. »Jetzt sind wir immerhin einmal durch das Tor gefahren, das die Familie March und ihre Gäste benutzen«, meint er trocken.

Worauf Christian noch trockener antwortet: »Leider in die falsche Richtung.«

Und ich denke bei mir: Wenn ich dieses Abenteuer verdaut habe, schreibe ich an Anja und erzähle ihr alles. Die wird sich kaputtlachen.

Wie ich mal abgeschleppt wurde und einen Dreier hatte

Es Llombards, 26. Juli 2012

Liebe Lieblingscousine Anja!

Es ist wirklich sooo schade, dass Du uns nicht besuchen kannst hier. Sch...-Flugangst! Ich würde Dir so gern alles zeigen. WhatsApp-Nachrichten, Briefe und Fotos können das nicht wirklich ersetzen. Aber was bohre ich herum in Deiner Wunde! Ich weiß ja, dass es Dich selbst am meisten schmerzt, dass Du viele Reiseziele niemals sehen wirst. Auch wenn Du tapfere Scherze machst von wegen »wenigstens gut fürs Klima«.

Keine Ahnung, ob es ein Trost für Dich ist, aber: Meine Briefe an Dich sind für mich wirklich super. Weil ich dadurch so eine Art Mallorca-Tagebuch führe, was ich sonst niemals getan hätte. Also: Ein Grund mehr, mich zu freuen, dass wir wieder in Kontakt sind.

Ich bin übrigens sehr froh, dass Du neulich schriebst, ich solle ruhig schwärmen und keine Sorge haben, dass Dich das traurig macht. Denn ohne Schwärmen geht es kaum, von unserem Leben hier zu erzählen. Aber natürlich muss ich manchmal auch fluchen. Oder den Kopf schütteln. Oder lachen.

Von ein paar »Schoten« habe ich Dir ja schon in früheren Briefen erzählt: Die übergelaufene Sickergrube am Heiligabend. Das chlorhaltige Leitungswasser hier, mit dem man Pflanzen und Tiere umbringen kann. Und im letzten Brief unser Ausflug zu den bewaffneten Cowboys.

Aber diesmal hast Du mich nach meinem Alltag gefragt. Also schreib ich Dir heute mal, wie das Leben hier so ist. Und wie es sich gehört, fange ich mit dem Wetter an.

Jetzt haben wir Juli, und die ganz große Hitze hat begonnen. Wenn Ihr in Deutschland froh seid, endlich mal abends ohne Strickjacke draußen sitzen zu können, verkriechen wir uns hier in die Häuser und kommen erst ab zweiundzwanzig Uhr daraus hervor, wenn möglich. Vorher ist es einfach unerträglich heiß. Und frag mich nicht, wie ich das in meiner winzigen Küche aushalte – da kommen locker noch mal zehn Grad obendrauf.

In den nächsten Wochen wird die Natur schnell braun und trocken und staubig werden. Umso mehr muss man die ersten sechs Monate des Jahres genießen. Für meinen Sommerbrief an Dich habe ich mir extra mal ein paar Notizen gemacht über diese Zeit. Über den »kleinen Sommer« (*el pequeño verano*), der im Dezember einsetzt und manchmal bis Ende Januar dauert, habe ich Dir ja schon mal geschrieben, oder? Er ist schuld daran, dass tatsächlich ausgerechnet der Januar mein Lieblingsmonat auf Mallorca ist. Die Insel ist grün, und die Wiesen sind voller Blumen. Ob meine Freude auch ein bisschen Schadenfreude enthält? Jedenfalls denke ich manchmal: Während ich hier am leeren Strand liege, bibbern sie in Deutschland und kämpfen sich durch den Schneematsch.

Im Januar ist auch mein Lieblingsfest in Palma: der Correfoc de Sant Sebastià. Ich hab extra nachgeschaut, damit ich Dir nicht irgendeinen Quatsch erzähle: *Correfoc* ist katalanisch für »Feuerlauf«. Und Sebastian ist der Schutzheilige von Palma. Aber *Correfocs* gibt es überall in Katalonien und auf den Balearen. Jedenfalls laufen dabei als Dämonen oder Teufel verkleidete Leute mitten durch die Menschenmenge und schwenken lange Stöcke, aus denen Funken und Feuerwerk sprühen.

Man kann unter dem Funkenregen tanzen. Es ist ungefährlich und harmlos, aber natürlich sollte man alte Sachen tragen. Der Feuerzauber dient dazu, die bösen Geister zu vertreiben. Die ausgelassene, mystische und berauschende Stimmung wird durch rhythmische Trommelgruppen noch unterstützt. In Palma gibt es mindestens zwanzig »Teufelszünfte«, die das Fest monatelang vorbereiten. Vor allem die Kinder kommen aus dem Kreischen und Jauchzen überhaupt nicht mehr raus. Und es herrscht sowieso ein Höllenlärm.

Es ist ein wunderbares Fest – man muss es miterleben, um zu glauben, was da abgeht. (Ich hoffe, es ist nicht unsensibel, wenn ich so was schreibe ...?) Und noch etwas ist toll daran: Weil im Januar kaum Touristen auf der Insel sind, laufen auch keine Besoffenen rum und ruinieren das Fest. Die Mallorquiner feiern sehr ausgelassen, aber alles ist völlig friedlich auf dem Fest.

Der Februar ist der Monat der Mandelblüte. Die geht meistens schon Ende Januar los, stell Dir vor. Die Felder mit den Mandelbäumen sind wunderschön. Und was sich in einem Brief wirklich schwer beschreiben lässt: Es duftet fantastisch. Gleichzeitig ist der Februar aber auch sehr verregnet, und es ist richtig fies nasskalt, wenn die Sonne nicht scheint. Leider auch im Haus. Wir heizen ja mit diesen *Estufas*, den mobilen Gasöfen; davon hab ich Dir schon mal geschrieben. Ich friere wirklich erbärmlich in den zwei hässlichen Monaten. Verrückt, oder? Die Feuchtigkeit auf Mallorca ist ein Problem, das wirklich nerven kann. Mein Spruch dazu ist immer: Hier schimmelt sogar der Kunststoff. Zum schlechten Wetter auf Mallorca gehört auch: Wenn es hier mal regnet, dann meistens richtig heftig – und dann ist auch gleich Land unter. Der Boden ist vor allem am Anfang des Winters so trocken und hart, dass er den Regen nicht aufnehmen kann. Manchmal gibt es auch heftige Gewitter, dann haben wir meistens keinen Strom für einige Zeit. Letzten Dezember gingen WLAN und Telefon mal einen ganzen Tag lang nicht. Aber schlimmer als das ist der Sturm, der mit den Gewittern kommt und mir gern den Garten verwüstet. Den ich natürlich meistens gerade kurz vorher aufgeräumt und schön dekoriert habe ...

Genauso blöd wie im Februar ist das Wetter auch im März. Das Seltsame ist: Man weiß dann schon ganz genau, dass man sich fünf Monate später wie verrückt nach so einem Tag sehnen würde, an dem es mal durchgehend regnen und die überhitzten Körper und Häuser sich mal abkühlen würden. Aber im März selbst ist es schlimm. Ich bin im Februar oder März gern in Deutschland, weißt Du ja. Da ist alles schön geheizt, ich kann in Düsseldorf Karneval feiern und meine Tochter besuchen. Diese Zeit in Deutschland ist immer eine Riesenfreude und macht mir wahnsinnig viel Spaß. Aber nach 14 Tagen packt mich wieder heftige Sehnsucht nach meiner Insel. Wo dann alles grün und bunt ist, während sich in Deutschland gerade mal ein paar Schneeglöckchen aus dem Boden trauen unter den kahlen Bäumen.

Der April bringt dann eine wahre Blütenpracht. Der Mohn prangt klatschrot auf den Wiesen und Feldern, und auch meine Lieblingspflanze blüht: die Bougainvillea. Die ist irgendwie meine Seelenverwandte: kräftige Farben, die sozusagen laut und fröhlich sind, aber auch Stacheln, hahaha. Und dann die duftenden Zitronen- und Orangenbäume! Ich kann mich immer noch dafür begeistern, dass das, was in Deutschland »Südfrüchte« heißt, direkt bei mir vor der Haustür wächst und blüht. Und apropos exotische Früchte: Auch die Kakteen haben was, wenn sie ganz zart und schüchtern blühen. Und ihre Früchte sollen sehr gesund sein. Das tröstet über die fiesen Dornen und die lästigen Kerne hinweg. Aber die Kaktusfeigen sind ja sowieso erst im Spätsommer oder Herbst reif.

Im April ist ja meistens auch Ostern. Die Karwoche ist hier das längste und wichtigste religiöse Fest des Jahres. Am Karfreitag finden in mehreren Städten die größten Osterprozessionen statt, und auch die Passionsspiele. Theatergruppen stellen den Leidensweg Christi dar. Ich habe das mal in Felanitx gesehen und war sehr beeindruckt. In den Tagen nach Ostern gibt es übrigens ein ganz typisches Mallorca-Geräusch, und zwar beim Autofahren: Die Reifen quietschen plötzlich. Bei allen Autos. Das liegt an dem Wachs, das bei den Prozessionen auf die Straße getropft ist. So lustig! Ich vergesse es immer wieder und muss dann jedes Jahr wieder laut lachen, wenn ich es zum ersten Mal höre.

Im Mai gehe ich immer das erste Mal schwimmen. Das Meer ist einfach sooo schön und klar hier im Südosten der Insel. Und die Buchten sind einmalig romantisch. Wenn das Wetter gut ist, heizt sich das Wasser an der Oberfläche schon ausreichend auf. Aber wehe, man taucht mal ein Stück runter. Da ist es noch brrrrrr! nach dem Winter. Und phasenweise ist der Mai auch regnerisch, kühl und windig; das kann bis Mitte Juni gehen. Wir haben schon so manches Mal in lange Gesichter von Urlaubern geschaut, die hier tagelang schlechtes Wetter hatten, während aus Deutschland lauter »Hier sind dreißig Grad!«-Nachrichten auf ihren Handys eintrudelten. Manche Gäste meinen, wir machten das Wetter, und erzählen geradezu vorwurfsvoll, dass es in Deutschland gerade schöner sei als hier.

Ab Mitte Juni beginnt dann der richtige Mallorca-Sommer – aber mit der angenehmen Einschränkung, dass die Nachttemperaturen noch harmlos und angenehm sind. Das Meer

kühlt noch, und es weht oft ein leichter, erfrischender Wind.
Man kann gut und tief schlafen.

Anders ist es ab Juli – da sind auch die Nächte tropisch heiß,
und man wälzt sich nur noch verzweifelt in den Laken. Oder
geht alle zwei Stunden kalt duschen. Wenn ich dann nachts
mit meinem alten Renault Cabrio vom Restaurant nach Hause
fahre, nehme ich gern die *Caminos*, also die Bauernwege, und
fahre extra langsam, weil oft kleine Kaninchen die Wege kreu-
zen und auch andere Tiere ihre Löcher in den Steinmauern suchen. Oft sitzt auch eine große Eule auf einer Mauer. Und gern
steht ein rätselhafter Vogel, dessen Namen ich nicht kenne,
mitten auf der Straße und schaut mich etwas doof an mit seinen gelben Augen. Er fliegt auch nicht weg, wenn das Auto
auf ihn zurollt. Oft muss ich aussteigen, damit er wegfliegt.
Menschen nimmt er also ernst, aber Autos nicht so. Jedenfalls
meine alte Karre nicht, hahaha. Wenn ich dann da stehe und
den unglaublichen Sternenhimmel über mir bestaune, höre ich
das ohrenbetäubende Zirpen der Zikaden – für mich d a s Geräusch des Südens überhaupt. Wenn ich zu Hause ankomme,
geht es sofort unter die Außendusche. Wenn Vollmond ist,
scheint er genau in unseren Patio. Nach einem erfolgreichen
Abend im Pablo mit netten und zufriedenen Gästen draußen
bei Vollmond duschen – das ist ein echter Glücksmoment.
Einer der schönsten Momente im Jahr.

Eigentlich wäre ich im Hochsommer natürlich gern jeden
Abend am Meer. Kurz vor Sonnenuntergang ist es nicht mehr
zu heiß am Strand, das Licht ist einfach unglaublich schön,
und das Wasser ist magisch. Leider ist uns das nur donnerstags
vergönnt. Wir müssen eben genau dann arbeiten, wenn andere Urlaub machen. Das vermisse ich schon sehr in der Hochsaison, das tägliche Baden im Meer. Aber was beschwere ich

mich – ohne die Urlauber, die sich abends bei uns wohlfühlen und verwöhnen lassen, hätten wir ja hier gar keine Lebensgrundlage. Also auch keine Donnerstage am Meer.

Im August schleppt man sich dann nur noch durch den Tag. Die Hitze zermürbt alle, und die Saison kostet ja auch Kraft. Alle – außer die Touristen natürlich – freuen sich, wenn endlich der erste Herbstregen kommt und es erstmals seit vielen Wochen abkühlt. Oft laufen die Leute beim ersten Regen nach dem Hochsommer auf die Straße und tanzen und genießen die Luft, aus der der Regen den ganzen Staub rausgewaschen hat. Und die Natur atmet sichtbar auf und erholt sich so schnell, dass man zugucken kann. Von Braun zu Grün, oft über Nacht. Einmalig. Apropos Staub: Der klebt nach dem Regen oft überall – auch weil das Wetter manchmal Wüstensand auf die Insel weht. Die Autos muss man dann richtig schrubben – mal eben drüberputzen bringt nichts.

Ach so, weil ich eben von den Tieren schrieb, denen ich in den Sommernächten begegne, hier noch ein paar Tiergeschichten. Von den vielen, vielen Schafen und den Schweinen, die auf der Weide leben, habe ich ja schon mal erzählt. Aber Du hattest ja auch nach unseren Hunden gefragt. Mitgebracht haben wir 2006 unseren Hovawart Aura und die kleine Lilly, einen Rauhaardackel-Terrier-Mix. Aura ist dann 2010 bei uns zu Hause gestorben, mit 13 Jahren. Letztes Jahr kam Leila dazu, von der hab ich Dir schon mal erzählt, oder? Sie ist eine Mischung aus Pastor Mallorquín und Galgo. Wir haben sie eines Tages aus dem Auto heraus an einem Feldweg entdeckt. Völlig entkräftet und abgemagert. Und sie war am Verdursten – die Zunge hing ihr ungefähr einen Meter raus, und sie hechelte nur noch ganz schwach. Zum Glück hatten wir genug Wasser dabei – sie hat erst mal literweise getrunken. Wir haben sie mit nach Hause genommen und sind am nächsten Tag mir ihr zum Tierarzt. Er schätzte, dass sie neun Monate alt war. Ob sie ausgesetzt wurde oder weggelaufen ist, wissen wir nicht. Sie war jedenfalls nicht gechippt, hatte kein Halsband und nichts. Ein Glück, dass sie kein Jäger erwischt hat – die ballern hier ja auf alles, auch auf streunende Katzen und Hunde. Jetzt lebt Leila jedenfalls bei uns – und ist der liebste und dankbarste Hund, den man sich vorstellen kann. Wenn wir arbeiten, bleiben die Hunde zu Hause. Da geht es ihnen gut, und sie können nach Belieben vom Haus in den Garten und zurück wechseln. Da unser Garten eingemauert und sicher ist, können wir die Tür einfach auflassen.

Als wir hier ankamen, war der Umgang mit Hunden teilweise noch absolut schockierend. Und es gibt auch heute noch jede Menge Bauernhöfe, die einen Hund an der Kette liegen haben – tagaus, tagein und jahraus, jahrein. Damals gab es auch nur ein einziges Tierasyl, in Palma. Dort kamen Hunde hin, die von der Straße weggefangen wurden. Aber wie es dort aussah! Es war eine so schlimme und traurige Atmosphäre, und alle Hunde bettelten darum, mitgenommen zu werden. Und wenn sie acht Wochen lang da waren, ohne dass sie jemand wollte, wurden sie getötet. Deshalb haben einige engagierte deutsche Frauen da viele Hunde rausgeholt und eigene Tierheime aufgebaut.

Jetzt aber noch zwei lustige Tiergeschichten. Ein deutscher Bekannter hat uns neulich erzählt, dass er seine Finca mal an eine Truppe von Schickimicki-Frauen aus Düsseldorf vermietet hatte. Diese riefen ihn eines Abends ganz entsetzt und hysterisch an und sagten, sie hätten draußen Ratten gesehen. Eine Finca ist ja immer noch ein Bauernhof, da sieht man nun mal die Tiere, die da so leben. Der Typ war aber schlau genug, das mit den Ratten nicht zu bestätigen. Er sagte ihnen ganz cool: »Meine Damen, das sind keine Ratten, sondern kleine Mandelhörnchen. Die gibt es nur hier auf Mallorca, und sie ernähren sich nur von den runtergefallenen Mandeln. Sie sehen ja auch niedlich aus mit der weißen Brust und dem bräunlichen Fell – nicht so grau wie die normalen Ratten.« Hat geklappt. Er hörte die anrufende Dame sagen: »Och, Doro, das sind kleine Mandelhörnchen! Lasst uns nachher mal ein paar Mandeln sammeln, dann können wir sie füttern.« Das Kind braucht eben manchmal nur den richtigen Namen – und wenn es der eines Gebäcks ist.

Die andere Geschichte ist nichts für leidenschaftliche Tierschützer, aber lustig. Sie fängt schon an wie ein Witz: Warum gibt es auf Mallorca keine Schornsteinfeger? Ein Freund von uns hat ein altes Bauernhaus ausgebaut. Als er dem Handwerker sagte, dass man den Schornstein mal reinigen lassen müsse, sagte der: »Mache ich. Jetzt gleich.« Er fuhr dann kurz weg und kam nach zwanzig Minuten mit seiner Ausrüstung zurück. Die bestand aus einem Lappen, den unser Freund in den Kamin legen musste. Dann sollte er dort stehenbleiben. Der Handwerker stieg aufs Dach – und unser Freund hörte plötzlich ein wildes Geflatter und »Gack, Gack, Gack«. Er traute seinen Augen nicht: Unten im Kamin landete schließlich eine kohlrabenschwarze Henne. Man sah nur noch ihre knallgelben Augen. Sie lebte noch, und der Kamin war sauber. Eine unfassbare Geschichte.

Eine Sache, die mir auf Mallorca von Anfang an auffiel: Ich fühle mich hier eigentlich nie unsicher. Wenn man einkaufen geht, muss man die Autotür nicht abschließen. Es passiert nichts. Früher bin ich sogar manchmal spätabends mit den gesamten Tageseinnahmen allein durch die dunklen Gassen von Santanyí zum Auto gegangen, aber das System haben wir jetzt doch geändert, zumal ich manchmal recht weit weg vom Pablo parken muss. Ich habe hier jedenfalls viel weniger Angst, dass mir was passieren könnte, als ich in Gronau hatte. Man liest und hört auch wenig über Kriminalität. Ob das an der Insellage liegt? Oder an der entspannten Stimmung hier? Keine Ahnung.

Umso größer war mein Schock, als ich letzte Woche abends gegen elf aus den Pablo kam. Es war ein schwüler Abend, wir hatten viele Gäste gehabt, und ich freute mich schon sehr auf die Außendusche und auf mein Bett. Doch als ich in die Gasse kam, wo ich nachmittags geparkt hatte – war da kein Auto. Nicht meins und auch kein anderes. Nun ist auch auf Mallorca der erste Gedanke in der Regel nicht »geklaut«, sondern »abgeschleppt«. Aber weil mir das schon zweimal passiert ist hier und man sehr viel Strafe zahlen muss, achte ich seither supergenau drauf, wo ich parke. Ich gehe nach dem Aussteigen immer noch mal ums Auto rum und gucke, ob irgendwo eine gelbe Parkverbotsmarkierung ist oder ein verdecktes Schild. Hatte ich auch an dem Tag gemacht. Oder? Aber wer würde so ein staubiges, altes Cabrio klauen, bei den Luxuskarossen, die hier massenhaft rumstehen? Oder hatte ich mich in der Gasse geirrt? Ich lief all meine üblichen Parkplätze ab – aber nichts. Na, letztlich war es egal, ob geklaut oder abgeschleppt – ich musste zur Polizei. Aber das wollte ich nicht allein machen, deshalb ging ich erst mal zurück zum Pablo, wo Harald zum Glück noch am Aufräumen war. Und dann mit ihm zur Policía Local. Da war aber niemand – die hatten wohl schon Feierabend gemacht. Also weiter zur Guardia Civil, das ist die staatliche Polizei, nicht die der Gemeinde. Eine Mischung aus Antiterroreinheit und Militärpolizei, also für solchen Kleinkram wie ein verschwundenes Auto eigentlich nicht zuständig. Aber was sollten wir machen?

Das Mädel, das da saß, war völlig überfordert von unserem Problem und brauchte eine geschlagene Stunde, um rauszufinden, dass mein Auto tatsächlich abgeschleppt worden war. Aber warum? Und wohin? Sie hatte keine Ahnung. Sie telefonierte weiter herum und forderte uns dann auf zu warten, bis die Policía Local komme.

Nach einer halben Stunde schickte ich den permanent gähnenden Harald schon mal nach Hause; er nimmt ja immer seinen schicken roten Roller, und der wurde noch nie abgeschleppt. Nach einer weiteren halben Stunde – inzwischen war es nach ein Uhr morgens, aber immer noch über dreißig Grad heiß – kamen schließlich die beiden Herren von der örtlichen Polizei. Als Erstes kassierten sie schon mal hundert Euro Strafe von mir. Dann sollte ich zu ihnen in den Streifenwagen steigen – und ich dachte natürlich, sie würden mich jetzt zu meinem Auto bringen, sodass ich endlich unter die Dusche und ins Bett könnte. Aber weit gefehlt: Sie fuhren mit mir zum *Ajuntament*, also zum Rathaus. Ich wusste: Jetzt kommt der Bürokratieteil, also würde es wahrscheinlich schon wieder hell sein, bis ich hier rauskäme.

In Deutschland habe auch ich früher gern über die Bürokratie geschimpft und war überzeugt, in anderen Ländern, vor allem im Süden, sei das alles viel entspannter und lockerer. Ich sage Dir: Das Gegenteil ist der Fall! Hier ist die Bürokratie erstens viel schlimmer und komplizierter und umständlicher – und zweitens viiiel schlechter organisiert. Wie zum Beweis begannen die beiden Herren jetzt (nachdem sie im dunklen und menschenleeren Rathaus ungefähr sechs Türen mit einem Zahlencode hatten öffnen müssen, bis wir im richtigen Büro waren) nach den Formularen für die Anzeige zu suchen. Spätestens da dachte ich: Hier muss irgendwo die versteckte Kamera sein. Ich steckte immer noch in meiner dreckigen, fettigen, stinkenden Kochjacke und fühlte mich so richtig verschwitzt und unwohl. Und dazu noch todmüde.

Irgendwann hatten sie das mehrseitige Formular endlich gefunden und ausgefüllt und luden mich erneut in ihr Auto ein. Damit ich nicht einnickte, drehten sie die Rockmusik im Radio auf volle Lautstärke. Sie waren gar nicht bösartig, nach dem Motto »Wenn wir Nachtschicht haben, soll auch sonst niemand schlafen«. Sie waren tiefenentspannt und kamen überhaupt nicht auf die Idee, dass ich einen anstrengenden Tag hinter mir haben könnte und entlang der Strecke Leute in ihren Häusern schliefen. Der Beifahrerpolizist schickte ständig Herzchennachrichten an seine Liebste, das konnte ich von hinten gut sehen. Das war schon wieder süß.

Wir fuhren Richtung Friedhof und dann über einen Hof mit viel Gerümpel. Dann sah ich eine große Halle, auf die wir zufuhren. Es war nicht die Trauerhalle, aber ich bekam schon ein bisschen Angst. Mir gingen kurz Filme über lateinamerikanische Diktaturen durch den Kopf, wo Menschen einfach verschwanden. Aber die beiden waren natürlich völlig harmlos. Und hatten die Ruhe weg. An der Tür der Halle fuhrwerkte der eine von ihnen gefühlte zwanzig Minuten mit einem Schlüsselbund herum, an dem mindestens dreißig Schlüssel hingen. Nachdem er jeden mindestens dreimal vergeblich ausprobiert hatte, passte irgendwann doch einer. Und siehe da: Mein liebes kleines Auto stand einsam und allein in der riesigen Halle. Ohne Freunde. Ich war offenbar die Einzige, die an dem Tag abgeschleppt worden war.

Letztlich war ich gegen zwei Uhr nachts endlich zu Hause und konnte duschen. Aber mit Schlafen war nichts – dafür war ich zu aufgedreht nach dieser Odyssee. Und ich wusste noch immer nicht, was ich eigentlich falsch gemacht hatte.

Erst am nächsten Tag erfuhr ich von einem Bekannten, was los war. Am Abend hatte die Strecke eines Marathons durch Santanyí geführt. (Wer bitte läuft bei dieser Hitze Marathon?!?). In Deutschland hätte das Ordnungsamt in der Straße schon Wochen vorher Schilder aufgestellt. Nicht so in Santanyí. Da hatte die Polizei das Parkverbot erst ausgeschildert, als die ersten Läufer schon fast an der Stadtgrenze waren – und mein Auto, das dadurch plötzlich im Parkverbot stand, direkt abgeschleppt. Offenbar war Nanni mal wieder die Einzige, die das alles nicht mitgekriegt hatte. Ob das mit meinen tollen Sprachkenntnissen zu tun hat? Dazu schreib ich gleich was.

Aber erst noch was zum Thema Auto und Abschleppen. Lustigerweise ist es auf der Insel nämlich verboten, Autos privat abzuschleppen, also einen Freund mit Abschleppseil und so zur Werkstatt zu ziehen. Das dürfen nur professionelle Abschleppdienste. Dafür sind die Kosten aber in der Versicherung mit drin. Und die Werkstatt darf man natürlich selbst aussuchen. Hab ich alles schon ein paarmal durch – mein altes Autochen springt vor allem im Winter gern mal einfach nicht an.

Ach so, und Du als Münsterländerin hast mich natürlich auch nach Fahrradfahren gefragt. Also nach der »Fiets«. (Ich find das ja immer noch so lustig, dass wir in Gronau zum Fahrrad genauso gesagt haben wie die Holländer.) Also: Mallorca ist berühmt für die Fahrradfahrer, besonders für die Profiradsportler, die hier trainieren. Von denen leben ganze Hotels und

Cafés, gerade in der Nebensaison. Viele bekannte Radsport-teams schätzen das angenehme Klima im Frühjahr, das gut ausgebaute Straßennetz und natürlich das Tramuntana-Ge-birge. Bis zu 300.000 Radfahrer besuchen die Insel jährlich. Meine beiden Schwiegersöhne sind dem Radsport auf der Insel übrigens auch verfallen. Ich benutze das Fahrrad manchmal, um zum Strand zu fahren. Zur Arbeit eher selten. Dabei ist der Hinweg herrlich: Von Es Llombards rollt man einfach den Berg runter nach Santanyí. Aber da spätabends wieder hoch-strampeln, müde und verschwitzt? Nö.

Tja, was hab ich noch zu erzählen? Ach so, ich war ja eben bei unseren Sprachkenntnissen ... Heikles Thema ... Na, was soll's, ich sag's dir einfach ganz offen: Auch nach sechs Jahren sprechen und verstehen Harald und ich nur radebrechend Spa-nisch und praktisch kein Catalán oder Mallorquín. Das klingt erst mal ultrapeinlich, oder? Wir wandern aus und können auch nach vielen Jahren die Sprache nicht. Also, natürlich ver-stehen wir manches und können manche Alltagsdinge aus-drücken, aber so richtig fließend ist das nicht. Und außerdem ist Spanisch gar nicht die bevorzugte Sprache der Leute hier. Das ist eins der Probleme. Ich habe hier ganz am Anfang einen Spanischkurs gemacht, in Santanyí. (In Deutschland ging es nicht, der Auswanderungsentschluss fiel ja so kurzfristig, und es war megaviel zu tun.) Der Kurs war insofern erfolgreich, als dass ich da ein paar echt nette Frauen kennengelernt habe. Alles Deutsche ... Rate mal, in welcher Sprache wir geschnattert haben. Auch Harald hat anfangs fleißig Spanischvokablen ge-büffelt. Und er hat wenigstens etwas mehr Sprachbegabung als ich. Aber wir sind beide zu alt, um eine Sprache so richtig ge-schmeidig zu lernen.

Vor allem weil es nicht zwingend nötig ist. Spanisch (also: Castellano) ist für die Inselbewohner nur die Zweit- oder Drittsprache. Es ist die Sprache der ungeliebten Zentralmacht in Madrid und ihrer Gesetze. Aber die Behördenpost, die wir bekommen, ist entweder in Catalán oder, wenn sie von den Lokalämtern wie dem Rathaus hier kommt, in Mallorquín. Das ist so, als bekämst du in Gronau Post vom Finanzamt – und es wäre Niederländisch.

Deutsche Ärzte mussten übrigens bis vor Kurzem noch Catalán-Kenntnisse nachweisen, um auf Mallorca praktizieren zu dürfen. Die Balearen waren kulturell und politisch immer auf Katalonien und Barcelona ausgerichtet und nicht auf Madrid. Beim Fußball sind hier alle für Barcelona und niemand für Real. Und alle sprechen Catalán und Mallorquín – was man als Ausländer unmöglich lernen kann.

Mallorquín ist teilweise sehr speziell. »*Bon dia*« und »*Bona nit*« gehen ja noch. Aber »*Com anam*«? Oder »*Hola, uep*«? Lustig sind auch Ausdrücke wie »*d'accord*« – Französisch statt Spanisch.

Ich kenne eine Deutsche, die mit ihren noch schulpflichtigen Söhnen hierher ausgewandert ist – und nach einem Jahr sind sie zurückgegangen nach Deutschland. Wegen der Schule. Um in der mitzukommen, hätten die Jungs gleichzeitig vier Fremdsprachen pauken müssen: Mallorquín, Catalán und Castellano, und dazu das miserable Englisch, das hier gelehrt wird. So was geht nur mit ganz kleinen Kindern – oder mit einer teuren Privatschule, die auf Englisch oder Deutsch unterrichtet.

Der andere Grund, aus dem wir so wenig gelernt haben: In Santanyí kommt man bestens mit Deutsch und ein bisschen Englisch durch, wobei die Englisch-Aussprache der Einheimischen ziemlich gruselig ist. Es ist wirklich eine kleine deutsche Kolonie hier. Und auch sehr viele Nichtdeutsche verstehen es und sprechen ein bisschen. Gegen Ende des *Verbotene Liebe*-Drehs letztes Jahr hat einer der Schauspieler, Daniel Sellier, in einem Interview was Lustiges gesagt: »Ich freue mich darauf, in Berlin endlich mein Spanisch zu verbessern. In Santanyí habe ich keine Chance: Hier können die Mallorquiner Deutsch.« Genau das ist auch unser »Problem«.

Manche Touristen sind übrigens ganz enttäuscht, dass hier alles so deutschsprachig ist wie zu Hause. Um zu zeigen, wie toll sie es draufhaben, sprechen sie die Kellner manchmal auf Spanisch an – und die antworten dann auf Mallorquín oder Catalán. Und schauen in hilflose Gesichter. Das ist immer sehr komisch. In Santanyí und speziell im Pablo herrscht ein buntes Sprachenwirrwarr. Unsere Gäste kommen aus Deutschland, England, Schottland, Holland, Schweden, Dänemark, Österreich, der Schweiz ... und das Personal unter anderem aus Österreich, Tschechien und Marokko.

Aber ich wäre nicht Nanni, wenn ich nicht doch was könnte auf Spanisch: Witze erzählen und fluchen, hahaha.

Apropos fluchen: Kürzlich haben wir einen echten Schildbürgerstreich erlebt hier: Vor unserem Haus war monatelang die Straße aufgerissen, weil Rohre verlegt wurden. Es war laut und staubig, aber wir haben uns trotzdem gefreut. Endlich würden wir an die Kanalisation angeschlossen! Endlich keine Sickergrube mehr! *Adiós, pozo negro!* Irgendwann fingen sie an, die Straße wieder zuzumachen. Harald meinte: »Müssten die nicht zuerst die Anschlüsse zu den Häusern legen?«

Wir haben uns dann im Rathaus erkundigt – und erfuhren: Nix da mit Abwasserleitung. Die Häuser wurden nicht an das nagelneue Abwasserrohr unter der Straße angeschlossen, weil die Gemeinde nicht wusste, wohin mit den Abwässern. Es gab nämlich keine Kläranlage – und den Klärschlamm wollte auch niemand auf seinem Grund und Boden deponieren. Ist das nicht großartig?

Irgendwie passte das zu den Leuten hier. Die haben eigentlich alle irgendeine Macke, sind irgendwie crazy und schräg. Ich glaube, das hat damit zu tun, dass sie immer auf einer Insel leben. Da kriegt man eben einen Koller. Haben wir auch manchmal. Vor allem ich – dann muss ich hier weg. Und für verrückt halten uns hier sicher auch manche.

Was mir an den Mallorquinern noch auffällt, ist ihre Bescheidenheit, die manchmal in Geiz ausartet. Man zeigt hier nicht, was man hat, und protzt nicht. Lieber knausert man. Trinkgeld zu geben, ist nicht so ihr Ding. Dazu passt auch, dass sie alles aufbewahren und viel aus altem Zeugs bauen und improvisieren. Viele Grundstücke sehen aus, als wohnten da Messies, so viel Gerümpel liegt da rum. Aber sie schmeißen eben nicht sofort alles weg. Der Bauer bei uns gegenüber hat zum Beispiel die Gatter seiner Weide aus ein paar alten Bettgestellen zusammengeschweißt.

Typisch für Mallorca ist der gegenüber Deutschland deutlich nach hinten verschobene Tagesrhythmus. Der Lidl macht hier erst um neun Uhr auf und nicht um sieben Uhr. Und von vierzehn bis siebzehn Uhr liegt im Sommer praktisch die ganze Insel still. Siesta. Weil: zu heiß.

An den Markttagen machen wir auch um vierzehn Uhr zu, damit die Angestellten ihre Siesta halten können. Wir räumen dann noch rum, aber wir fahren auch nach Hause und legen uns von sechzehn bis siebzehn Uhr hin. Anders hält man nicht durch bei der Hitze. Um achtzehn Uhr machen wir dann (wieder) auf. Ins Bett kommen wir nie vor ein Uhr. Wenn alle Gäste weg sind, putzt die Küchencrew noch die Toiletten, das Lokal und die Küche.

Es sind harte, lange Tage. Aber wenn gerade irgendwo Fiesta ist und wir noch Lust haben, geht es oft bis in den frühen Morgen. Im Sommer beginnen Festivitäten erst gegen Mitternacht. Da ist in Deutschland schon gesetzliche Nachtruhe. Hier drehen sie die Musik so gegen zwei Uhr morgens noch mal so richtig auf. Uns als alte Gastronomen liegt dieses späte Leben sehr. Für uns ist es eher hart, dass wir an den Markttagen schon gegen acht Uhr im Pablo sein müssen.

Ach Mensch, jetzt hätte ich fast schon wieder vergessen, Dir mein irrstes Erlebnis der letzten Zeit zu erzählen. Letztes Jahr hatte ich nämlich den ersten Dreier meines Lebens! Ja, jetzt bist Du baff, was? Aber bevor Du zu rot wirst: Es ging natürlich nicht um Sex. Nein, nein, es war viel besser. Also: Meine Freundin Pia, die auch mal als Kellnerin bei uns gearbeitet hat, verdient ihr Geld jetzt nur noch mit Ayurveda-Massagen. Ich gehe regelmäßig zu ihr, weil mein Rücken nicht so besonders nett ist zu mir. Einmal, als sie noch bei uns kellnerte, hatte ich bei der Arbeit solche Rückenschmerzen, dass sie gesagt hat: »Komm mal mit aufs Klo!« Sie schnappte sich eine Decke und eine Karaffe mit Olivenöl. Dann musste ich mich im Vorraum der Toilette auf den Bauch legen, und sie hat mir dort den Schmerz wegmassiert. Fantastisch.

Letztes Jahr im April rief Pia mich an und sagte: »Nächste Woche kommt so ein Inder auf die Insel, der Kerala-Fußmassagen macht. Das ist eine tausend Jahre alte Tradition. In seiner Heimat ist er richtig berühmt, und manche Leute reisen nur für eine Massage aus Europa zu ihm. Er gibt demnächst wieder Kurse für seine Schüler in Europa, hier auf

Mallorca, und sucht Freiwillige, die sich massieren lassen wollen. Willst du?«

Na klar wollte ich. Und so lag ich dann dort auf dem Bauch, und der Kerala-Meister und sein deutscher Schüler massierten mich zwei Stunden lang. Ich sag Dir, ich war im siebten Himmel. So eine Synchronmassage ist einfach unglaublich. Die beiden Kerle standen auf mir und hielten sich an einer Stange fest, die über uns befestigt war. Und sie hatten dermaßen viel Gefühl in den Füßen! So was kriegt kein Liebhaber mit den Händen hin, hihi.

Nach der himmlischen Tortur hatte ich jede Menge blaue Flecken, aber ich war schmerzfrei. Und zwar ungefähr ein Jahr lang. Jetzt beginnt es manchmal wieder zu zwicken. Ich glaube, ich brauch mal wieder so einen Dreier.

So, jetzt mach ich mal Schluss hier. Ich muss noch putzen; das mache ich immer donnerstags oder sonntags. Ich schreib Dir bald wieder, ja?

Dicker Knutscher von Nanni

Schon wieder alles von vorn?

»Harald! Die kündigen uns tatsächlich! Die Caféräume!« Fassungslos starre ich auf den Brief, der eben kam. Per Einschreiben. Ich musste den Empfang bestätigen. Und als ich den Absender sah, schwante mir bereits Böses. Das Rumgedruckse unserer Vermieter in den letzten Wochen hatte mich alles andere als optimistisch gestimmt.

Als wir 2009 den Vertrag für das Pablo schlossen, konnten wir die vergleichsweise kurze Laufzeit von fünf Jahren sehr entspannt akzeptieren. Wer wusste damals schon, was in fünf Jahren sein würde? Außerdem schien eine Verlängerung reine Formsache. Wir zahlen immer pünktlich unsere Miete, und das Pablo hat genau das Leben in die Carrer des Sol gebracht, das die beiden Hausbesitzer sich damals gewünscht haben.

Okay – manchmal ist es ganz schön viel Leben. An den Markttagen geht es auf der Straße oft hoch her. Und lange. Wir bemühen uns, dass ab etwa elf Uhr zumindest auf der Straße ein bisschen mehr Ruhe herrscht. Und bei uns ist ohnehin vergleichsweise früh Schicht. Gegen zehn, halb elf ist meistens schon Küchenschluss. Unsere überwiegend ausländischen Gäste gehen oft viel früher schlafen als die Mallorquiner, weil sie am folgenden Tag die Stunden nutzen wollen, in denen es noch nicht ganz so heiß ist. Wenn es bei uns mal bis Mitternacht geht, ist es schon lang. Feierlustige Gäste schicken wir dann oft ins Sa Cova – oder gehen selbst mit.

Allerdings sind unsere Gäste abends oft sehr unbekümmert, was Lärm angeht. Und ihre Kinder toben und lärmen begeistert auf der Straße herum. Ich verstehe das ja auch. Wenn man selbst Ferien macht und beim Wein in einer idyllischen Urlaubsumgebung sitzt, kann man sich schwer vorstellen, dass nicht auch alle anderen Urlaub haben. Und für die Kinder sind das lange Aufbleiben, die abendliche Wärme, die gesperrte Straße und die tiefenentspannten Eltern ein einziger Traum. Wer kann ihnen ihre Lebensfreude verdenken? Gesetzliche Lärmschutzregelungen gibt es hier nicht; man ist tolerant und baut auf gegenseitige Rücksicht. Aber in der Straße wohnen Menschen, die arbeiten müssen, also ihren Nachtschlaf brauchen.

Mallorquiner unterscheiden sich von Deutschen anatomisch nicht so gravierend – auch hier gilt, dass Lärm einen vom Schlafen abhält. Doch die Anwohner sind extrem tolerant. Keiner beschwert sich bei uns, bei den Vermietern oder bei der Gemeinde. Das höchste der Gefühle war mal, dass eine Nachbarin uns sehr höflich darauf hinwies, dass sie als Krankenschwester früh aufstehen müsse. Seither achten wir noch mehr darauf, dass nach elf draußen nicht mehr rumgeschrien und -gekreischt wird. Kurz: Nach allem, was wir wissen, können Beschwerden der Einheimischen über den Lärm eigentlich nicht der Grund der Kündigung sein.

Aber die Stimmung zwischen den Vermietern und uns war in letzter Zeit etwas knatschig. Und deshalb wollten Harald und ich zu Beginn der winterlichen Schließzeit gern Nägel mit Köpfen machen. Wir wollten rechtzeitig wissen, woran wir sind, und unbeschwert in unsere Winterpause gehen. Nachdem vorher einige mündliche Vorstöße ohne klare Antwort geblieben waren, haben wir unseren Wunsch nach Verlängerung des Mietvertrags im Dezember 2013 per Einschreiben mitgeteilt. Und dann gewartet. Und gewartet. Und weiter gewartet. Mit der zunehmenden Sorge, dass wir, wenn es ganz schlecht liefe, in wenigen Monaten schon wieder bei null anfangen müssten.

»Okay, zwischendurch waren sie auch mal zwei Wochen in Deutschland. Und danach ich«, sage ich eines Abends zu Harald, als wir die Tische von der Straße holen.

»Aber sie hätten trotzdem genug Gelegenheit gehabt, uns zu antworten«, sagt Harald und blickt am Haus hoch – »schließlich wohnen sie ja da oben im Dachgeschoss.«

Energisch knülle ich ein Tischtuch mit Rotwein- und Soßenflecken zusammen. »Jetzt ist der Februar bald rum. Ich möchte die Verlängerung jetzt endlich in der Hand haben! Morgen spreche ich sie an. Notfalls klingle ich eben.«

Als ich unsere Vermieterin am nächsten Tag am Café vorbeihuschen sehe, fange ich sie ab. Ich habe ein mulmiges Gefühl, als ich sie anspreche: »Du, wann bekommen wir denn mal eine Antwort wegen des Mietvertrags?«

Ihre Augen huschen zur Seite, und sie murmelt eher, als dass sie spricht: »Ihr bekommt demnächst einen Brief.« Dann geht sie hastig weiter.

»Eigentlich war in diesem Moment doch schon alles klar«, seufzt Harald, als wir das Ganze einige Tage später rekapitulieren. Inzwischen haben sie uns auch einen Grund genannt für die Nichtverlängerung: Die Bewohner der Ferienwohnung, die direkt über dem Pablo liegt, hätten sich zu oft beklagt über den nächtlichen Lärm.

»Was für eine Ironie!«, lache ich grimmig. »Es waren nicht die berufstätigen Nachbarn. Nee, Urlauber haben sich beschwert – über den Lärm von Urlaubern!«

»Na, wenn das mal der einzige Grund war ...«, knurrt mein Mann. Und schüttelt sich einmal kurz, bevor er sagt: »Ist auch egal jetzt. Wir haben noch fünf Monate Mietvertrag und müssen mitten in der Saison raus.«

»Ja, wir Deppen«, stöhne ich. »Auf die Idee, Ende Dezember statt Ende Juli in den Vertrag zu schreiben, hätten wir damals ja auch mal kommen können.«

»Tja, da haben wir eben noch nicht so in Saisons gedacht.«

»Gut, schauen wir nach vorn. Morgen unterschreiben wir den Vertrag mit Lorenzo, übermorgen reden wir mit Ecki – und dann geht's los mit dem neuen Pablo. Hausnummer eins statt vier.«

»Aber es geht leider noch nicht mit dem Bauen los, Schatz. Sondern mit dem Planen. Wir brauchen diesmal einen Architekten, der uns den Bauantrag macht. Es muss ja alles neu gemacht werden da – Elektrik, Wasser, Toiletten und so weiter.«

»Weißt du, was Glück im Unglück ist?«, frage ich. »Dass sich niemand aus der Straße beschwert hat, sondern nur die Leute aus der Ferienwohnung.«

»Wieso jetzt?«

»Na, überleg doch mal: Der Sohn von Lorenzo ist doch jetzt Bürgermeister hier. Hätten sich Bürger von Santanyí beschwert, wäre es nicht so leicht geworden, für das neue Pablo einen Mietvertrag zu bekommen.«

»Mensch, ja, das stimmt! Da wird mir noch im Nachhinein schlecht. Wäre Lorenzo nicht so unkompliziert und kulant, wären der Patio und der *Porche* Geschichte gewesen. Und unsere Investitionen futsch.«

»Und die Bauerei stört Sie wirklich nicht?« Gelegentlich frage ich das Gäste, die an den Markttagen mittags auf der Straße Platz nehmen, direkt neben den Baumaschinen.

»Stören?«, lacht einer der Männer. »Deswegen sind wir doch hier!«

Wir haben inzwischen Mai, und die Bauarbeiten am neuen Pablo sind in vollem Gange. Trotzdem läuft der Restaurantbetrieb weiter. Irgendwoher muss das Geld für den Umbau ja kommen. Und es ist gar nicht so selten, dass Männer es sich gemütlich machen, *weil* wir umbauen. Während ihre Frauen über den Markt und durch die Boutiquen schlendern, begutachten sie mitten im Lärm, was Ecki und sein Sven so machen. Den Staub, den sie dabei einatmen, waschen sie mit einem mittäglichen Bierchen weg. Mir soll es recht sein.

»Sag mal, gestern wurde das Haus doch an den Strom angeschlossen, oder?«, fragt mich einer aus der Männerrunde.

Ich nicke.

»Und wie habt ihr das vorher gemacht?«

Ich grinse und zeige auf das Kabel, das parallel zu einer der typischen Wäscheleinen in Höhe des ersten Stockes quer über der Straße hängt – von Haus Nummer vier ins Haus Nummer eins. »War nicht ganz legal, hat aber vier Jahre lang funktioniert. Das Lustigste war der Tipp, den unser Handwerker uns damals gegeben hat: nicht heimlich nachts rüberschmeißen, sondern schön auffällig mitten am Tag, mit möglichst vielen Zeugen.«

»Hä?« Die Männer sehen aus wie wandelnde Fragezeichen.

»Na, wenn man das so macht, kommt niemand auf die Idee, dass man keine Genehmigung hat«, lache ich. »So funktioniert Mallorca.«

Und dann werfe ich einen Blick ins Haus, wo die Männer ackern wie eh und je. Die Fortschritte sind schon gut erkennbar. Auf meine offene Küche und vor allem auf die anständige, moderne Dunstabzugshaube freue ich mich sehr. Heute sind sie aber mit den Toiletten beschäftigt. Weil sie neu gemacht werden, müssen wir auch eine Behindertentoilette einbauen; das ist aufwendig und braucht Platz. Trotzdem bekommen wir erstmals einen Abstell- und Vorratsraum und einen Lagerplatz für Getränke. Rechts von dem Gang, den die Gäste weiterhin benutzen, um in den Patio und den *Porche* zu kommen, wird später Haralds Bar sein. Das Rückbüffet haben wir zu Hause bereits fertiggebaut, aus alten IKEA-Möbeln. Den Tresen holen wir, wenn es so weit ist, aus dem alten Pablo rüber.

»Das muss alles sofort hier verschwinden!«

Die schrille Stimme der Polizistin lässt keine Zweifel daran aufkommen, dass sie es ernst meint. Oh nein! Etwas Blöderes kann uns in diesem Moment nicht passieren. Und die strenge Beamtin setzt nicht mal ihre Sonnenbrille ab. Keine Chance auf Augenkontakt und bittende Blicke.

Es ist Ende Juni, und seit drei Tagen ist das Pablo geschlossen, weil wir den alten Caféraum in der Nr. 4 herrichten müssen für die Übergabe an die Vermieter. Es ist eine genau geplante Zug-um-Zug-Aktion – denn in den neuen Räumen wird noch gearbeitet. Wir können nur beten, dass Ecki zum 1. Juli fertig ist – aber früher wird es sicher nichts.

Immerhin haben wir das große Glück, dass unsere Straße gerade gesperrt ist, wegen Arbeiten an der Kanalisation ein paar Häuser weiter. Regen droht jetzt auch nicht mehr; es ist Hochsommer. Und so konnten wir heute früh alle Möbel und Geräte auf die Straße stellen, um in den alten Räumen zu putzen und die Wände zu weißen für den Schmuckladen, der da am 1. Juli rein soll. Es wäre alles perfekt aufgegangen – wenn nicht eine Nachbarin die Polizei gerufen hätte, weil sie gesehen hat, wie ein wenig Öl, also Speisefett, aus der alten Dunstabzugshaube ausgelaufen ist. So ein Mist!

Die Polizistin hat ja recht: Der Fleck auf dem Pflaster sieht sehr unschön aus. Aber sie tut so, als würden wir gerade das Grundwasser der gesamten Insel verseuchen. Wie dem auch sei: Es muss alles wieder rein in die alten Räume.

Als ich meinen Leuten diese Nachricht überbringe, tritt unser Kellner vor Wut gegen den Ofen – und klirr! ist das Frontglas hin. Das kann die Polizistin aber auch nicht erweichen – im Gegenteil. Mit dem Charme einer schlecht gelaunten Hyäne faucht sie ihn an, dass er die Scherben zu entfernen habe, und lässt uns stehen.

Bis zum Abend schaffen wir es mit unglaublich umständlichem Hin- und Herschieben des ganzen Krams, nach und nach das alte Café zu putzen und zu weißeln. Meine alte Küche mussten wir zum Glück nur grob reinigen – der Raum wird total umgebaut. Unsere Vermieter wollen dort eine Ferienwohnung einbauen. Das wird definitiv die kleinste Ferienwohnung, die ich je gesehen habe.

Zur Feier der Aktion leere ich mit einer Freundin eine ganze Flasche Sekt.

»Auf die Polizistin!«, kichere ich und schaue dann hinüber auf das Haus Nr. 1. »Ich merke schon jetzt, dass die Kündigung eigentlich ein Segen war für uns. Wir haben künftig bessere Räumlichkeiten und mehr Platz. Und das Bedienen über die Straße hinweg fällt weg.«

»Aber ihr verliert doch die zwanzig Plätze hier aus dem Café. Könnt ihr das denn verkraften?«

»Können wir«, bestätige ich. »Und außerdem: Schau dir mal an, wie breit das Haus da drüben ist und wie schmal das hier.«

»Ja, und?«

»Wir können in Zukunft mehr Tische auf der Straße aufstellen. Die Genehmigung gilt immer für die gesamte Fläche vor der Häuserfront. Doch, das passt schon so.«

Im Dezember 2014 sitzen Harald und ich im Auto nach Santanyí und sind beide hypernervös. Das neue Pablo läuft seit fünf Monaten bestens. Aus unserer Sicht sind die Bauarbeiten einwandfrei abgeschlossen worden. Aber unsere Sicht zählt heute leider nicht. Heute ist offizielle Abnahme. Heute wird überprüft, ob wir uns an alle behördlichen Vorgaben gehalten haben.

Harald versucht, mich und sich selbst zu beruhigen: »Die Abnahme macht derselbe Architekt, der die Planung gemacht hat. Der wird sich ja nicht selbst ins Knie schießen.«

»Dein Wort in Gottes Ohr. Das Pablo soll so bleiben dürfen, wie es ist! Schließlich haben wir im Sommer dort die schönste Hochzeit gefeiert, die ich jemals erlebt habe.«

»Zumindest angefangen hat die Feier dort«, nickt Harald. »Natalie und Borris waren so begeistert, weißt du noch? Und all ihre Gäste auch.«

»Und dann die Fortsetzung in der Finca, die sie gemietet hatten! Mit Poolparty und allem Drum und Dran. Und das bei Vollmond und in einer tropisch warmen Nacht!«

»Und für ihre Hochzeitsreise mussten sie sich keinen Meter mehr bewegen. Sie waren ja schon da ... Und wir sind jetzt auch da«, schließt Harald.

Nach dem Einparken nimmt er meine Hand: »Wird schon gut gehen, Nanni.«

»So kann man sich irren!« Ich bin außer mir. »Von wegen ›Wird schon gut gehen‹! Schön wär's!«

Harald schüttelt den Kopf. »Wie kann denn ein Architekt sein eigenes Werk dermaßen in Grund und Boden begutachten?«

»Na ja, das hat Ecki mir erklärt. Der war zwar auch völlig fertig, aber er hat verstanden, wieso der Architekt so superpenibel war. Vor allem bei der Behindertentoilette. Erstens hat er selbst ein behindertes Kind und nimmt die Regeln schon deshalb total ernst. Und zweitens weiß jeder, dass unser Vermieter der Vater des Bürgermeisters ist. Und niemand will in den Verdacht der Vetternwirtschaft geraten.«

»Na toll!«, schimpft Harald. »Und wieso war er nicht schon bei der Planung so penibel?«

Ich muss schon wieder beschwichtigen: »Wenn ich es richtig verstanden habe, hatten wir einfach Pech. Die Regeln haben sich genau in den Monaten zwischen Baubeginn und heute verändert. Und die Abnahme muss nun mal den aktuellen Regeln folgen.«

»Aber was aus diesem Pech folgt, ist der reine Wahnsinn.« Harald zückt einen Zettel: »Okay, die Tür muss nach außen aufgehen statt nach innen, das verstehe ich noch. Aber dass die Decke der Behindertentoilette um lächerliche fünf Zentimeter höher sein muss. Und die vorhandene Haltestange ebenfalls um lachhafte fünf Zentimeter versetzt werden muss. Und natürlich brauchen wir auch eine zweite Haltestange. Und im Ergebnis muss dann auch alles neu gefliest werden. Mahann!«

»Und wenn man dann noch bedenkt, dass wir seit Juli genau einen Rollstuhlfahrer zu Gast hatten – und der hat die Behindertentoilette überhaupt nicht bemerkt, sondern problemlos das normale Herrenklo benutzt.« Jetzt schüttle ich auch den Kopf – schon damit Harald nicht allein damit ist.

»Und zum Stichwort ›Behindertenfreundlichkeit‹!« Harald ist weiterhin auf hundertachtzig. »Wir haben doch den

Bordstein vor dem Eingang extra abgesenkt, damit Rollstuhlfahrer leichter reinkommen. Und jetzt sollen wir den wieder hochsetzen. Weil er der Kommune gehört. Arrrrgh!«

»Ja, das hat mich auch am meisten aufgeregt! Nach dem Sinn von Regelungen darf man hier offenbar nicht fragen – es geht nur um das sture Einhalten von Vorschriften. Und das auch nur in einem bestimmten Moment. Ecki erzählte mir vorhin, wie es läuft auf Mallorca: Bei der Abnahme wird alles total genau genommen – und ab dem Tag danach ist alles völlig egal. Er hatte vor Jahren mal eine Baustelle, wo eine Terrasse überdacht worden war und er nicht genehmigte Plexiglaswände aufgestellt hatte. Bei der Abnahme wurde verlangt, dass sie sofort entfernt würden, unter den Augen der Behördenvertreter. Und am Tag danach hat er auf Wunsch des Besitzers alles wieder aufgebaut. Jetzt fährt er jeden Tag an dieser Terrasse vorbei. Jeder kann sehen, dass die Auflagen ignoriert werden – aber niemand schert sich darum. Ist ja abgenommen worden.«

»Apropos abnehmen«, grinst Harald. »Was hältst du heute Abend von Butternudeln? Überbacken mit diesem leckeren Käse?«

Ich bin froh, dass er schon wieder witzeln kann, und lache gelöst mit. »Denk mal dran, wie wir vor einem knappen Jahr dastanden – ohne gültigen Mietvertrag ab Sommer. Wir haben es doch mal wieder sehr gut hinbekommen, insgesamt. Trotz der Umbauten am Behindertenklo jetzt.«

»Stimmt«, sagt Harald, der sich allmählich wieder beruhigt. »Und wir haben jetzt alles unter einem Dach.«

»Und nur noch eine Hausnummer«, ergänze ich.

»Yesss!«, macht Harald. »Und zwar die Eins!«

Ein Markttag in Santanyí

»Er ist drin, Harald! Der Artikel!«

Mit zitternden Händen halte ich das Magazin *Mediterrane Lebensart* in Händen. »Stefan hat es wirklich gebracht!«

Harald reißt mir das Heft fast aus den Händen. »Boah! Das sind ja … sechs … nee, acht Seiten! Und dazu noch Fotos! Guck, hier sind wir beide!«

»Aber ich hatte es zuerst!« Ich schnappe mir die Zeitschrift wieder und mache es mir draußen auf dem Sofa gemütlich. Stefan Saghauser war im Sommer wieder auf der Insel – und er hat uns einen Tag lang begleitet. Und uns wieder Löcher in den Bauch gefragt – aber diesmal nicht über Gronau, sondern über unser Restaurant hier in Santanyí. Und im Herbstheft 2018 hat er seine Reportage tatsächlich untergebracht.

In Pablos Patio

Nanni und Harald Burba, ein deutsches Paar, haben sich vor neun Jahren einen Lebenstraum erfüllt: ein Lokal auf Mallorca. Unser Autor Stefan Saghauser hat die beiden diesen Sommer in Santanyí besucht und sie einen Tag lang begleitet. Und er hat weit mehr gefunden als nur Kulinarisches.

Wer Santanyí im Sommer besucht, sollte am Stadtrand einmal anhalten und aussteigen, um zu lauschen. Denn man hört: nichts. Jedenfalls nicht den typischen Dreiklang, der für manche Teile von Playa de Palma so typisch ist während der Saison: wummernde Bässe, hupende Autos und grölende Ballermann-Touristen. Das kleine Städtchen Santanyí im Südosten der Insel hingegen liegt einfach da, mit seinen knapp 4.000 Einwohnern, und strahlt Ruhe aus. Selbst an den Markttagen hört man den Trubel erst kurz bevor man die Plaça Major erreicht. Kommt man dort schon am frühen Morgen an (der Markt dauert von 9 bis 14 Uhr), verzaubern einen die heiseren Rufe der Aufbauer, das Knattern der Motorini, der Geruch von Kräutern, Obst und Käse, der verführerische Duft aus den Cafés und Bäckereien, die Ahnung der sich ankündigenden Hitze.

Später am Vormittag dann herrscht in vielen Gassen des Zentrums dichtes Gedränge und mediterranes Treiben. Der Markt erstreckt sich weit über den wunderschönen, lang gestreckten, typisch südländischen Dorfplatz nahe der Kirche Sant Andreu hinaus in die umliegenden Altstadtgassen. Viele Touristen kommen speziell wegen des berühmten Marktes mit Bussen nach Santanyí – und drängen sich auch bei größter Hitze um die vielen Stände. Was auffällt, ist die hohe Qualität des Angebots. Schrilles Plastikspielzeug und andere asiatische Billigwaren wird man vergeblich suchen. Es dominieren geschmackvolle regionale Produkte wie Kunsthandwerk und Keramik. Von der verführerischen Farbenpracht des Angebots an Gemüse und Obst ganz zu schweigen. Und natürlich darf auf dem »Mercado« die Prise Meersalz nicht fehlen: das originale Salz aus den nahe gelegenen Salinen. Noch heute wird es auf traditionelle Weise gewonnen. Den dazu passenden Fisch und die Meeresfrüchte aller Art gibt es wegen der Hitze aber nicht auf dem Markt, sondern nur in der schattigen Fischhalle.

Wir verlassen den Markt durch schmale Gassen, die vom gelblich-braunen Farbton des Sandsteins geprägt sind, der für die Gegend so typisch ist. Neben Landwirtschaft (vor allem Mandeln) und neuerdings Tourismus ist der Abbau des Marès-Steins ein zentraler Wirtschaftsfaktor der Gemeinde. Der »Santanyí-Stein« ist einer der häufigsten Bausteine auf der Insel - bis hin zur Kathedrale in Palma.

Santanyí ist fast achthundert Jahre alt und hat wilde Zeiten hinter sich: Von der nahe gelegenen Küste bedrohten früher immer wieder Piraten den Ort. Heute werden die Strände aber eher von Touristen gestürmt und belagert. Und auch in der Gemeinde Santanyí hat inzwischen eine friedliche Eroberung stattgefunden: Ein Viertel der Einwohner der Gemeinde sind Ausländer - wobei sie wegen der hohen Mieten nicht im Städtchen selbst, sondern fast alle außerhalb davon wohnen. Wie auch Nanni und Harald Burba, die seit ihrer Auswanderung 2006 nahe Santanyí leben.

Ihr Café Pablo liegt in der Carrer des Sol - so schreiben die Mallorquiner das, was auf Spanisch »Calle del Sol« heißt, also »Sonnengasse«. Bis hierher, auf der anderen Seite der Kirche, streckt der Markt seine Fühler nicht aus. Aber die Marktbesucher schlendern natürlich auch hier entlang - und freuen sich über die einladenden Tische des Pablo mitten auf der Straße. Sie ist an den Markttagen für Autos gesperrt. Diese Tage, Mittwoch und Samstag, sind für Nanni die herausforderndsten, aber auch beglückendsten der Woche, sagt sie. Das sonst nur abends geöffnete Lokal bietet dann bereits ab zehn Uhr Speisen und Getränke an, weil so viele Menschen in der Stadt sind, die sich gern erfrischen und etwas essen wollen, bevor ihre Busse sie nachmittags zurück an ihre Urlaubsorte bringen. Anfangs haben Harald und Nanni noch Flyer auf dem Markt verteilen lassen, um Leute ins Pablo zu locken, aber inzwischen müssen sie häufig sogar Menschen abweisen, weil alles voll ist. Eine Erfolgsgeschichte. Auf den ersten Blick kurios, aber letztlich logisch ist die Information, dass Nanni den Markt nur sehr selten betritt. Nicht nur weil es ihr in der Saison viel zu voll ist dort, sondern vor allem weil sie dann in der Küche steht und kocht.

Nanni bestätigt unseren Eindruck, dass das Publikum an den Markttagen anders ist als das abendliche. Sie erkennt die Tagesausflügler mühelos am Aussehen und an der Kleidung – vom Sonnenbrand und dem Bierbauch über Tattoos bis zu den Stretchshirts den Shorts und den Plastiklatschen. Gäste mit nacktem Oberkörper hat sie seit jeher gebeten, sich etwas anzuziehen; inzwischen hat die Gemeinde das halb nackte Herumlaufen im Ort zum Glück verboten. Aber es seien weiß Gott nicht alle Tagesbesucher so, beeilt sich Nanni zu versichern. Sie freut sich über viele angenehme Gäste, die das Pablo an solchen Tagen neu entdecken.

Apropos entdecken: Nicht alle Tagesbesucher bekommen mit, wo der eigentliche Schatz des Pablo liegt – und dass die Bezeichnung »Café« glattes Understatement ist. Das Lokal ist ein regelrechtes Restaurant – und sein Patio (Innenhof), von dem aus man auf die angestrahlte Kirche blickt, bietet ein atemberaubendes Ambiente. Die Kellner und Kellnerinnen sind freundlich und fix – was übrigens keineswegs selbstverständlich ist auf der Insel. Sehr oft trifft man hier auf eher pampige und lustlose Servicekräfte. Der Grund: Während der Saison herrscht massiver Personalmangel – im Service und noch stärker in den Küchen. Die Kellnerinnen und Kellner haben es einfach nicht nötig, sich besondere Mühe zu geben. Dabei haben Umfragen unter Restaurantgästen schon oft gezeigt, was deren Prioritäten sind: Zuerst kommen Ambiente und Atmosphäre, als zweites ein freundlicher Service und dann erst die Qualität des Essens. Kurz gesagt: Wenn ein netter Kellner einem ein mittelmäßiges Essen bringt, bewertet man den Abend positiver, als wenn einem ein Spitzengericht lieblos hingeknallt wird. Zum Glück haben Harald, Nanni und ihr Team das verinnerlicht. Und schaut man ins Gästebuch ihrer Homepage, erkennt man, dass auch hier das Lob für das Ambiente und den Service alles andere überstrahlt. Harald und seine drei Kellnerinnen gewährleisten übrigens einen deutschsprachigen Service – das kommt der ganz großen Mehrheit der Gäste sehr entgegen.

Aber natürlich zählt auch das Essen. Nanni kocht mediterran und leicht, mit einer Prise exotischer Experimentierfreude. Fisch und Meeresfrüchte sind ein Muss an diesem Ort; Schwein hingegen findet sich kaum noch auf der Karte. Und über ihr Biorinderfilet sagt sie, dass dabei auch »Fast-Vegetarier« schwach würden. Aber die Nachfrage nach den »echten« Veggie-Gerichten und auch nach Biozutaten steigt von Jahr zu Jahr, hat Nanni registriert. Dem ebenfalls boomenden Nachhaltigkeitsgedanken werden sie gerecht, indem sie kein Mineralwasser anbieten, weil das in Spanien nur in Einwegflaschen existiert. Das Wasser wird vielmehr mit einer hochwertigen Filtermaschine aufbereitet – mit oder ohne Kohlensäure, gekühlt oder nicht, und serviert in speziellen, wiederverwendbaren Pablo-Flaschen. Deren Mehrweg führt allerdings manchmal auch in eine Gästetasche – die Flaschen sind ein beliebtes Souvenir.

Mittags und nachmittags empfiehlt Nanni ihren selbst gemachten Kuchen und die »Pablonis«: raffiniert gefüllte Toasts. Was die Abendkarte angeht, werden einige Gerichte im Gästebuch ausdrücklich gelobt, manche auch mehrfach: Das Biorinderfilet, das »Surf & Turf« (Biorinderfilet mit Fusilli und Gambas), die XL-Gambaspfanne, die Pablo-Pfanne (Schweinemedaillons mit Ziegenkäse überbacken), die verschiedenen Bowls (Asiabowl, Fischbowl und Pink-Powerbowl) und die krossen Entenkeulen mit Rotwein-Orangensauce. Wir kosteten die zarten Hähnchenbruststreifen in einer Kokos-Mango-Ananas-Salsa – sie ließen nichts zu wünschen übrig. Sehr verführerisch sind auch die Desserts: Mousse au Chocolat (laut *Mallorca geht aus* die beste der Insel), Mandelkuchen und der warme, herrlich saftige Schokomuffin mit flüssigem Kern und Fruchtsorbet.

Dass Frische eine große Rolle spielt, wird schon beim Betreten des Pablo deutlich: Auf Haralds Getränketheke stehen Töpfe mit frischen Kräutern: mallorquinische Minze (auch für den Hugo), Rosmarin, Basilikum und Petersilie. Mit Obst, Gemüse, Fleisch und Fisch beliefern Nanni Händler, die auch auf dem Markt verkaufen. Vieles, aber nicht alles, ist auf der Insel angebaut oder erzeugt. Für manche Gerichte brauchen sie im Pablo Zutaten, die mallorquinische Händler nicht kennen oder nicht führen. So müssen sie den Holundersirup für den Hugo importieren. Vieles andere bekommen sie aber auf der Insel – es gibt inzwischen jede Menge deutsche Drogerie- und Supermärkte.

Besucht man Nanni in ihrer Küche, prallt man zuerst zurück. In dem winzigen Raum ist es unglaublich heiß. Vierzig Grad sind normal. Und es ist voll. Außer Nanni arbeiten hier eine Spülkraft aus Marokko, der Beikoch von den Kapverden und in der Hochsaison noch jemand, der die Tapas macht und Zutaten vorbereitet. Zur Hitze sagt Nanni mit ihrem zupackenden Witz: »Wenn ein Gast klagt, es sei so heiß da draußen unterm Dach, beim kühlen Getränk, dann lade ich ihn ein, mal für drei Minuten zu uns in die Küche zu kommen. Danach würde er es draußen sicher gut aushalten.« Harald geht es nicht besser hinter der Theke – hier heizen die Kühlanlagen die Luft ebenfalls extrem auf. Immerhin gibt es da eine Klimaanlage.

Den wenigsten Restaurantgästen ist wohl klar, was für eine logistische Herausforderung das Managen einer Küche bei Hochbetrieb ist. Hier müssen alle Handgriffe und Gänge sitzen, und das häufigste Wort, das man hört, ist »*Cuidado!*« – Vorsicht! Ansonsten herrscht ein herrliches Sprachenwirrwarr, weil das Personal multikulti ist: Tschechen, Österreicher, Deutsche, Mallorquiner … Die Beiköchin spricht nur Spanisch; ein früherer Beikoch sprach Englisch und Spanisch. Und so ruft Nanni solche Sätze durch die Küche: »Please go arriba die Teller mit the gambas holen, por favor!«

Wenn der Laden voll zu werden verspricht (also fast immer), weiß Nanni zwar sehr gut, was sie schon vorbereiten kann. Aber weil sie vieles à la minute macht, entsteht doch oft Hektik. Sie muss ja auch immer im Auge haben, dass an jedem einzelnen Tisch die Pausen zwischen den Gängen nicht zu kurz und nicht zu lang sind. »Kann der Tisch schon weiter?«, ist eine der häufigsten Fragen an die Kellner. Und wehe, wenn der als Antwort sechs Zettel mit Neubestellungen ans Brett pinnt oder ein Gast seine Bestellung noch mal geändert hat. Dann muss sie manchmal Dampf ablassen. »Wenn die Nanni schimpft, dann richtig. Aber ich beruhige mich dann auch schnell wieder«, lacht die temperamentvolle Münsterländerin. Die Kommentare unzufriedener Gäste kann sie gut ausblenden - sie weiß, was sie kann. Mehr an ihren Nerven zerren Sonderwünsche und Umbestellungen. Die sind für Köche immer grausam - aber Nanni macht fast alles möglich. »Ich kann nicht so gut Nein sagen.«

Nanni und Harald genießen es, nach Küchenschluss draußen vor ihrem Lokal zu sitzen und zu erleben, wie sich die Gäste geradezu überschwänglich bedanken und verabschieden. Fast niemand geht ohne ein freundliches und anerkennendes Wort. In dieser entspannten Stimmung, in der die beiden ihr Lebenswerk genießen, kommen wir ins Plaudern. Nanni erzählt: »Jeder Tag ist anders. Es ist wie im Zirkus: Wie voll wird es, wie arbeiten die Kellner heute, wie klappt es in der Küche, wer sind unsere Gäste heute?« Die meisten Gäste sind Deutsche - Touristen oder sogenannte *Residentes,* also Leute, die dauerhaft hier leben oder zumindest den ganzen Sommer hier verbringen, meist im eigenen Haus. Aber auch Fincaurlauber, die keine Lust haben, selbst zu kochen. An den Abenden komme auf jeden Fall die eher kultiviertere Klientel - die aber oft auch anspruchsvoller sei. »Man kann auch sagen: komplizierter.«

Zusätzlich mühsam kann es werden, wenn Kinder mit am Tisch sitzen und die Eltern sich jeder Laune ihrer Schätzchen beugen. »Mein Kind ist gegen alles allergisch – was kann es essen?«, habe mal eine Mutter gefragt. Nannis Verdacht war, dass das arme Wesen vor allem gegen seine Mama allergisch war. Am Ende bekam es einen Salat ohne Soße. Ansonsten muss sie am häufigsten Kinderteller mit folgenden Gerichten fertig machen: Spaghetti mit Tomatensoße, Spaghetti mit Butter (»Ist die laktosefrei?«), Spaghetti mit Ketchup (»Aber nur Heinz-Ketchup«), Spaghetti mit Parmesan (»Soll aber nicht nach Käse schmecken«), Spaghetti mit Gemüse (»Aber nicht dieses komische da. Am besten nur Möhrchen«), Spaghetti mit Hähnchen (»Ist das vegetarisch?«), Spaghetti mit Sahnesoße (»Aber bitte ohne Fett«), Spaghetti ohne alles (»Aber nicht so trocken«). Manchmal sehnt Nanni den September herbei, weil sie dann keine Pasta mit Spezialunverträglichkeiten mehr zubereiten muss. »Aber die meisten Kinder sind absolut entzückend, wie ihre Eltern auch. Und die verwöhnten Kinder tun mir oft vor allem leid.«

Und es sind ja keineswegs nur Kinder, die immer speziellere Wünsche anmelden. Auf fünf Teller »Spaghetti Gambas« kommen im Schnitt sieben Sonderwünsche: nicht scharf, extrascharf, mit Extraknoblauch, ohne Knoblauch, ohne Gambas ... da verliert man schnell die Übersicht, wenn viel los ist. Noch anstrengender seien aber die hypochondrischen Gäste. »Ein Arzt hat mir mal erklärt, dass es überhaupt nicht sein könne, dass plötzlich zehnmal so viele Leute laktoseintolerant seien wie noch vor zehn oder zwanzig Jahren. Da ist viel Einbildung dabei. Genauso bei Gluten: Viele scheinen zu glauben, dass das ein künstlicher, böser Stoff sei, den die Chemieindustrie herstellt und in unser Essen mischt. Dabei ist es ein natürlicher Bestandteil von Getreide, den nur sehr wenige Menschen tatsächlich nicht vertragen. Dass viele Leute keine Ahnung haben, merkt man ja schon, wenn sie das Wort ›Gluten‹ falsch betonen. Die denken wohl, in glutenhaltigem Essen glüht irgendwas Schädliches und wahrscheinlich Krebserregendes vor sich hin. Und dann fragen sie, ob unser Mineralwasser glutenfrei sei. Oder vegan. Oder alkoholfrei. Alles schon da gewesen. Meine Lieblingsbestellung war mal: ›Ein laktosefreier Latte macchiato, ein glutenfreies Croissant und vegane Butter, bitte.‹«

An den Markttagen bleiben die Gäste mittags meist nur kurz, sodass mehrere Durchgänge pro Tisch die Regel sind. Abends hingegen wollen Nanni und Harald ihren Gästen maximale Entspannung bieten. Dazu würde eine Ansage wie »Sie müssen aber bis halb zehn wieder weg sein« nicht passen. Deshalb vergeben sie pro Tisch nur eine Reservierung am Abend - auch wenn sie dadurch auf Umsatz verzichten. »Langfristig ist die Zufriedenheit der Leute unser größtes Kapital«, erklärt Harald die Strategie.

Reservierung ist also dringend empfohlen - und schafft zugleich Probleme. Immer wieder schauen sich Leute im noch halb leeren Lokal um und verstehen nicht, dass sie keinen Platz bekommen: »Ist doch noch ganz viel frei.« Die Reserviert-Schilder auf allen Tischen übersehen sie dabei. Oder sie »übersehen« sie. Das gilt auch für Stammgäste, die mit der Zeit zu

Freunden werden. Es ist kompliziert für Nanni, wenn
so jemand Erwartungen an sie stellt und dabei den Bereich »Freundschaft« mit dem Bereich »Geschäft« vermischt. Das kann der Wunsch nach Rabatt oder Gratis-
getränken sein oder eben das Begehren, ihnen spontan
einen Tisch zu geben, obwohl alles reserviert ist.
Eher erheiternd dagegen sind Leute, die angesichts
des vollen Lokals argumentieren, sie wollten doch
»nur eine Kleinigkeit« essen. Als wenn man sich dafür
nicht hinsetzen muss.

Ihre Landsleute erkennen Nanni und Harald oft
kaum wieder. »Im Urlaub können Deutsche so nett
sein!« Ein weiterer Vorteil von Mallorca: Anders
als in ihrer westfälischen Heimat haben sie es hier
nicht nur mit den oft spröden Münsterländern zu tun,
sondern auch mit geselligen Hessen, lockeren Rhein-
ländern, gemütlichen Bayern, höflichen Hamburgern
und so weiter. Was Nanni aufgefallen ist: Nach der
Flüchtlingswelle 2015 sind viele Leute noch netter
und dankbarer geworden. »Das Bewusstsein dafür, wie
gut es uns geht, ist gewachsen.«

Neben den Deutschen erweisen sich oft auch Engländer und Schotten als sehr nette Gäste, und auch
die Österreicher, die Schweizer und die Holländer
zeigen, dass sie sich wohlfühlen. Wobei nur Deutsche und Holländer das auch in Form von großzügigem
Trinkgeld ausdrücken. Die anderen sind eher knaus-
rig – wie zum Beispiel das sehr nette und herzliche
schottische Stammgastpärchen. »Manchen Gästen würde
ich gern mal den Tipp geben, dass es besser ist, gar
nichts zu geben, als eine Rechnung von über hundert
Euro um fünfzig Cent aufzurunden«, schmunzelt Nanni.

Kompliziert ist es manchmal mit französischen
und mit manchen spanischen Gästen. »Die Franzosen

reklamieren gern und sind oft enttäuscht, dass die Speisekarte nicht auf Französisch ist. Fremde Sprachen scheinen unter ihrer Würde zu sein. Viele kriegen nicht mal *Uno, dos, tres* hin. Dabei ist der Unterschied ja nicht sooo groß«, lacht Nanni. Bei den Spaniern aus der Region Madrid hat sie oft den Eindruck, dass sie keinerlei Gespür dafür haben, dass und warum die Hauptstadt und die Zentralmacht nicht sonderlich beliebt sind auf den Balearen und warum manche Mallorquiner Deutsche lieber mögen als Madrilenen. Die sind für sie ungeliebte »Ausländer«.

Früher waren es ja meistens die Adligen und die Reichen, die über »das Personal« sprachen (und schimpften). Heute sind es vor allem die Gastwirte. Wobei Nanni und Harald sehr zufrieden sind mit den aktuellen Kräften. Sie wollen sie gern langfristig halten - obwohl die Fluktuation auf der Insel enorm hoch ist. Denn wie sehr viele Betriebe kann auch das Pablo die Leute nur für die Saison anstellen, also von Mitte März bis Anfang November (und vielleicht eine Woche über Silvester). Das ist bitter für die Angestellten, weil es Arbeitslosengeld nur gibt, wenn man mindestens zwölf Monate Arbeit in Festanstellung zusammenbekommt, also nur alle zwei Jahre. Jeden zweiten Winter müssen sie sich ausschließlich mit den Ersparnissen des Sommers und mit Arbeitslosenhilfe durchschlagen. Manche gehen auch als Saisonarbeiter in die Skigebiete Österreichs. Und in diesem Sommer sollen Köche und Kellner in Palma teilweise am Strand geschlafen haben, weil sie keine bezahlbare Bleibe fanden. Der Erfolg frisst manchmal seine Kinder auf Mallorca.

Die unterhaltsameren Geschichten handeln natürlich immer von den Fehlgriffen. Da war zum Beispiel
der Kellner, der nach einer Woche Arbeit mehr Geld
verlangte und sich für den Größten hielt – was Harald und Nanni keineswegs so sahen. Und vor allem
waren da die legendären Italiener.

2014, nach fünf sehr anstrengenden und wechsel-
haften Pablo-Jahren und noch viel mehr Jahren am
Herd, wollte Nanni mal aus der Küche raus. Lassen
wir sie die Geschichte selbst erzählen:

»Auf die Stellenanzeige ›Koch oder Köchin gesucht‹
hin gab es ganz schön absurde Bewerbungen. In den
Gesprächen wollten manche überhaupt nichts über uns
oder das Lokal oder unsere Karte wissen – dafür umso
mehr über freie Tage. Außerdem zogen sie über ihre
bisherigen Arbeitgeber her. Wenn jemand in seiner
ganzen Karriere nur schlechte Chefs erwischt, aber
nie selbst Fehler gemacht hat, dann werde ich schnell
misstrauisch. Schließlich stellte sich ein Italiener vor, der wenigstens wusste, wovon er redete.
Er lebte schon lange auf der Insel und brachte auch
seine Frau mit, als Beiköchin. Außerdem erreichte
er, dass wir seine Tochter als Bedienung anstellten.
Deren Gastspiel war allerdings kurz: Nach drei Tagen
verstauchte sie sich in ihrer Freizeit wohl den Fuß
und bezog ab dann Lohnfortzahlung, ohne jemals wieder
aufzutauchen. Umso präsenter waren ihre Eltern: Sie
stritten mit jedem herum, veränderten unsere Karte
komplett, kochten nicht besonders gut und kauften
unkoordiniert und viel zu viel ein. Die Spannungen
nahmen zu – und eines Abends eskalierte ein Streit
so, dass der Italiener schließlich laut brüllend
eine Buddhafigur (ausgerechnet!) von der Theke nahm
und quer durch das Lokal schleuderte. Woraufhin sie

erklärten, hiermit fristlos zu kündigen, und mich stehenließen. Es war sicher kein Zufall, dass sie dafür einen Abend nutzten, an dem Harald freihatte. Und so stand ich da: das Lokal voll, der Koch und die Beiköchin weg. Was sollte ich machen? Das, was bereits in der Mache war, wie den Fisch im Ofen, habe ich fertig gekocht und serviert – aber manchen Gästen mussten wir sagen, dass wir sie leider nicht bedienen können. Ich war natürlich total aufgewühlt. Und ich bin froh, dass mir nichts rausgerutscht ist wie ›Ich will euch hier nie wieder sehen!‹, als die Italiener gingen. Unser Anwalt hat mir später erklärt, dass man mir das nachträglich als Kündigung hätte auslegen können. Dann wäre auch noch eine Abfindung fällig geworden. Aber auch so mussten wir ihnen noch eine Weile ihr Gehalt weiterzahlen. So sind die spanischen Arbeitsgesetze. Ich fragte mich damals, wie ich mich dermaßen hatte täuschen können in meiner Menschenkenntnis. Aber später erfuhr ich, dass ich auf Profis hereingefallen war, die schon viel Übung hatten. So ähnlich wie Mietnomaden waren sie eine Art ›Arbeitsmessies‹. Und sie kannten ihre Rechte ganz genau.«

Nanni hat damals in einer Nacht-Aktion eine neue Karte geschrieben und am nächsten Tag mit einer kurzfristig engagierten Beiköchin und sich selbst als Köchin wieder aufgemacht. Und sich damals geschworen, nie wieder einen Koch zu suchen. Sondern selbst zu kochen, bis sie umfällt. Denn, um das passende Bild zu verwenden: Ein Restaurant steht und fällt mit dem Menschen am Herd.

Am späten Abend, als nur noch eine kleine Schar Gäste da ist, werde ich noch ins Geheimnis des ersten Stockes eingeführt. Dort hat Harald, der »Mago

Pablo«, sich einen Zaubersalon eingerichtet, der Platz für 16 Zuschauer bietet. Die Magie hat ihn schon immer fasziniert. Angeregt durch die Sendung *Sport - Spiel - Spannung* mit Klaus Havenstein wurde das Zaubern schon in Gronau sein Hobby, das er zur Freude der Gäste mit viel Fingerfertigkeit und Üben ausbaute. Bei einem französischen Magier kaufte er sich damals einige Tricks - also sowohl das Equipment als auch die Anleitung.

In der Nebensaison bietet er anderthalbstündige Shows an - für Erwachsene und Kinder ab zwölf. Die »Close-up-Zauberei« steht auch in der Speisekarte. Oft kommen die Leute zuerst in seine Show und essen dann im Restaurant. In der Hochsaison geht das nicht, weil im Lokal zu viel zu tun ist. Dann zaubert er ab und zu am Tisch. Harald schwärmt vor allem von seinen jungen Zuschauern: »Die Kinder schauen viel genauer hin als die Erwachsenen. Manchmal kommen welche zu mir und zeigen mir strahlend, dass sie den Trick, den ich im Vorjahr vorgeführt habe, jetzt selbst beherrschen. Die Erwachsenen hingegen kommen schon am nächsten Tag wieder - und betteln, dass ich ihnen den Trick verrate. Sie hätten die ganze Nacht nicht geschlafen.«

Nach der Zaubershow gehen wir an diesem magischen Abend noch ins Sa Cova (verdient einen eigenen Artikel in dieser Serie). Wenn Nanni mal ins Erzählen kommt, ist sie kaum noch zu stoppen.

Als ich frage, welche Ausflugsziele auf Mallorca sie mir und den LeserInnen von *Mediterrane Lebensart* empfehlen könnten, lacht sie laut auf und erzählt von folgendem Dialog mit einem Stammgast, der sich gerade gestern abgespielt habe.

Gast: »Wir waren heute in … Nanni, helfen Sie mir … wie heißt noch mal dieser bekannte Berg mit dem berühmten Kloster?«

»Äh … keine Ahnung, leider. Ich war da noch nie …«

»Was?!? Wie lange wohnt ihr jetzt auf Mallorca?!«

»Ich weiß, ich weiß. Zwölf Jahre. Und die meisten Urlauber kennen die Insel nach drei Wochen besser als wir …«

Danach springt sie zum Thema »Einstecken können«. Ihre Marotte sei, dass in der Küche immer alles schön gerade und ordentlich dastehen müsse. Auch in der größten Hektik gelte jeder dritte ihrer Handgriffe dem energischen Zurechtrücken von Dingen. Und so hat sie auch einmal mit viel Schwung die Doppelfritteuse an ihren Platz geschoben. Leider war da aber kein Deckel drauf - und so schwappte das siedende Fett genau auf ihre Hand. Das geschah abends um sechs - und alle Tische waren besetzt oder reserviert. Sie musste trotz der höllischen Schmerzen kochen. Eine vom Personal alarmierte Nachbarin holte ihr eine Salbe aus der Apotheke - und weiter ging's.

»Das war mein schlimmster Arbeitsunfall; schlimmer als das mit dem Messer.« Aber auf die Frage, welche Hand es denn eigentlich gewesen sei, blickt sie mich verblüfft an: »Das weiß ich nicht mehr. Ist doch schon Monate her.« So ist Nanni - immer im Hier und Jetzt. Mit vergangenem Glück und Unglück hält sie sich nie lange auf. Harald brummt: »Ein Segen, dass du jetzt den Induktionsherd hast. Sonst würdest du dich viel öfter verbrennen.«

Dann erzählt Nanni von ihren beiden häufigsten Gastro-Albträumen. Den ersten kennt sicher jeder in der für seinen Beruf zutreffenden Variante: Sie träumt, dass das Lokal plötzlich rappelvoll ist und sie jede Menge zu tun hat, aber es einfach nicht schafft, die Speisen auf die Teller zu bringen. Vor ihr stehen die leeren Teller, hinter ihr die drängelnden Kellner – aber das Essen will und will nicht vom Löffel oder vom Pfannenwender runter.

Der andere ist wirklich originell und hat mit den Vorlieben der Pablo-Gäste zu tun: »Jedes Jahr habe ich irgendwann in der Saison einmal den Albtraum, dass ich im Meer schnorchle, um Fische zu betrachten, und dann kommen Hunderte von Gambas mit ihren Fühlern auf mich zu und wollen mich auffressen …«

Apropos Gäste: Ein paar Anekdoten haben Nanni und Harald noch auf Lager.

- Kellner: »Möchten Sie das Rinderfilet *medium?*«
  Gast: »Ja, das wäre schön, nicht so ein großes Stück. So ein mittleres ist okay.«
- Eine Frau deutet auf den »frisch gepressten« Orangensaft in der Karte: Wann der denn gepresst worden sei? Der Kellner antwortet schlagfertig: »Gepresst wird er erst, wenn Sie ihn bestellen. Aber gepflückt wurden die Orangen heute um Mitternacht von zwölf mallorquinischen Jungfrauen.«
- Die Evolution geht neue Wege. Der Kellner fragt eine Dame mit Hund: »Darf er ein Stückchen Fleisch haben?« Darauf die Dame entsetzt: »Um Gottes willen! Der Hund ist Vegetarier!«
- Der Kellner kommt an einen Tisch, an dem sieben erwachsene Frauen sitzen. Sie haben zur umsatzstärksten Zeit zwei Tische zusammengeschoben. »Was möchtet ihr trinken?« Eine Frau antwortet: »Wir hätten gern zwei Gläser Weißwein, verteilt auf sieben Gläser.«

Nun, am Ende dieses aufregenden und informativen Abends hatten wir wohl eher sieben Gläser Wein, verteilt auf drei Personen. Wir verabschieden uns herzlich. Und ich kann aus vollem Herzen sagen: »Auf Wiedersehen, Pablo!«

Info Café Pablo:
Inhaber: Marianne (»Nanni«) und Harald Burba
Besteht seit: 2009
Anschrift: Carrer des Sol 1, Santanyí – Mallorca
Öffnungszeiten: Montag–Mittwoch und Freitag–Sonntag 18:00 Uhr–ca. Mitternacht
An Markttagen (Mittwoch und Samstag) zusätzlich von 10:00–14:00 Uhr
Donnerstag Ruhetag
Plätze: 64 (an Markttagen ca. 90), davon 34 überdacht
Reservierung empfohlen
Küche (Nanni Burba): gehobene Mittelklasse
Preise: moderat
Ambiente: *****
Homepage: www.cafe-pablo.com

»Ich krieg keine Luft mehr!«

»Wie bitte?! Die Kehle aufschlitzen?«

Etwas ungläubig schaue ich zwischen dem entspannt lächelnden Arzt und der etwas verlegen wirkenden Dolmetscherin hin und her. Nachdem ich schon seit Längerem immer wieder mal Halsweh und Beschwerden beim Schlucken verspürte, habe ich mich endlich aufgerafft, das überprüfen zu lassen. Von der kleinen Zyste am Zungenbein wusste ich schon länger, aber damals hat der Arzt gemeint, es sei nicht akut bedrohlich. Ich solle es beobachten und mich melden, wenn ich Beschwerden hätte.

Die habe ich jetzt. Beziehungsweise schon seit einer Weile. Manchmal bin ich nachts davon aufgewacht, dass ich schwer Luft bekam. Dann habe ich mit wild klopfendem Herzen wach gelegen und gedacht: Und wenn es Kehlkopfkrebs ist? Wie bei Helmut? Unseren alten Freund haben wir vor zwei Jahren beerdigen müssen – viel zu früh. Aber am nächsten Morgen habe ich das Thema dann immer energisch verdrängt. »Ist noch nicht so schlimm« und »Keine Zeit« hießen die Sätze, die ich mir sagte. Bis nach ein paar Tagen der nächste nächtliche Panikanfall kam ...

Nun sitze ich also hier in der schicken neuen Moore-Klinik in Palma. Es ist Januar 2020, und wir besprechen die Untersuchungsergebnisse. Die gute Nachricht: Es ist kein Krebs. Aber die Zyste ist gewachsen, und der Arzt meint, wir sollten das jetzt mal beheben. Seine Beschreibung, was genau dabei getan wird, fällt etwas drastisch aus. Das scheint seine Art von

Humor zu sein. Jetzt beeilt er sich gerade nachzuschieben, dass die Operation »*muy fácil*« – sehr einfach – sei und es mehr oder weniger um einen ambulanten Eingriff gehe. Reine Routine. Ich käme nachmittags, würde abends operiert und könne am nächsten Tag wieder nach Hause gehen. »Wir sollten es bald machen«, fügt er noch hinzu.

Trotz des etwas derben Einstiegs fühle ich mich hier gut aufgehoben. Und ich bin froh über meine gute Absicherung. Selbstständige haben in Spanien automatisch eine Kranken- und Rentenversicherung. Harald und ich haben außerdem eine private Zusatzversicherung, mit der wir Privatbehandlungen, deutsche Ärzte oder, wie hier, eine Chefarztbetreuung mit Dolmetscherservice in Anspruch nehmen können. Wenn es um die Gesundheit geht, verlasse ich mich lieber nicht auf mein rudimentäres Spanisch und Catalán oder auf meine Schulenglischreste – und die der Ärzte.

Als es um die Terminvereinbarung geht, frage ich noch mal nach: »Es genügt, wenn ich gegen siebzehn Uhr hier bin? Meine Freundin fliegt nächste Woche Donnerstag um sechzehn Uhr zurück nach Hause. Ich könnte dann direkt herkommen.« Kein Problem, wird mir signalisiert. Und damit ist es abgemacht.

»Ach, das ist wirklich schön, dass du bis kurz vor meiner OP hier bist«, sage ich am Mittwoch der folgenden Woche zu Claudia, als wir das Abendessen vorbereiten. »Ich habe schon ein wenig Angst. Vollnarkose ist ja immer etwas unheimlich, weil man keine Kontrolle hat, was passiert. Und ich war noch nicht oft im Krankenhaus. Auf Mallorca noch gar nicht.«

»Toi, toi, toi«, macht Claudia und klopft auf den alten Küchenschrank neben dem Herd, dessen Arbeitsplatte zum Glück aus echtem Holz und nicht aus Pressspan oder Kunststoff ist.

»Ich hätte ja in diesen Tagen auch keine Ablenkung gehabt, weil das Pablo zu ist. Dann hätte ich sicher zu viel gegrübelt«, sage ich nachdenklich. Und umarme meine Freundin plötzlich ganz fest. Ich habe das Gefühl, dass ich sie gerade sehr brauche, um nicht in eine Panikattacke zu rutschen wegen der morgigen OP. Ein Glück, dass sie sich diese Woche Zeit nehmen konnte für ihren Besuch bei uns. Es waren fröhliche, ausgelassene Tage. Aber jetzt naht der Abschied – und das Messer des Arztes an meiner Kehle.

Für den Tag von Claudias Abreise haben wir uns einen langen Strandspaziergang vorgenommen. Danach wollen wir noch etwas essen gehen – na ja, Claudia jedenfalls; ich soll nüchtern erscheinen in der Klinik – und dann direkt zum Flughafen fahren.

Als wir durch den Sand stapfen, spüre ich, dass Claudia nachdenklich ist. Sie nimmt Anlauf, etwas Ernstes anzusprechen. Dass sie keine Scheu hat, mich auch mit unangenehmen Fragen und Wahrheiten zu konfrontieren, ist einer der Gründe, weswegen sie meine beste Freundin ist. Es ist nicht immer einfach und entspannt mit ihr – aber dass sie mich immer wieder fordert und mir hilft, mich meiner Seele zu stellen, ist ein Segen. Manchmal liegt sie zwar auch daneben mit ihren psychologischen Spekulationen – aber viel öfter trifft sie genau ins Schwarze.

»Hast du mal drüber nachgedacht, ob es vielleicht kein Zufall ist, dass du eine Krankheit bekommst, bei der dir die Luft wegbleibt?«

Wie immer wehre ich erst mal ab. »Was heißt hier Krankheit? Das ist doch nur eine Zyste. Und ich bin über sechzig. Da darf doch mal ein Zipperlein kommen.«

Claudia schmunzelt wissend. Wäre sie eine Fremde, würde ich jetzt wahrscheinlich aus der Haut fahren. Ich kann es nicht ausstehen, wenn Leute so überlegen tun. Und sich anmaßen, jemanden, den sie gar nicht kennen, wie einen Therapiepatienten zu behandeln und so zu tun, als wüssten sie besser über seine Psyche Bescheid als er selbst.

Aber bei Claudia ist es anders. Weil sie mich wirklich gut kennt. Und weil sie den Finger furchtlos dahin legt, wo es wehtut. Mit aufrichtiger Zuneigung sagt sie: »Ich hab einfach das Gefühl, dass du dir seit vielen Jahren unglaublich viel auflädst. Das scheint mir der eine Grund zu sein, aus dem es dir buchstäblich manchmal die Kehle zuschnürt. Ich meine, seit der Auswanderung geht es doch Schlag auf Schlag. Ununterbrochen. Mal aufwärts, mal abwärts. Aber immer mit Vollgas.«

Ich lache bitter: »Seit der Auswanderung? Und was war davor? Die Pleite? Der Brand? Die Schneekatastrophe? Wolfgangs Kündigung? Der Umbau des Liliom?«

Claudia nickt. »Siehst du, das meine ich doch. Und hier ging es dann weiter. Wann hast du denn mal Luft geholt? Durchgeatmet? Und immer wieder wart ihr in Sorge um eure Existenz. Erst seit ein paar Jahren seid ihr, was das angeht, in etwas ruhigerem Fahrwasser. In solchen Phasen kommen dann oft die Signale des Körpers. Zumal ihr einfach unglaublich viel arbeitet. Seit Jahrzehnten. Du hast im wahrsten Sinne des Wortes viel am Hals.«

Ich murmle: »Du hast ja recht. Aber zum Ausgleich hab ich doch mein Pilates am Strand. Immer dienstagmorgens.«

»Ja, das hilft sicher. Vor allem gegen die Rückenschmerzen. Und du hast ja auch eine Bombenkondition. Aber was zu viel ist …«

Nachdenklich bahne ich mir weiter meinen Weg durch den weichen Sand. Es ist kein typischer Mallorca-Tag. Eher windig und bewölkt. Fühlt sich mehr nach Nordsee an als nach Mittelmeer. Nur wärmer.

Ich gebe mir einen Ruck und ergreife die Hand, die Claudia mir eben hingestreckt hat mit ihrer Bemerkung. »Du hast eben gesagt, die viele Arbeit und die häufigen Sorgen seien einer der Gründe. Was meintest du damit? Gibt's noch mehr?«

Claudia bleibt abrupt stehen und fasst mir sanft an die Schulter. »Nanni, ich bin jetzt seit einer Woche hier. Ich bin deine beste Freundin. Und du hast kein einziges Mal über das gesprochen, was letzten Sommer passiert ist. Über den Tod deiner Mutter.«

Ich bin wie vom Donner gerührt. Sie hat recht – und es war mir bisher überhaupt nicht aufgefallen. Das muss man sich mal vorstellen! Meine beste Freundin ist da, ich habe meine Mutter verloren, und wir reden kein Wort darüber. In mir bildet sich ein flüssiger Kloß – wenn es so was wie flüssige Klöße gibt. Mühsam frage ich: »Warum hast du mich … denn nicht … gefragt?«

Claudia zuckt mit den Achseln. »Hab's versucht. Aber du hast ausgestrahlt, dass du nicht darüber sprechen willst. Und zwar zehn Meilen gegen den Wind.«

Der Kloß verflüssigt sich jetzt vollständig – und ich falle Claudia heulend in die Arme. Minutenlang bringe ich nur Schluchzen hervor. Sie hält mich einfach nur fest. Das tut so gut.

Während ich mir die Nase putze, sagt sie: »Ich weiß eigentlich sowieso wenig über deine Eltern. Du hast das Thema immer schon eher gemieden. Aber diesmal ...«

»Ach, Claudia! Das liegt daran, dass ich nicht weiß, was ich fühlen soll, jetzt wo sie tot ist. Was ich fühlen darf.«

»Wie meinst du das?«

»Puh!«, mache ich. »Natürlich bin ich traurig. Aber manchmal auch wütend auf sie. Immer noch. In anderen Momenten tut sie mir furchtbar leid, und ich habe ein schlechtes Gewissen. Und sowieso weiß ich nie, was meine eigene Trauer ist und was Mitleid mit meinem Vater. Wobei ...«

»Ja?«, macht Claudia.

Ich muss durch meine Tränen hindurch lachen: »Stell dir mal vor: Ein paar Wochen nach ihrem Tod hat mein Vater mich angerufen und ganz stolz erzählt, dass er sich bei ALDI eine Stretchjeans gekauft hat. Er sagte: ›Ich wollte auch mal eine Jeans tragen. Mama hat das ja abgelehnt ...‹ Zieh dir das mal rein! Mit 94 durfte der Mann sich endlich einen so banalen Wunsch erfüllen. Eigentlich ist das auch eher zum Heulen als zum Lachen, oder?«

Claudia nickt. Sie sieht ganz erschrocken aus, lässt mich aber weiterreden.

»Ich glaube, mein Vater fühlt sich auch irgendwie ... manchmal fast befreit durch ihren Tod. Das ist einerseits schrecklich, aber andererseits auch tröstlich, finde ich.«

Claudia nickt. »Ja, gut beschrieben. Aber jetzt rede mal nicht über deinen Vater, sondern über dich. Wie war dein Verhältnis zu deiner Mutter denn nun? Und was war sie für ein Mensch?«

»Tja, wie war unser Verhältnis ...?« Ich suche nach den richtigen Worten. »Es lag eigentlich immer Spannung in der Luft, wenn ich dort zu Besuch war. Und ich war immer froh, wenn ich mich mal aufs Fahrrad schwingen und wegfahren konnte. Ich wollte da nie lange sein. Überleg mal: als erwachsene Frau! Bis zuletzt!«

»Na ja, im Elternhaus verwandelt man sich oft in das Kind zurück, das man dort war. Vor allem wenn bestimmte Dinge nie geklärt wurden.«

»Oh ja, darin waren wir wirklich schlecht, im Klären. Bei uns zu Hause gab es sehr selten offenen Streit, obwohl die dominante Art meiner Mutter den eigentlich dauernd hätte provozieren müssen. Es lag eher eine latente Spannung in der Luft. Aber wir Kinder haben eher die Da-rein-da-raus-Methode entwickelt, statt aufzubegehren. Und mein Vater hielt sich auch am liebsten raus – sogar dann, wenn wir Kinder ihn gebeten haben, was zu sagen, weil meine Mutter ungerecht war. Wir haben alle viel geschluckt. Und meine Mutter ist immer mehr in die Rolle der Familienherrscherin gerutscht. Manchmal denke ich, sie war auch unglücklich damit. Es hätte ihr wahrscheinlich auch gutgetan, wenn ihr mal jemand Widerstand entgegengesetzt hätte. Ach, wer weiß. Der Zug war ja auch schon lange abgefahren. Jedenfalls: Es war nie entspannt. Immer angespannt.«

Claudia schüttelt den Kopf: »Ich hab versucht mitzuzählen, wir oft du eben die Wörter ›angespannt‹, ›Spannung‹ oder so ähnliche benutzt hast, aber ich hab irgendwann aufgehört.«

Ich bleibe plötzlich stehen und lache kurz auf: »Weißt du, was mir gerade auffällt? Meine Mutter hat immer erzählt, dass draußen ein Gewitter tobte, als ich geboren wurde. Wohlgemerkt: Ich habe im Dezember Geburtstag. Da sind Gewitter ja extrem selten. Irgendwie war die Spannung zwischen uns offenbar schon während der Schwangerschaft da und musste sich entladen.«

Claudia fragt leise: »Hat sie dich wirklich nie besucht hier? Bis zum Ende nicht?«

Ich schüttle den Kopf: »Nie. Mein Bruder hat es immer wieder versucht und ihr angeboten, sie zu begleiten. Und sie wäre so einer Reise auch durchaus gewachsen gewesen. War mein Papa ja auch, er war ja mehrfach hier. Aber sie wollte einfach nicht. Sie hat meine Auswanderung immer missbilligt und konnte nie über ihren Schatten springen. Das hat mich schon ganz schön verletzt, dass sie nicht sehen wollte, was wir uns hier aufgebaut haben. Sie hatte irgendwie etwas Verbittertes.«

Ich setze mich wieder in Gang. »Aber was ich bis heute nicht verstehe: Warum war sie so? War sie beleidigt? Konnte sie es nicht haben, dass ich meinen eigenen Weg ging?«

»Ich hab da meine Theorie drüber, warum unsere Mütter oft so waren«, wirft Claudia vorsichtig ein. »Ich kenne das Thema von mir selbst, und manch andere Freundin erzählt auch so ähnliche Geschichten wie du. Aber sag noch mal: Hatte deine Mama einen Beruf? Also eine Ausbildung?«

»Tse! Als Kriegskind? Und als Tochter aus einer streng katholischen Familie? Nein, sie hat wegen des Krieges nur wenige Schuljahre gehabt und hat dann mal kurz Hilfsarbeiten in einem Laden ihrer Eltern geleistet. Aber dann kam schnell die Ehe, und sie war und blieb nur noch Hausfrau und Mutter. Später hat sie mal erzählt, dass sie auch gern in der Gastronomie gearbeitet hätte. Sie war nämlich eigentlich ein geselliger Typ. Aber in der Familie, ihrem Reich, hatte sie das Gefühl, sie muss bestimmen und herrschen. Sie allein entschied bei uns, was eingekauft und was am Haus gemacht wird, was wir anziehen, wohin wir in Urlaub fahren und, und, und ...«

Ich merke selbst, dass meine Stimme etwas Scharfes und Bitteres bekommen hat, aber ich spüre auch: Das muss mal raus. »Sie hatte etwas sehr Rigoroses und Unerbittliches. Auch in ihrem Katholizismus. Da war nichts Gemütliches von wegen ›Leben und leben lassen‹. Sie hat zum Beispiel aus Prinzip nie eine evangelische Kirche betreten – obwohl Haralds Familie evangelisch ist und manche Familienanlässe in der Kirche stattfanden, wie Hochzeiten und Taufen. Wer dann nicht dabei war, war meine Mutter.«

Ich halte plötzlich inne, und meine Stimme wird ganz klein und verzagt: »Ob sie mir das auch übel genommen hat? Dass ich einen Protestanten geheiratet habe? Für sie war Harald wahrscheinlich ein Ungläubiger, der in die Hölle kommt.«

Ich stutze kurz und sage dann grinsend: »Kommt er ja auch. Aber nicht wegen des Protestantismus.«

Claudia lacht schallend. »Ach, schön, dass meine freche Nanni immer wieder durchkommt!«

Dann wird sie aber wieder ernst. »Nanni, ich glaube, es geht hier im Wesentlichen um zwei Themen: zum einen um Neid und zum anderen um die Sehnsucht nach Anerkennung.«

Ich nicke: »Ja, nach der Anerkennung meiner Mutter habe ich mich immer gesehnt. Vergeblich, leider.«

»Und wie war es umgekehrt?« Diese Frage von Claudia kommt wie aus der Pistole geschossen – und sie erwischt mich kalt. Hat meine Mutter sich auch nach etwas von mir gesehnt? Meine starke, dominante Mutter?

Claudia hat die Arme angewinkelt – die Hände auf Bauchhöhe. Diese Körperhaltung kenne ich schon. Sie bereitet sich darauf vor, das nun folgende Kurzreferat durch energisches Gestikulieren zu unterstützen. Die Rolle der Zuhörerin soll jetzt also von ihr zu mir wechseln.

»Wie vorhin schon gesagt: Ich habe so eine Geschichte schon häufiger gehört. Ich glaube, das ist das Thema einer ganz bestimmten Generation. Unsere Mütter mussten sich meistens noch dem traditionellen Rollenbild fügen: Kinder, Küche, Kirche, aber weder Ausbildung beziehungsweise Studium noch Berufstätigkeit noch Selbstverwirklichung. Und dann erlebten sie, wie ihre Töchter ziemlich selbstverständlich einen anderen, einen eigenständigeren und emanzipierteren Weg gingen. Sicher auch nicht ohne Kämpfe, aber es war plötzlich möglich. Und die Töchter, also wir, hatten nicht mal das Gefühl, damit riesiges Glück zu haben und dankbar sein zu müssen. Es war relativ normal. Aber für unsere Mütter eben überhaupt nicht. Mal ehrlich: Hätte deine Mutter mit 18 irgendeine Chance gehabt, allein in eine andere Stadt zu gehen und dort eine Ausbildung zu machen? So wie du es gemacht hast? Oder gar allein auf Interrail-Tour zu gehen?«

Ich schüttle den Kopf: »Selbst wenn sie es gewollt hätte ... Mit 18 war man nicht mal volljährig. Und sie wurde früh zur Ehe gedrängt.«

»Genau. Und es war damals allein die Entscheidung des Mannes, ob seine Frau arbeiten darf. Oder ein Konto haben. Für uns unvorstellbar – aber damals normal. Ist es da ein Wunder, dass unsere Mütter neidisch waren auf uns?«

Ich nicke. »Hab ich mir noch nie überlegt. Aber dürfen denn Eltern neidisch sein auf ihre Kinder? Wir sollten es doch immer besser haben als sie.«

»Ja, klar«, bestätigt Claudia. »Das macht es ja so kompliziert. Ein Gefühl wie Eifersucht und Neid auf die eigenen Töchter konnten unsere Mütter sich natürlich nicht eingestehen. Geschweige denn offen aussprechen. Aber irgendwie war es trotzdem da. Und dann äußerte es sich eben darin, dass die Mütter den Erfolg der Töchter nicht wahrhaben wollten. Oder kleinredeten. Oder verdrängten. Oder sie meinten, besser zu wissen, was gut für ihre Töchter sei – auch wenn die längst das Gegenteil bewiesen. Und so kam es, dass deine Mutter nicht sehen wollte, was du dir hier aufgebaut hast. Es hätte zu viele Fragen an ihr eigenes Leben aufgeworfen. Sie hätte ihre eigene Leistung damit irgendwie ... entwertet. So fühlte sie zumindest, kann ich mir vorstellen. Und sie war zu alt, ihrem Leben noch mal eine andere Wendung zu geben. Ich verstehe total, dass du das als fehlende Anerkennung durch deine Mutter wahrgenommen hast.«

»Und was meintest du vorhin mit dem ›umgekehrt‹?«, frage ich.

»Tja«, meint Claudia. »Wir waren auch vier Kinder zu Hause, wie ihr. Frag mich mal, wann ich mir das erste Mal klargemacht habe, was für eine Leistung meine Mutter hingelegt hat: vier einigermaßen gelungene Kinder geboren und großgezogen und den Haushalt dieser großen Familie geschmissen. Anfangs noch unter erschwerten Bedingungen. Die erste vollautomatische Waschmaschine haben wir bekommen, als ich zwölf war. Und den Geschirrspüler noch später.«

»Und die Väter haben nix gemacht im Haushalt«, werfe ich ein.

»Genau. Unsere Mütter hatten alles am ...« – sie wirft einen Seitenblick auf meine Kehle, die noch heute aufgeschlitzt werden soll – »... am Hals: Hausarbeit, Erziehung, Konflikte austragen ... Es war ein unbezahlter Fulltime-Job. Und wer hat es ihnen gedankt? Ich jedenfalls nicht. Ich war viel zu beschäftigt damit klarzustellen, dass ich auf keinen Fall ›nur‹ Mutter und Hausfrau sein wolle. Was ja auch stimmte. Aber für meine Mutter muss es sich fast wie Verrat angefühlt haben. So als verachte ich sie für das, was sie für mich und meine Geschwister getan hat. Wenn das keine fehlende Anerkennung war, dann weiß ich nicht.«

Ich schaue sie lange an: »Danke, Claudia! Du hast mir geholfen, etwas zu verstehen. Wirklich.«

»Das freut mich sehr«, antwortet meine Freundin. »Übrigens hast du vorhin auch ›nur‹ gesagt, als es um die Rolle deiner Mutter ging. ›Nur noch Hausfrau und Mutter.‹«

»Ich weiß«, sage ich leise. »Ich weiß.«

»Es ist ein unlösbares Problem, glaube ich. Speziell in diesen beiden Generationen. Und niemand kann was dafür.«

»Nicht mal die Männer«, lache ich.

Eine Weile gehen wir schweigend nebeneinanderher, beide in Gedanken. Dann gibt Claudia sich einen Ruck: »Komm, erzähl noch was von deinem Vater und deinen Brüdern. Bei dem Thema scheint weniger Spannung in der Luft zu liegen. Und du solltest dich jetzt entspannen, vor der OP.«

»Und du vor dem Flug«, sage ich lachend. »Wer weiß, was heute mal wieder los ist, mit Verspätungen und Umleitungen auf andere Flughäfen ...«

»Hör bloß auf!« Claudia boxt mich spielerisch in die Seite. »Los: Was macht dein Papa?«

»Du, ich staune, wie gut er das macht. Er ist ja bald 95 und lebt immer noch in unserem Haus. Ganz allein. Einmal in der Woche kommt die Putzfrau. Und jeden Tag kommt Essen auf Rädern. Und der Caritas-Pflegedienst. Die helfen ihm mit den Tabletten, mit dem Duschen und so weiter. Und sie sind so lieb. Immer humorvoll und gut gelaunt. In ein paar Wochen werde ich ihn ja wieder besuchen und es erleben. Ich bewundere solche Menschen sehr, die in der Pflege arbeiten.«

Claudia nickt: »Könnte ich wahrscheinlich nicht.«

Ich erzähle weiter: »Wenn er mal die Rollläden nicht pünktlich hochzieht, kommt gleich die Nachbarin und schaut nach dem Rechten. Die ist auch schon 82, aber sie kümmert sich und hat einen Blick drauf. Sie hat mir erzählt, dass er bis vor Kurzem noch Fahrrad gefahren ist. Natürlich ohne Helm, aber auch ohne Wackeln. Den Führerschein hat er aber zum Glück abgegeben, nachdem meine Mutter gestorben war. Ach so, und meine Brüder kümmern sich natürlich auch, so gut sie können. Aber eine Dreiviertelstunde brauchen sie mindestens, also der, der am nächsten wohnt.«

»Und was macht er den ganzen Tag?«

»Vergangenheit«, sage ich. »Er beschäftigt sich mit den Stammbäumen seiner riesigen Familie – allein er hatte elf Geschwister. Er hat nach seiner Pensionierung tolle Erinnerungsalben und Stammbäume gestaltet, so richtig kunstvoll, mit Kalligrafie. Er ist immer noch im Heimatverein. Und hat das Bundesverdienstkreuz bekommen für seine Ahnenforschung. Er erzählt auch viel vom Krieg, viel mehr als früher. Davon träumt er jetzt auch wieder mehr. Scheint oft sehr beängstigend zu sein. Dann steht er manchmal nachts um zwei auf, um zu frühstücken. Weil er doch ›zur Dienststelle‹ muss. Er war ja bei der Kripo früher.«

»Ach, mit 95 darf man auch mal ein bisschen durcheinander sein«, meint Claudia. »Und deine Brüder?«

»Oh, zum Glück haben wir wirklich ein gutes Verhältnis«, erwidere ich. »Wir veranstalten regelmäßig schöne Familientreffen hier auf der Insel, mit Nichten und Neffen und allem Drum und Dran. Und neuerdings ja auch Enkelchen.«

Ich zeige nach vorn: »So, da steht das Auto. Auf zu Gerardos Bistro! Die haben eine gute Paella da.«

Ich liege in meinem schicken Zimmer. Es ist zehn Uhr abends. Mein Hals fühlt sich etwas wund an, aber ansonsten geht es. Die Narkose war so, wie ich mir immer einen Drogentrip vorgestellt habe: ein losgelöstes Schweben im Weltall. Nicht unangenehm. Gegen neun war der Arzt hier und sagte mir mithilfe der Dolmetscherin, dass alles gut verlaufen sei. »Es ist gut, dass wir die Zyste rausgeholt haben. Sie war immerhin so groß wie ein Wachtelei«, berichtete er. Und fügte grinsend hinzu, dass dieser Größenvergleich mir als Köchin sicher etwas sagen würde. Der Witzbold. Ich solle mich jetzt ausruhen, und morgen früh könne mein Mann mich abholen. Vorher werde er dann noch mal nach mir schauen – er habe jetzt Feierabend und morgen Frühdienst.

Ich habe Harald schon kurz angerufen und ihn instruiert, morgen Vormittag auf der Station anzurufen und zu fragen, ob ich schon nach Hause könne. Nun versuche ich, langsam wegzudämmern. Aber es fällt mir schwer. Irgendwas ist merkwürdig ...

Und dann geht es rasend schnell. Ich bekomme plötzlich keine Luft mehr! Ich japse und drücke panisch die Klingel. Als die Schwester kommt, kann ich nur noch hervorbringen: »*No aire! No aire!*«

An ihrem Blick sehe ich, dass definitiv etwas nicht stimmt.

Ich habe inzwischen akute Luftnot und Angst zu ersticken. Diese Art von Todesangst verspürte ich zuletzt, als meine Brüder mich unter einem Berg von Decken und Kissen begruben und sich alle drei obendrauf legten.

Ich höre den gellenden Schrei der Schwester auf dem Flur und spüre dann etwas in der Nase. Man hat mir einen Beatmungsschlauch reingeschoben. Um mich herum stehen inzwischen drei Schwestern und zwei Arzthelferinnen. Alle sehr nett und auffallend attraktiv – aber vor allem reichlich ratlos. Mein Rachen ist völlig verschleimt, und ich höre bei jedem meiner unendlich mühsamen Atemzüge ein tiefes, feuchtes Rasseln. So geht es einige Minuten lang. Ich rechne bereits mit meinem Leben ab und denke noch mal dankbar an das Gespräch mit Claudia – es hat mir geholfen, meine Mama besser zu verstehen. Ob ich sie wiedertreffen werde, wenn ich gleich tot bin?

Plötzlich stürmt ein Mann im Straßenanzug herein und reißt mich aus meinem Halbdämmer. Ich erkenne ihn zuerst überhaupt nicht, aber es ist der Arzt, der mich operiert hat. Man hat ihn von zu Hause zurückbeordert. Er beugt sich über mich, stammelt mehrfach »*Sorry! So Sorry!*« und ordnet dann an, mein Bett im Laufschritt in den OP zu schieben.

Noch unterwegs setzt man mir die Narkosemaske auf. Ich zähle rasselnd bis drei und bin weg.

Wo bin ich hier? Ist das jetzt doch der Himmel? Und wer ist verdammt noch mal dieser Hermann?

Allmählich sammle ich mich und stöhne auf. Sofort steht eine Schwester neben mir und kurz danach der Arzt mit der Dolmetscherin. Der Doktor knetet die Hände und wirkt sehr angeschlagen.

Nach weiteren ungefähr 15 »*Sorry! So sorry!*« erklärt er mir, dass man beim ersten Eingriff vergessen habe, die zweite Drainage zum Ableiten von Blut und Schleim zu legen. »Deshalb habe ich Ihnen vorhin erneut die Kehle aufschneiden müssen, um das nachzuholen.« Interessant, denke ich bei mir: »Ich« hat also den Fehler korrigiert, den »man« gemacht hat. Ob er einen Zwillingsbruder hat?

Der Arzt schaut mich betreten an. Immerhin gibt er zu, dass ein Fehler passiert sei. Da hört man aus deutschen

Krankenhäusern ja oft andere Geschichten. In denen machen Ärzte niemals Fehler.

»Sie bleiben heute Nacht zur Beobachtung hier auf der Intensivstation. Aber es sollte jetzt alles gut sein. Machen Sie sich bitte keine Sorgen. Ihnen geht es schon jetzt weitaus besser als Ihrem Landsmann nebenan.«

Er lächelt. Und ich höre jetzt wieder, was ich vorhin im Halbschlaf vernahm: Ein Mann ruft verzweifelt: »*Hermana! Hermana!*«

Wäre mein Hals nicht voller Schläuche und Schmerzen, würde ich jetzt laut loslachen. Dafür reicht sogar mein Spanisch, um zu wissen, dass »*hermana*« zwar »Schwester« heißt, aber nur im Sinne von »Geschwister« und nicht von »Krankenschwester«.

Die weitere Nacht ist so lala. Ich bekomme zwar Luft, aber auch eine Dauerbeschallung durch piepsende Apparate. Und alle halbe Stunde Tropfen in den Mund.

Als ich am Morgen zurück in mein Zimmer gebracht werde, bin ich völlig gerädert und schlafe sofort ein. Tief und fest.

Als ich aufwache, sitzt Harald an meinem Bett und hält meine Hand. Seine Unterlippe zittert, als er mich begrüßt. Und als er erzählt, wie sein Morgen so gewesen sei. »Gegen neun habe ich bei der Stationsschwester angerufen. Die hat die Dolmetscherin dazugeholt. Und die erzählte mir dann, dass du gerade von der Intensivstation zurück seist, die Notoperation aber gut gelaufen sei. Es bestehe keine Lebensgefahr mehr. Du bräuchtest jetzt vor allem Ruhe. Ich hab eine halbe Stunde und einen Cognac gebraucht, um überhaupt losfahren zu können.«

Ich nehme seine Hand und will sagen: »Das tut mir so leid, Schatz!« Aber es kommt nur ein Krächzen.

Harald legt mir beruhigend die Hand auf den Arm. »Du sollst noch nicht sprechen! Aber morgen kann ich dich nach Hause holen. Und einen Vorteil hat die Sache.«

Ich schaue ihn fragend an. »Wir haben den 25. Januar – und das Thema Krankheiten ist schon abgehakt für dieses Jahr!«

Wenn er sich da mal nicht täuscht.

Die Krönung

»Weißt du was? Mit den neuen Stühlen sollten wir noch ab-
warten. Ist doch ganz schön viel Geld.«

Harald, der gerade im Garten werkelt, stützt sich auf den
Spaten und schaut mich unsicher an. »Wieso denn das auf
einmal?«

Ich zucke die Achseln. »Weiß nicht. Ist nur so ein Gefühl.«

»Du und deine Gefühle! Komm schon: Was ist los?«

»Ach, keine Ahnung ... Diese Nachrichten aus China. Viele
Leute sollen dort schon gestorben sein, und diese Stadt da ist
völlig abgeriegelt. Ich glaube, seit ich im Krankenhaus war und
plötzlich keine Luft mehr bekam, bin ich sensibler als vorher.«
Wie schon mehrfach in den vergangenen Tagen schnürt es mir
plötzlich den Hals zu, und meine Stimme wird zittrig.

Harald spürt, was ich jetzt brauche, und nimmt mich fest in
den Arm. »Komm mal her! Wir schaffen das schon. Und China
ist weit weg.«

»Hast ja recht«, murmle ich kleinlaut. »Wird schon gut
gehen! Ist schon wieder okay. Morgen fliege ich erst mal nach
Deutschland, und danach bereiten wir das Pablo vor. Wann
machen wir noch mal auf dieses Jahr? Ich hab das neue
Reservierungsbuch hier und will das mal aufschreiben.«

»Warte ... Heute ist der 14. Februar ... Genau heute in vier
Wochen«, antwortet Harald.

Ich zücke den Stift, lasse ihn aber wieder sinken, als ich in
den Kalender geschaut habe. »Zum Glück sind wir nicht aber-
gläubisch«, sage ich leise. »Heute in vier Wochen ist Freitag,
der Dreizehnte.«

Vier Wochen später erstrahlt das Pablo in frischem Glanz. Nach meiner Rückkehr vom Karneval musste ich erst mal einen lästigen Husten auskurieren, weswegen mich viele Leute am Flughafen und im voll besetzten Flieger schon sehr misstrauisch angeschaut haben. Das war am 1. März, und Corona wurde mehr und mehr zum Thema. Trotzdem habe ich noch meinen Papa besucht – die Vorsichtsregeln hat noch niemand richtig verinnerlicht.

In den vergangenen Tagen haben wir uns dann richtig ins Zeug gelegt. Die Theke, die Toiletten, die Küche und der Durchgang zum Patio sind renoviert, und auch die Tische haben wir frisch lackiert. Ich reparierte und putzte alle Lampen, Harald schnitt den Efeu, und gemeinsam haben wir den Patio vom Winterdreck befreit und blitzblank geputzt. Der Kassenschrank ist neu, die Getränkevorräte sind aufgefüllt, die Kaffeemaschine ist grundgereinigt und die Speisekarte neu gedruckt.

In den letzten Tagen hat Harald die Anlagen für Wasser, Cola und Bier angeschlossen und jede Menge eingekauft, während ich Soßen gekocht, Pesto gemacht, Gemüse geschnippelt und Fleisch vorbereitet habe. Jetzt sind der Lagerraum und der Kühlraum im Obergeschoss pickepackevoll, und die Kühlschränke auch. Es kann losgehen.

Und so fertig ich jedes Jahr im November auch bin – nach der langen Pause freue ich mich immer sehr auf die Arbeit und auf unsere lieben Gäste.

Aber während wir arbeiteten, hatte ich die ganze Zeit das Gefühl, dass wir mit einem dunklen, nicht greifbaren Schatten um die Wette laufen – und dass er immer näher rückt. Das Virus beherrscht die Nachrichten mehr und mehr, und Heinsberg, wo es den großen Ausbruch gab, liegt ebenso wie

Gronau direkt an der holländischen Grenze. Auch in Spanien und auf den Balearen rückt Corona immer mehr in den Vordergrund – auch wenn niemand die tatsächliche Gefahr so richtig einschätzen kann. Aber es braut sich definitiv was zusammen.

»Nein! Das gibt's nicht!« Fassungslos starre ich auf den Bildschirm, wo ich die Startseite des *Mallorca Magazins* geöffnet habe:

Die spanische Regierung hatte bereits am Freitag einen zweiwöchigen Alarmzustand ausgerufen, der nach Mitternacht am Samstag seinen Anfang nahm. Ebenfalls am Samstag gab Ministerpräsident Pedro Sánchez weitere Maßnahmen zur Eindämmung des Coronavirus bekannt. So wird die Mobilität der Bürger eingeschränkt, aber Fahrten zur Arbeit, zum Arzt sowie zum Einkaufen von Lebensmitteln und Medikamenten bleiben erlaubt.

Die Bürger dürfen zudem das Haus verlassen, um sich um ältere Mitbürger, Kinder oder hilfsbedürftige Personen zu kümmern. Ausgang ist zudem möglich, um nötigenfalls Banken aufzusuchen oder für jede andere Aktivität, die »entsprechend unumgänglich ist«. Die genannten Maßnahmen treten am Montag um 8 Uhr in Kraft und sind vorerst 15 Tage gültig.

»Wir müssen gleich wieder dichtmachen! Nach zwei Tagen!« Verzweifelt schaue ich Harald an. »Was sollen wir denn jetzt tun?«

»Das Gleiche wie alle. Zusperren. Beziehungsweise heute gar nicht erst aufmachen. Kommt doch sowieso niemand jetzt. Die Touristen hauen gerade alle wieder ab. Die haben Panik, dass sie sonst nicht mehr nach Deutschland zurückkommen. Oder ewig in Quarantäne müssen.«

Eigentlich ist Harald ein noch optimistischerer Mensch als ich – aber jetzt gerade wirkt er so resigniert und verzagt, wie ich ihn selten erlebt habe. »Ich rufe unsere Kellner an und sage ihnen, dass wir uns melden, wenn der Spuk vorbei ist. Kann ja nicht so lange dauern. Zum Glück haben wir sie noch nicht wieder angemeldet beim Arbeitsamt.«

Eine Stunde später habe ich zumindest meinen Galgenhumor wiedergefunden. Ich gehe zu Harald und eröffne ihm: »Ich habe eben an die Sachen gedacht, die im Pablo in den Kühlschränken liegen. Mein lieber Mann: Es gibt ab jetzt mindestens zwei Wochen lang ausschließlich Gemüse. Tut mir leid.«

»Puh! Das ist wirklich die Krönung!« Harald geht zum Glück auf meinen Versuch ein, die Stimmung wieder hochzubringen. Dann stutzt er und grinst: »Ach, deshalb heißt das Ding Corona! Weil das unserem Auf und Ab hier auf Mallorca nun wirklich die Krone aufsetzt.«

Fünf Minuten später steht mein Mann wieder neben mir. »Kommst du mit, Gemüse holen?«

»Jetzt? Am Sonntagabend?«

»Tja – ab morgen früh ist Ausgangssperre. Hausarrest. Für zwei Wochen. Wir sollten das Wichtigste jetzt gleich aus dem Pablo holen. Wer weiß, ob es als ›Fahrt zur Arbeit‹ gilt, wenn wir in unser geschlossenes Lokal wollen.«

Und dann folgen elendig lange acht Wochen, in denen das gesamte Leben auf der Insel stillsteht. Die Regeln sind viel strenger als in Deutschland und werden am 22. März noch einmal verschärft. Jetzt darf man das Haus wirklich nur noch verlassen, um Lebensmittel oder Medikamente zu kaufen oder zur Bank zu gehen – aber nur im nächstgelegenen Ort. Im Auto darf immer nur eine Person sitzen – es sei denn, der Ehepartner setzt sich hinten rechts rein und zieht eine Maske über.

Apropos: Eine allgemeine Maskenpflicht gibt es nicht, aber die meisten tragen trotzdem eine, und ohne wird man komisch angeschaut. Leider gibt es aber keine zu kaufen, und so habe ich uns welche geschneidert – aus einem alten BH, Haralds Gesicht hättet ihr sehen sollen!

Spaziergänge sind nur Hundebesitzern erlaubt, und auch sie dürfen sich nur 150 Meter vom eigenen Haus entfernen. (Aus Madrid kommen daraufhin bald die ersten Geschichten über Tiere, die reihum von ganzen Hausgemeinschaften Gassi geführt werden.) Im Tierheim in Palma sind so wenig Hunde wie noch nie – viele nehmen jetzt ein Tier zu sich, um nicht ganz allein zu sein.

Ganz Mallorca ist im Ruhemodus. Die Natur freut sich. Die Strände sind gesperrt. Aber wie in Deutschland und überall auf der Welt bekommen die Menschen auch auf Mallorca nach und nach einen Koller. Ich auch, obwohl ich täglich verbotenerweise eine Stunde mit dem Hund gehe. Ich bin ein Mensch, der unter Menschen muss. Ich vermisse meine Gäste, meine Freunde und Kollegen und natürlich die Familie. Meine Mädels und Schwiegersöhne wollten alle zu Ostern kommen, mit den Enkelkindern. Ich bin unendlich traurig, dass das ausfällt.

Manche Freunde und auch Leute in den Medien sagen, man solle die unverhoffte freie Zeit doch genießen und gestalten, auch wenn sie unfreiwillig sei. Aber mir fällt das zunehmend schwer. Klar, ich bastle und male gern und streiche Sachen an und so weiter oder fliese einen Tisch neu; ich kann mich zu Hause schon beschäftigen. Und am Anfang sah ich die Corona-Pause tatsächlich auch als Möglichkeit, Dinge nachzuholen, die ich im Winter nicht geschafft hatte, zum Beispiel wegen meiner OP.

Auch schlaflose Nächte hatte ich nur ganz am Anfang ein paar. Da habe ich abends gern Podcasts gehört, um mich abzulenken, bin dabei eingeschlafen und irgendwann hochgeschreckt; dann lag ich erst mal wach und hatte Herzklopfen. Dabei bin ich eigentlich eine gute Schläferin.

Harald und ich haben ein Talent zum positiven Denken. Wir genießen die Corona-Ruhetage anfangs sogar manchmal und sagen uns, dass wir so viel freie Zeit wahrscheinlich noch vermissen werden. Und März und April sind wirtschaftlich nicht die entscheidenden Monate für uns, trotz Ostern. Den Hauptumsatz machen wir im Juli und August. Aber nach vier Wochen Hausarrest reicht es dann allmählich. Die Gartenarbeit, sämtliche Arbeiten am und im Haus sind irgendwann gemacht, und alles ist inzwischen blitzblank geputzt. Immer denselben Weg mit dem Hund zu gehen, ist zermürbend – auch wenn ich die 150 Meter, wie erwähnt, seeeeeehr großzügig auslege. Ich lasse das Handy und die Pulsuhr zu Hause – damit bei einer Kontrolle nicht klar wird, dass ich mich gerade verbotenerweise fit halte. Was für absurde Zeiten!

Der tägliche Einkauf bei Lidl wird zum großen Erlebnis. Vielleicht treffe ich jemanden, mit dem ich mich austauschen kann? Tatsächlich begegne ich eines Tages sogar zwei Bekannten, und wir quatschen zu dritt. Aber zwischendurch schauen wir uns immer vorsichtig um, ob die Polizei kommt, weil es ja verboten ist. Gruselig!

Wie in einem Gruselfilm kamen wir uns aber schon gleich nach der Verkündung des Lockdowns im März vor. Abends gegen zehn hörten wir draußen ein Fahrzeug; es klang wie die Straßenreinigung, aber die kommt niemals nachts. Wir hörten ein prasselndes Geräusch und sahen aus dem Fenster, dass ein wie ein Astronaut verkleideter Arbeiter daneben herlief und den Bürgersteig sorgfältig mit einer Flüssigkeit abspritzte. Am nächsten Abend kam der Sprühwagen wieder, aber für Sorgfalt nahmen sie sich diesmal keine Zeit: Sie spritzten einfach großflächig unsere gesamte Fassade ab, die Fensterläden und Fenster natürlich gleich mit.

Und dann rochen wir es: Es war Chlor. Jetzt kamen wir uns tatsächlich vor wie Aussätzige. Oder wie in einem Horrorfilm über die Pest im Mittelalter. Fehlte nur noch, dass sie positiv Getesteten die Haustür zuschweißten wie in China. Der Chlorwagen kam 14 Tage lang, jeden Abend. Dann hörte es auf. Vielleicht war die Chlorlösung alle? Oder jemand hatte rausgefunden, dass das Virus nicht an Fensterläden klebt?

Aber wir machen uns immer wieder klar: Das Absurde ist das Virus und nicht die Maßnahmen der Politiker. In deren Haut möchte ich jedenfalls nicht stecken jetzt. Sie versuchen herauszufinden, was das Richtige ist, obwohl niemand genug über dieses Virus weiß. Außer dass es einen sehr schwer krank machen oder sogar umbringen kann. Wir jedenfalls wollen diese Krankheit auf keinen Fall bekommen.

Wir schauen viel zu oft in unsere Smartphones und lesen alles – Kommentare, Verschwörungsgeschichten, Statements des Robert Koch-Instituts, Berichte der *Mallorca Zeitung*, Erkenntnisse von Wissenschaftlern und Weisheiten von Esoterikern ...

Eines Abends sage ich zu Harald: »Guck mal, hier schreibt einer, wenn man die Isolation nicht ertrage, habe man seine innere Mitte nicht gefunden. Also meine innere Mitte ist da – und sie wird immer dicker. Wir haben zu wenig Bewegung und kochen aus Langeweile zu oft und viel. Ich habe jetzt ein Six-pack im Speckmantel.«

Einmal, in der ersten Woche des Lockdowns, haben wir einen verbotenen Miniausflug mit dem Auto riskiert, weil wir unbedingt das Meer sehen wollten. Und mal einen anderen Weg mit dem Hund gehen.

»Komm, wir nehmen den Tim-Mälzer-Weg. Das ist ’ne Sack-gasse, da wird sicher nicht kontrolliert«, meinte Harald. Der Weg heißt bei uns so, weil der Hamburger Fernsehkoch da mal gewohnt hat. Als wir auf das Ende der Sackgasse zufuhren, stand dort hinten aber tatsächlich die Polizei. Wie im Film haben wir blitzschnell gewendet und sind abgehauen – und die Polizei ist uns tatsächlich hinterher! Zum Glück kennen wir die kleinen Feldwege sehr gut und haben uns schließlich wie die Kinder hinter einem Busch versteckt mit unserem Auto. Und sie haben uns nicht entdeckt. Sonst hätte es sicher sechshundert Euro gekostet: Wir waren verbotenerweise im Auto unterwegs, und zwar zu zweit und ohne Masken, dafür auch noch mit Hund. Das waren mindestens drei Verstöße gleichzeitig. Als die Poli-zisten weg waren, bin ich zu Fuß mit dem Hund heimgegangen, damit wir nicht doch noch erwischt würden.

Eine Hilfe ist die Solidarität und der Einfallsreichtum der Nachbarn. Jeden Abend um achtzehn Uhr macht jemand in unserer Straße ganz laut Musik an, und alle Nachbarn gehen vor die Tür, winken einander zu und schauen, ob alle noch leben. Das ist sehr süß – und es findet wirklich jeden Tag statt. Zu wissen, dass wir nicht allein sind auf der Welt, tut uns so gut! Das Gefühl hatte ich in Palma nie so. Aber in Es Llombards sind wir wirklich heimisch geworden.

Allerdings es geht nicht nur um uns. Unsere Mitarbeiter, die wir normalerweise zum 1. April einstellen, stehen unter Schock und fürchten um ihre Existenz. Sie *müssen* in der Saison arbeiten, um das notwendige Geld für den nächsten Winter zu verdienen. Unser Kellner wird Ende Mai auch noch Vater, und seine Vorfreude vermischt sich immer stärker mit seiner großen Angst um die wirtschaftliche Zukunft seiner Familie. Wir verstehen sie alle so gut – und können doch nichts tun. Wir sind ja selbst abhängig von den Umsätzen, die jetzt nicht kommen. Immerhin haben wir großes Glück mit Lorenzo, unserem Vermieter. Er hat uns gleich mal zwei Monatsmieten gestundet, und zwar von sich aus.

Ins Pablo fahren wir jeden Tag, um nach dem Rechten zu sehen. Als ich auf dem Weg mal kontrolliert wurde, hat der Polizist meine Erklärung akzeptiert, dass ich schauen müsse, ob das Licht dort brenne. Und um was Elektrisches geht es tatsächlich. Am Anfang des Lockdowns waren wir für mindestens eine Woche nicht im Restaurant – und als wir dann kamen, stellten wir fest, dass zwischendurch mal der Strom weggewesen war. Und eine Tiefkühltruhe war nicht wieder angesprungen! Ich habe laut geschrien vor Wut und Frust. Wir mussten Lebensmittel im Wert von mindestens tausend Euro wegschmeißen.

Ende April keimt allmählich Hoffnung auf: Die Infektionszahlen gehen überall deutlich runter, und man beginnt vorsichtig, über mögliche Lockerungen nachzudenken. Zum 11. Mai dürfen die Außenbereiche der Restaurants wieder öffnen, wenn auch mit maximal dreißig Prozent der Plätze. Aber der Markt bleibt geschlossen – und vor allem kommen weiterhin keine Ferienflieger an. Solange nur die dauerhaft auf der Insel lebenden Ausländer zu uns kommen dürfen, lohnt es sich nicht für uns, das Pablo aufzumachen. Die Einheimischen kamen schon vorher selten zu uns, und jetzt geben sie sicher kein Geld aus, um essen zu gehen.

Trotzdem bestelle ich schon mal Desinfektionsmittel. Und man darf jetzt immerhin wieder draußen Sport treiben – von sechs bis zehn und von zwanzig bis dreiundzwanzig Uhr. Seither mache ich jeden Tag im Abendlicht meine Fahrradrunde – und lerne den Ort und die Insel neu kennen. Bisher hatte ich ja abends nie Zeit.

Wenn ich durch den Ort radle, erklingt von überallher Musik: Dort spielt einer Trompete, sodass ich Gänsehaut kriege; woanders spielt einer Tuba vom Balkon und so weiter. Und ich sehe zum ersten Mal seit Wochen wieder das Meer – auch wenn die Strände weiter gesperrt sind. Auf der Fahrt an der Küste entlang sehe ich rechts die abendliche See und links jede Menge neugeborener Lämmchen. Zum Heulen schön!

In vielen Bereichen fehlen klare Regeln. Als eine Bekannte einen Polizisten fragt, ob sie jetzt wieder ihre Freundin im Nachbardorf besuchen dürfe, antwortet er: »Ganz ehrlich: Ich weiß es nicht.« Ich finde aber, wenn man nicht alles haarklein regelt, entsteht auch die Möglichkeit, dass die Menschen sich verantwortungsvoll und praktikabel selbst organisieren. Die meisten scheinen mir vernünftig – schon aus Respekt vor dem Virus.

Ende Mai werden die Strände wieder geöffnet – allerdings nur zum Schwimmen aus sportlichen Gründen. Buddeln und Planschen sind verboten. Die Rettungsschwimmer sind jetzt also Planschpolizisten. Aber ich kann erstmals seit zehn Wochen wieder zu meinem wöchentlichen Pilates am Strand. Dieser Dienstagmorgen war immer ein Highlight für mich. Und endlich kann ich wieder mit den anderen Frauen quatschen nach zweieinhalb Monaten Kontaktsperre. Und ich schwimme im Meer – das Wasser ist ein Traum. Viele sagen, dass ihnen das Meer blauer, sauberer und irgendwie erholt vorkomme. Aber dabei spielt sicher auch die Erleichterung mit, endlich wieder in die Wellen zu dürfen. Man lernt plötzlich Dinge schätzen, die immer selbstverständlich waren. Und ohne Zweifel hat der Lockdown der Natur auf der Insel gutgetan.

Ende Juni öffnen wir das Pablo endlich wieder – und stellen unsere Kellner stundenweise für die Markttage ein. Wir haben uns überlegt, in diesem Jahr auch im November und Dezember durchgehend zu öffnen – erstens, um Umsatz nachzuholen, und zweitens, damit unser Personal wenigstens auf sechs Monate Beschäftigung kommt und sich die Chance auf Arbeitslosengeld erhält.

Seit Anfang Juli landen wieder Urlauber auf Mallorca, und der Monat wird richtig gut, auch wenn wir die Tische auseinanderrücken müssen und nur siebzig Prozent der Plätze nutzen dürfen. An den Markttagen merken wir, dass deutlich weniger Tagesausflügler nach Santanyí kommen, weil die Hotels nicht geöffnet sind oder nicht mit voller Auslastung arbeiten können und deshalb auch weniger Busausflüge stattfinden. Aber das ist uns ganz recht, weil der Andrang an den Markttagen früher sowieso zu groß war und wir oft Leute abweisen mussten.

Anstrengend ist die Maskenpflicht für uns alle, vor allem wegen der Hitze, die jetzt wieder voll eingesetzt hat. Gleich am ersten Tag klappt unser Kellner einmal regelrecht zusammen, weil er zu wenig Luft bekommt unter der Maske. Kein Wunder, bei 34 Grad. Und auch wir drei Küchenfrauen japsen ganz schön unter unseren Stofftüchern.

Mitte Juli gibt es in den Medien große Aufregung wegen der deutschen Urlauber, die in der »Bierstraße« in Mallorca gefeiert haben, als gäbe es kein Virus. In Santanyí bekommen wir aber weder von der Aufregung noch von den Konsequenzen etwas mit, die die mallorquinischen Behörden ergreifen. Wir haben eine andere Art von Gästen. Zum Beispiel Jörg Pilawa. Er kehrt eines Abends bei uns ein. Als wir am Ende, wie üblich, Fotos vor dem Pablo machen, wollen wir aus Gewohnheit die Arme umeinander legen – und zucken im letzten Moment erschrocken zurück. Verrückte Zeiten. Aber im Album meines Jahres sind Pilates und Pilawa auf jeden Fall zwei der Highlights. Das dritte ist das Verhalten unserer Gäste. Sie sind in diesem Sommer so nett, diszipliniert und verständnisvoll wie noch nie, zu uns und zum Personal. Viele geben sehr großzügige Trinkgelder und dazu oft noch ein »Corona-Geld«, es gibt keinerlei Genörgel oder andere Zeichen schlechter Laune. Viele haben begriffen, dass ein Urlaub und ein gutes, nettes Restaurant keine Selbstverständlichkeit sind.

Auf der Insel verbreitet sich gerade allmählich die Hoffnung, dass das zweite Halbjahr die Saison doch noch rausreißen könnte – da kommt Mitte August der nächste Genickschlag: Die Bundesregierung spricht eine Reisewarnung für Mallorca aus! Uns bleibt noch eine einigermaßen gute Woche, in der die Leute, die schon da sind, ihren Urlaub zu Ende bringen. Aber dann geht es rapide abwärts mit dem Tourismus. Besonders frustrierend ist, dass es diesmal nicht an Maßnahmen der Balearen-Regierung liegt. Alle Läden und Lokale sind geöffnet, man kann sich frei bewegen – aber es sind kaum Leute auf Mallorca. Wir sehen im Fernsehen die Bilder überfüllter Ost- und Nordseestrände, wir erhalten

Mails voller Sehnsucht von Stammgästen – aber es kommt fast niemand auf die Insel.

Und so dümpelt das Geschäft dahin, bis wir Ende Oktober schließlich zumachen, das Wasser abstellen und das Pablo einmotten – ohne zu wissen, für wie lange. Wir hatten sechs gute Wochen in diesem Jahr – was natürlich viel zu wenig ist. Unser Überleben sichert uns Lorenzo, der mit großer Fairness ab Oktober bis auf Weiteres auf die Hälfte der Miete verzichtet. Wiederum ging die Initiative von ihm aus. Er will, dass unser Lokal überlebt – und seine Großzügigkeit hilft uns extrem, denn Miete und Pacht sind unser größter Kostenblock. Dennoch müssen wir auch an unsere Rücklagen fürs Alter gehen. Und der Ausfall einer weiteren Saison würde diese Rücklagen wohl aufzehren.

Als ich im November in Deutschland bin, sagen meine Freunde mir, dass ich besser aussähe als in den Vorjahren. Ich bin nicht so gestresst von der langen Saison. Es freut mich zwar, ist jedoch nur ein schwacher Trost.

Aber unsere Lage ist überhaupt nicht vergleichbar mit der Not vieler anderer, die allmählich immer sichtbarer wird. Für die Angestellten wie Kellner, Zimmermädchen und so weiter ist die Lage verzweifelt. Nicht wenige verlieren ihre Wohnung und hausen in ihren Autos. Die Schlangen an den Tafeln werden immer länger, in Palma und auch in Santanyí. Und während dort bisher überwiegend Obdachlose und Saisonkräfte anstanden, sieht man nun mehr und mehr auch Leute aus der Mittelschicht – vor allem Familien, die von der Gastronomie und vom Tourismus leben. Beziehungsweise gelebt haben. Unter den jungen Erwachsenen gibt es immer mehr »Ninis« (»ni estudian, ni trabajan«), die weder studieren noch Arbeit haben und ihren Eltern auf der Tasche liegen. Angeblich gilt inzwischen ein Viertel der Mallorquiner als arm. Von der Regierung gibt es ein Corona-Hilfsgeld für Bedürftige – weil die meisten ja kein Arbeitslosengeld bekommen. Paradox ist, dass die Preise und Mieten für die günstigsten Häuser und Wohnungen steigen – weil die jetzt die begehrtesten sind.

Die deutsche Community in Santanyí hat HOPE ins Leben gerufen, eine Hilfsaktion, die unter anderem Geschenke für die Kinder verarmter Familien besorgt. Am Nikolaustag sind wir mit 82 Leuten am Strand und tanzen, mit Nikolausmützen auf, für ein Video, das um Spenden für die Hilfsaktion wirbt. Ich spüre generell mehr Zusammenhalt während der Coronakrise.

Aber auf der anderen Seite nimmt auch die Alltagskriminalität, die auf der Insel nie ein großes Thema war, allmählich zu – und sie hat oft tragische Züge. Es ist sozusagen »Mundraubkriminalität«: In die Finca eines Deutschen wurde eingebrochen – aber Wertgegenstände wie der teure Fernseher und so weiter blieben stehen. Gestohlen wurden ausschließlich Lebensmittel. Und ein Bekannter von uns hielt zwölf kleine schwarze Ferkel in seinem Hinterhof – aber eines Morgens waren nur noch sechs da!

Anfang Januar 2021 erreicht die Depression neue Tiefststände. Die Infektionszahlen auf Mallorca sind wieder sehr hoch, wobei das vor allem Palma betrifft. Die Gastronomie darf nur noch bis achtzehn Uhr und nur draußen öffnen – nicht sehr verlockend, als die Temperaturen auf zwei oder drei Grad sinken und in den Tramuntana-Bergen sogar Schnee fällt. Unsere eigentlich geplante Öffnung für die Silvesterwoche ist ausgefallen. Das hat uns immerhin mehr Zeit verschafft für den Besuch unserer Töchter mit ihren Familien – wir haben Strandspaziergänge, Wanderungen und Ausflüge nach Palma unternommen. Nur dass wir reihum selbst kochen mussten, schmeckte den Pablo-verwöhnten Besuchern gar nicht ...

Die Verzweiflung vieler Mallorquiner wird immer größer. Es ist der brutale Absturz einer der wohlhabenderen Regionen Spaniens, die sich langsam in ein riesiges Armenhaus verwandelt.

Am 12. Januar demonstrieren trotz eines Verbots viertausend Gastronomen in Palma – gerechnet hatte man mit fünfhundert. Es ist kein »Querdenker«-Quatsch, sondern es geht um die ausbleibenden Hilfszahlungen. Adressaten des Zornes sind sowohl die Zentralregierung in Madrid, die ja zwischenzeitlich EU-Gelder bekommen hat, als auch die Regierung der Balearen. Die balearische Ministerpräsidentin Armengol hat sich im Sommer viel Respekt erworben durch ihren Kampf gegen unbegründete Reisewarnungen, aber sich im Oktober angreifbar gemacht, weil sie nachts um zwei in einer Bar angetroffen wurde, die von Amtes wegen längst hätte geschlossen sein müssen. Seither wird sie nur noch »Barmengol« genannt.

Ende Januar meldet sich dann unser Steuerberater bei uns. Wir hätten ja sicher schon mitbekommen, was in allen Medien gemeldet werde: Jedes Lokal bekomme 1.500 Euro. Wir sollten schnell einige Unterlagen schicken, für den Antrag.

Eine Stunde später rufen sie wieder an, ganz kleinlaut. Sie hätten erst jetzt das Kleingedruckte gelesen – und Anspruch auf die Hilfe hätten nur Lokale, die erstens Festangestellte statt Saisonkräfte hätten und zweitens schuldenfrei seien. Abgesehen von unserer Enttäuschung über die ausbleibende Finanzspritze fragen wir uns, auf wen diese Bedingungen überhaupt zutreffen sollen.

Mittlerweile müssen immer mehr gut eingeführte, alteingesessene Betriebe für immer schließen, wie zum Beispiel das erste vegetarische Restaurant Mallorcas; es existierte seit 1979. Alle, deren Vermieter nicht so entgegenkommend sind wie unserer, kämpfen zunehmend verzweifelt um ihre Existenz.

Im Januar wurde erneut ein sehr strenger Lockdown verhängt, und alle Restaurants sind jetzt ganz geschlossen. Nur kleine Geschäfte bis maximal siebenhundert Quadratmeter dürfen öffnen, während Baumärkte und so weiter schließen mussten. Immerhin mal ein Herz für die kleinen Ladenbesitzer. Es gehen kaum Flüge nach Deutschland und nach Mallorca. Man darf sich nur mit einer weiteren Person treffen, und ab zweiundzwanzig Uhr ist Ausgangssperre. »Corona ist nur von zweiundzwanzig bis sechs Uhr draußen«, witzelt Harald, als wir es lesen. Immerhin gibt es diesmal tagsüber keine Bewegungseinschränkungen.

Anfang Februar machen wir einen Ausflug an einen schönen Strand im Norden der Insel – bei zwanzig Grad und Sonne. Man sieht Leute im Bikini – aber daneben das geschlossene Strandrestaurant, in dem wir uns sonst immer einen Kaffee bestellt haben. Gut, dass ich mir eine Thermoskanne gekauft und Kaffee mitgenommen habe ...

Der Kontrast zwischen der Sonne, der Wärme und den blühenden Mandelbäumen einerseits und den wie ausgestorben daliegenden Lokalen, Läden und Dörfern andererseits zerreißt einen förmlich. Und am quälendsten ist die Unklarheit darüber, wie lange es noch dauern wird.

Wann werden wir wieder ausgelassene Abende feiern im Pablo? Und wann wird unsere Atemluft nicht mehr diese unheimliche Gefahr enthalten – sondern nur noch eine Prise Meersalz?

Ein paar lose Enden und ein Schluss

Während die Arbeit an diesem Buch endet, steckt Mallorca mitten im größten Drama, das die Insel in ihrer jüngsten Geschichte ereilt hat. Wie die Krise infolge der Coronapandemie ausgehen wird, weiß ich nicht. Und wie wir durchkommen werden, weiß ich auch nicht. Immerhin: Ein paar Geschichten aus diesem Buch kann ich weitererzählen oder zu Ende bringen.

Zuerst mal zu unserem Zuhause: Der Gummibaum, den wir 2006 gepflanzt haben und der damals aussah, wie wir es aus Deutschland kannten, ist inzwischen tatsächlich ein richtiger Baum. Wenn man die Dinger nur aus deutschen Büros kennt, kann man es nicht fassen, wie groß die werden, wenn das Klima stimmt.

2019 haben wir zwei Pelletöfen bekommen – einen im Wohnzimmer und einen im *Porche*. Der *Por(s)che* hat also jetzt eine vernünftige Heizung. Es ist eine reine Wohltat!

Zum Glück war unser Vermieter einverstanden mit dem Umbau – wir haben die Öfen und den dafür erforderlichen Schornstein finanziert. Er lässt sich selten blicken und lässt uns machen. Da haben wir schon ganz andere Geschichten gehört von der Insel. Wir haben also doppeltes Glück mit unseren Vermietern.

Unsere Hundegeschichte ist ebenfalls weitergegangen. Zuerst traurig: Die kleine Lilly ist 2019 gestorben, mit 14 Jahren; sie hat uns so viel Freude bereitet! Und Leila mussten wir im August 2020 einschläfern lassen. Aber seit November 2020 haben wir nun Mia bei uns – eine Mischung aus Border Collie und Schäferhund. Sie wurde im Mai 2019 geboren und kam aus der Tierrettung in Palma zu uns. Sie ist sehr verkuschelt und verschmust. Und tut uns so gut!

Unsere Drei-Monats-Chefin Madame P. musste das aufwendig gebaute Haus in Son Vida übrigens bald danach verkaufen. Wir haben das Verkaufsinserat in der Zeitung gesehen – mit zwölf Millionen Euro ein echtes Schnäppchen. Sie hatte sich wohl mit Geldanlagen verspekuliert, die man ihr aufgeschwatzt hatte – und all ihr Geld war weg. Mein Mitleid gilt trotzdem noch immer ihrem armseligen Leben in ihrer reichen Blase – und nicht so sehr ihrem finanziellen »Schicksal«.

Das Sa Cova wird heute von Uwe Ochsenknecht geführt, der hier oft zu Gast war und es genauso erhalten wollte, wie er es kennen- und lieben gelernt hatte. Ganz leicht ist das aber nicht, weil sein Name eben auch ein anderes Publikum anzieht. Und weil die Zeiten sich geändert haben, nicht erst seit Corona. Dass die Ausländer und die Mallorquiner sich im selben Lokal trafen, war eher eine Ausnahme. Das ging nur in den Jahren um 2010, in der Aufbruchsphase von Santanyí. Wir merken das auch im Pablo, wo wir sehr selten Einheimische zu Gast haben. Bei ihnen herrscht die Vorstellung vor, das Pablo sei ein deutsches Lokal, in dem ausschließlich deutsch gesprochen werde, die Speisekarte nur auf Deutsch vorliege und so weiter. Dabei haben wir selbstverständlich auch eine spanischsprachige Karte. Aber je mehr sich die Vorstellung festsetzt, das Pablo sei nichts für Einheimische, desto stärker wird es auch Realität.

Nach Feierabend gehen wir manchmal immer noch ins Sa Cova, aber es ist nicht mehr so wie früher. Woran das liegt? Santanyí ist inzwischen schick und etabliert und weniger wild als damals, 2006. Und wir sind 15 Jahre älter. Aber der Trend zur Schauspielerkneipe hält sich: Til Schweiger besitzt inzwischen auch ein Lokal in Santanyí.

Das La Cantina gibt es schon seit einigen Jahren nicht mehr. Und Maria ist ein oder zwei Jahre nach jenem abrupt endenden Abendessen zu uns gekommen und hat sich dafür entschuldigt, wie das Ganze gelaufen sei. Das fand ich groß von ihr. Übrigens haben wir immer noch Stammgäste, die wir 2008 dort gewonnen haben …

Eine schöne Geschichte gibt aus der Carrer des Sol zu erzählen: Dort hat Kati, eine ganz entzückende, herzliche und fröhliche Mallorquinerin, 2014 eine Boutique eröffnet, in der sie auch viel Selbstgenähtes verkauft. Unsere beiden Kellner, Karel aus Tschechien und Andi aus Polen, warfen schnell ein Auge auf die hübsche und ungebundene Kati und buhlten um die Wette. Karel hatte die größere Ausdauer – und unter anderem mithilfe Hunderter *Cortados,* die er ihr vom Pablo aus brachte, gewann er ihr Herz. Guter Kaffee verbindet eben. Am 22. April 2020 kam ihr Baby zur Welt. Wir sind also eine Art Paten.

Sehr lustig war auch ein Brief der Gemeinde, der die Besitzer des Hauses Nr. 4 (also des Hauses, in dem das Pablo einst entstand) im Jahr 2018 erreichte: Es handelte sich um die Genehmigung des Umbaus, den sie 2009 durchgeführt hatten. 2008 hatten sie die Erlaubnis beantragt …

Der Dreh von *Verbotene Liebe* 2014 hat bis heute Folgen. Zu Saisonbeginn muss ich immer entscheiden, welche Fotos ich (wieder) in unser Schaufenster hänge, etwa von den Bauarbeiten, von Promigästen oder anderen besonderen Ereignissen. Und jedes Jahr überlege ich neu, ob *Verbotene Liebe* noch dabei sein soll, obwohl es die Serie ja seit 2015 nicht mehr gibt. Aber noch immer brechen Leute in Verzückung aus, wenn sie die Fotos sehen, weil das ihre Lieblingsserie war. Sie wollen dann ganz genau wissen, wer wann wo stand und saß. Durch den Dreh kennen viele Leute Santanyí und unser Lokal. Und wir haben auch ein Gericht auf der Karte, das »Verbotene Liebe« heißt – ein Crêpe mit ganz vielen sündigen Leckereien.

Eher traurig ist, wie es mit unserem Beikoch von den Kapverden weiterging. Er kam 2015, und wir haben uns bestens verstanden; außerdem hatten wir denselben Musikgeschmack. Ich hätte jederzeit die Hand für ihn ins Feuer gelegt und habe ihm auch einen Schlüssel anvertraut. Aber leider rutschte er irgendwann in die Drogensucht ab – und um sie zu finanzieren, hat er bei uns im Lokal geklaut. 2019 musste ich ihm deswegen kündigen. Wenn ich heute ein Lied höre, bei dem wir zusammen mitgesungen haben, steigen mir immer noch Tränen in die Augen. Seine Schwester arbeitet übrigens bis heute bei uns. Und ich will auch nichts daran ändern, dass ich meinen Leuten vertraue. Auf der Basis von Misstrauen könnte ich niemals arbeiten. Ein Glück für alle ist, dass Rachida, meine ehemalige Spülkraft, die aus Marokko stammt, seine Nachfolgerin als Beiköchin wurde.

Derzeit diskutiert wird eine Neuerung: Die Carrer des Sol könnte Fußgängerzone werden. Wir dürften dann vor dem Pablo immer Tische hinstellen und nicht nur an den Markttagen.

So schön Mallorca ist – manchmal bekomme aber auch ich einen Inselkoller. Dann muss ich hier weg. Ich sehne mich dann nach echten Wäldern, nach buntem Herbstlaub, nach einem fiesen münsterländischen Regenguss ... Es kostet Kraft, dass es im Sommer auch nachts nicht abkühlt. Wenn ich im Dezember oder im Februar in Deutschland bin, freue ich mich (als Einzige) über das kühle, feuchte Wetter. Mein Körper ist so voller Hitze, dass er das braucht. Und das Düsseldorfer Altbier braucht er dann auch.

Zweimal habe ich aber ein anderes Kontrastprogramm gewählt. 2014 und 2016 war ich mit meiner Tochter Marlene in Südafrika und auf Bali. Der Januar und der Februar sind dafür ideal geeignet. Auf Bali habe ich die Erfahrung gemacht, dass ich auch allein reisen kann als Frau – Marlene musste früher zurück als ich. Auf Reisen merke ich, dass ich kritischer bin als andere, wenn ich essen gehe. Ich habe einen Blick für die Schwachstellen von Restaurants, vor allem bei der Organisation. Aber auf beiden Reisen hatte ich Glück: Das Essen war vorzüglich, vor allem in Südafrika. Und die Servicekräfte waren überall unglaublich nett und gut und zuvorkommend, ohne dabei unterwürfig zu sein. Wirklich eins a.

Wegen meiner regelmäßigen Reisen nach Deutschland bin ich natürlich oft auf dem Flughafen in Palma. Im Februar 2020, nach meiner Operation, habe ich einen anderen Flug als sonst genommen, mich aber aus alter Gewohnheit ans falsche Gate gesetzt. Als ich es merkte und fragte, wo mein Flug abgehe, war das natürlich am anderen Ende des Terminals. Und die Rollbänder wurden gerade repariert. Ich musste also den ganzen Weg rennen.

Die Maschine stand zum Glück noch da, und ich bettelte, dass sie die Türen noch mal aufmachen. Aber sie mussten erst checken, wo mein Koffer war – und der war schon wieder rausgeholt worden, weil ich fehlte! (Das Ausrufen von Passagieren gibt es in Palma übrigens nicht – es wären einfach zu viele Durchsagen dieser Art.) Ich musste dann viele Stunden auf den nächsten Flug warten – und habe in der Zeit Ideen für dieses Buch notiert.

Noch eine Flughafenstory: Mein Schwiegersohn Borris, der 2014 unsere Natalie geheiratet hat auf Mallorca, ist Fotograf von Beruf, aber auch ein superguter Barista und ein totaler Kaffeefreak. Es muss immer der beste, außergewöhnlichste, seltenste Kaffee sein, mit einer speziellen Crema und so weiter. Weil ihre Maschine bei der Rückreise nach München verspätet war, ging er also noch einmal einen Kaffee trinken. Aber natürlich nicht an der erstbesten Bar, sondern in dem weit entfernten, speziellen Café, wo es den seiner Meinung nach besten und einzig akzeptablen Kaffee gibt. Währenddessen begann das Boarding – und Frau und Kind flogen letztlich ohne ihn zurück nach München. Was man nicht alles tut für den perfekten Kaffeegenuss ...

Was aber wird Corona nun anrichten auf unserer Herzensinsel? Sehr viel Schaden ist bereits da – ob er reparabel ist, weiß noch niemand. Anfangs haben manche gehofft, dass die Krise auch positive Effekte haben könnte. Denn es war ja schon extrem geworden: die vielen Touristen, die hohen Mieten, der zunehmende Verkehr ... Viele meinten, dass man diese Schraube nicht unendlich weiterdrehen könne.

Auch wir dachten häufiger nach über einen Wechsel in Richtung »Klasse statt Masse«. Also eventuell weniger Tische – schon wegen der kleinen Küche. Auch eine Reservierungspflicht haben wir schon öfter in Gedanken durchgespielt. Und man wünschte sich oft für die ganze Insel, dass nicht mehr alle immer das Maximale rausholen wollen und dem »Immer mehr« nachjagen. Man kommt auch mit etwas weniger gut zurecht. Aber Corona hat gezeigt, wie schlimm ein völliger Stillstand ist. Ohne glückliche Gäste fehlen einfach der Schwung und die Motivation – auch für Veränderungen.

Gerade Mallorca mit seinem friedlichen Zusammenleben ganz verschiedener Menschen trifft die existenzielle Not völlig unvorbereitet. Wir fragen uns oft: Wird das Band zwischen den Bürgern halten? Dieses fast paradiesisch-naive Sicherheitsgefühl? Wie viel Vertrauen wird die neue Kriminalität, die oft aus schierer Not entsteht, zerstören? Und wie viele werden ein Leben nicht mehr durchhalten, das aus hohen Preisen und Mieten einerseits und weggebrochenen Einkommen andererseits besteht? Schon jetzt ziehen immer mehr Leute zurück aufs Festland – in Regionen, die eigentlich stets ärmer waren als Mallorca, wo die Menschen aber besser eingestellt sind auf den niedrigeren Lebensstandard. Schockhafte Veränderungen sind nie gut – selbst wenn sie vielleicht in die richtige Richtung gehen.

Und die verbreitete Hoffnung, dass Corona bei allen katastrophalen Auswirkungen wenigstens die Exzesse der Vergangenheit beenden würde und am Ende ein sanfterer, verträglicherer Tourismus übrig bliebe, ist leider naiv, denke ich. Vor die Hunde gehen nämlich – nach den Saisonangestellten – zuerst die kleinen, bescheidenen, nachhaltigen Angebote, also die kleinen Familienbetriebe und vergleichbare andere. Die gigantischen Tourismusmaschinen, die Zehntausende durch einen Urlaub schleusen, der die Insel überfordert, haben mehr Rücklagen und Kapital und werden die Krise überstehen. Und die internationalen Investmentfonds und Immobilienhaie warten schon darauf, dass Einheimische ihre Hotels verkaufen müssen. Kaputtgehen wird also wohl genau das, was Mallorca am liebenswertesten gemacht hat. Ob es je wieder auferstehen wird?

Und wir? Wir bleiben optimistisch. Unsere Kunden sind vor allem die Mieter und Besitzer von Häusern und Fincas, deren Existenz nicht so gefährdet ist. Sie werden weiterhin kommen oder wiederkommen. Aber momentan geht es uns wie so vielen anderen selbstständigen Unternehmern auf der Insel: Die in vielen Jahren mühsam angesparte Altersversorgung ist angeknabbert oder futsch. Wird man sie noch mal aufbauen können? Wenn nicht, wird das eine soziale Zeitbombe für die Insel.

Ich denke immer wieder über Lorenzos Großzügigkeit nach. Sein Verhalten hätte ein Modell sein sollen für Corona insgesamt, in allen Ländern: Die Betroffenen und die Nichtbetroffenen teilen sich den Schaden. Vielleicht kann das ein Modell für künftige Krisen sein? Damit wir sie gemeinsam bewältigen? Und nicht gegeneinander? Was für eine schöne Vision. Oder ist es nur ein Traum? Aber wir wollen lieber weiterträumen ...

Epilog

»Du, Nanni? Haben wir eigentlich einen Plan B?«

»Hmmmmm ... Also ich habe einen Plan P. P wie Pablo. Was wir uns da aufgebaut haben, wird nicht wieder untergehen. Und der Patio wird nie wieder in einen Dornröschenschlaf fallen.«

»Und ich habe einen Plan M. M wie Mallorca. Das ist und bleibt unsere Insel. Komme, was da wolle!«

»Also haben wir doch einen Plan B. B wir Burba ...«

Einfach nur: Muchas gracias, moltes gracies

Danke, dass du Interesse an meinem Buch gezeigt hast und es bis hierher gelesen hast.

Danke dafür, dass du meine Traumsehnsuchtsinsel Mallorca vielleicht auch ins Herz geschlossen hast.

Danke an meinen Verlag Eden Books, der mir mit diesem Buch einen großen Traum erfüllt hat. Danke für euer Vertrauen.

Danke an den Lektor Matthias Auer, der das Manuskript aufmerksam durchgearbeitet hat.

Danke selbstverständlich an meine Liebsten, meinen Ehemann Harald, meine wunderbaren Töchter Natalie und Marlene, meine Schwiegersöhne Borris und Bastian, die mir immer Zuspruch und Kraft gegeben haben für mein Buchprojekt.

Danke an meine Freundin Gabi, die immer wieder meine Erinnerungslücken aufgefrischt hat.

Danke an Mary und René, mit denen ich ein außergewöhnliches, tolles Fotoshooting hatte.

Danke an alle Freunde, Stammgäste und insbesondere die mallorquinischen Amigos, die uns dieses schöne Leben auf der Insel ermöglichen.

Danke an all die Freundinnen in der alten und neuen Heimat; ihr seid alles Powerfrauen.

Ein großes Dankeschön an Oliver, der das Buch mit mir erarbeitet und es so erst ermöglicht hat. Ich danke dir für deine Geduld, dein Zuhören, deinen Humor, deinen Optimismus und deine Kreativität. Die Gespräche mit dir waren immer intensiv, sehr lebendig, oft amüsant und geistreich.

Impressum

Nanni Burba mit Oliver Domzalski
Eine Prise Meersalz
Mein Traum vom Restaurant auf Mallorca
ISBN: 978-3-95910-296-4

Eden Books
Ein Verlag der Edel Verlagsgruppe
Copyright © 2021 Edel Germany GmbH, Neumühlen 17, 22763 Hamburg
www.edenbooks.de | www.edel.com
1. Auflage 2021

Einige der Personen im Text sind aus Gründen des Persönlichkeitsschutzes
anonymisiert.

Projektkoordination: Juliane Noßack
Lektorat: Dr. Matthias Auer
Umschlaggestaltung: Johanna Höflich
Covermotiv: © Marymar Photography
Layout und Satz: Datagrafix GSP GmbH, Berlin | www.datagrafix.com
Druck und Bindung: GGP Media GmbH, Pößneck

Printed in Germany

Dieses Buch ist auch als E-Book erhältlich.

Partner des Naturparks
Nossentiner / Schwinzer Heide

Eden Books unterstützt bei der Produktion dieses Buches das Projekt »Junge
Riesen für die nächsten 100 Jahre«. Damit wird ein Anteil der unvermeidbaren
CO_2-Emissionen im direkten Umfeld des Produktionsstandortes kompensiert.